FRANKFURTER WIRTSCHAFTS-
UND SOZIALWISSENSCHAFTLICHE STUDIEN

Heft 22

Herausgegeben von der
Wirtschafts- und Sozialwissenschaftlichen Fakultät
der Johann Wolfgang Goethe-Universität
Frankfurt am Main

Der Geldmarkt der Bundesrepublik

Eine experimentelle Untersuchung

Von

Volker Häselbarth

DUNCKER & HUMBLOT / BERLIN

Gedruckt 1970 bei Berliner Buchdruckerei Union GmbH., Berlin 61
Printed in Germany

Vorwort

An dieser Stelle möchte ich Herrn Prof. Dr. Heinz Sauermann meinen aufrichtigen Dank abstatten, der die vorliegende Arbeit angeregt und während ihres Entstehens immer verständnisvoll gefördert hat. Weiterhin möchte ich hier Herrn Prof. Dr. Reinhard Selten herzlich für die vielen Diskussionen danken, die ich mit ihm über Probleme der vorliegenden Arbeit führen konnte.

Ebenso möchte ich meinen Kollegen, die mich bei der zeitraubenden Durchführung der Versuche tatkräftig unterstützt haben, herzlich danken, denn ohne ihre Mitarbeit hätte ich die Versuche nicht ausführen können. Es sind dies die Herren Claus C. Berg, Dipl.-Volkswirt; Dr. John-ren Chen, B.Sc.; Klaus G. Schuster, Dipl.-Psychologe; Hermann F. J. Sturm, Dipl.-Volkswirt; Reinhard Tietz, Dipl.-Kaufmann und Horst Weidemann, Dipl.-Volkswirt.

Weiterhin danke ich Herrn Dr. Erich Meyn, Leiter der Akademie der Arbeit in Frankfurt/M. und Herrn Direktor Dr. Horst Männel und Herrn Prokurist Erich Busse, beide von der Dresdner Bank AG in Frankfurt/M., daß sie mir durch ihre Unterstützung die Möglichkeit gaben, auch einige Versuche mit Versuchspersonen durchzuführen, die nicht der Johann Wolfgang Goethe-Universität angehörten. Nicht zuletzt jedoch gilt mein Dank allen Versuchspersonen, die sich an diesen Geldmarktexperimenten beteiligt haben.

Die vorliegende Arbeit ist eine Dissertation der Wirtschafts- und Sozialwissenschaftlichen Fakultät der Johann Wolfgang Goethe-Universität Frankfurt am Main mit dem Dissertationstitel „Theoretische und experimentelle Untersuchung eines aus den institutionellen Gegebenheiten des Geldmarktes der Bundesrepublik Deutschland entwickelten Geldmarktspiels“.

Eschborn, im Juni 1968 *Volker Häselbarth*

Inhaltsverzeichnis

Dritter Teil

Das totale Konkurrenzgleichgewicht des Geldmarktspiels

Vierter Teil

Überblick über Untersuchungen der experimentellen Wirtschaftsforschung

Fünfter Teil

Die Geldmarktexperimente

Einleitung

In dieser Arbeit wollen wir die Ergebnisse der theoretischen und experimentellen Untersuchung eines aus den institutionellen Gegebenheiten des nationalen Geldmarktes der Bundesrepublik Deutschland entwickelten einfachen Geldmarktspiels darlegen. Wir beschränken uns dabei ausdrücklich auf den inländischen Geldverkehr der Kreditinstitute der Bundesrepublik Deutschland einschließlich der Deutschen Bundesbank und werden die vielfältigen Möglichkeiten und Probleme eines grenzüberschreitenden Geldhandels unerwähnt lassen. Die Gründe für diese Einschränkung des Untersuchungsgebiets sind die bei Hinzunahme des grenzüberschreitenden Geldhandels auftretenden Probleme des Devisenhandels, die eine weit komplexere Struktur des Geldmarktspiels erforderlich gemacht und damit eine schwerfälligere Spielbarkeit desselben bewirkt hätten, und die im Gegensatz zu ausländischen Geldmärkten weit stärkere Institutionalisierung und Organisation des Geldmarktes der Bundesrepublik Deutschland, die eine sehr formale Fassung der Spielregeln erlaubten.

Der erste Teil der Arbeit beinhaltet die Schilderung der institutionellen Gegebenheiten des nationalen Geldmarktes der Bundesrepublik Deutschland. Dabei haben wir uns neben einer kurzen Würdigung der bankbetriebswirtschaftlichen und volkswirtschaftlichen Funktionen des Geldmarktes auf die Darstellung und pointierte Heraushebung der charakteristischen Merkmale des Geldmarktes spezialisiert, anhand derer wir unser Geldmarktspiel entwickelt haben.

Den zweiten Teil der Arbeit haben wir in zwei Abschnitte unterteilt. Im ersten Abschnitt schildern und rechtfertigen wir das von uns entwickelte Geldmarktmodell, wobei wir der Darstellung der in das Modell eingebauten Liquiditätsänderungen breiten Raum gewährt haben. Der zweite Abschnitt dieses Teils enthält dann die Darstellung der Versuchsanordnung und der Spielregeln des Geldmarktspiels. Dabei haben wir auf eine intensive Darstellung Wert gelegt, um die Durchführbarkeit des Spiels und die Wiederholbarkeit unserer Versuche durch den interessierten Leser zu gewährleisten.

Der dritte Teil ist der theoretischen Untersuchung des Geldmarktspiels gewidmet. Nach einem Abschnitt mit vorbereitenden Definitionen und Sätzen, hauptsächlich aus der Theorie der linearen Programmierung, werden wir in einem zweiten Abschnitt die Existenz eines totalen Konkurrenzgleichgewichts für das Geldmarktspiel beweisen. Außerdem zeigen wir, daß das Konkurrenzpreissystem des Spiels eindeutig ist und daß die von einem einzelnen Spieler im totalen Konkurrenzgleichgewicht gehandelte Geldmenge nicht eindeutig bestimmt ist. Haben allerdings von s teilnehmenden Spielern $s - 1$ die von ihnen nachgefragten bzw. angebotenen Geldmengen festgelegt, so muß der letzte Spieler den sich ergebenden Saldo übernehmen, vorausgesetzt, daß alle festgelegten Pläne im Gleichgewicht realisierbar sind. Schließlich geben wir noch die aus der Konstruktion des Geldmarktmodells resultierenden numerischen Werte des totalen Konkurrenzgleichgewichts an.

Bevor wir im fünften Teil auf die von uns durchgeführten Versuche eingehen, geben wir im vierten Teil einen Überblick über andere Untersuchungen der experimentellen Wirtschaftsforschung. Dabei schildern wir Experimente, die eng mit den von uns durchgeführten verwandt sind, genauer, während wir weiter entfernt liegende nur summarisch streifen. Besonders heben wir dabei hervor, daß sich das Geldmarktspiel von anderen ähnlich konzipierten Spielen dadurch unterscheidet, daß die von den Spielern des Geldmarktspiels zu treffenden Entscheidungen dynamisch miteinander verknüpft sind. Da das Geldmarktspiel in eine Anzahl Perioden unterteilt ist, in denen die Spieler gewisse Entscheidungen zu treffen haben, deren Erfolg oder Mißerfolg sich aber erst nach Ablauf einer Anzahl weiterer Perioden zeigt, so sehen sie sich vor ein Entscheidungsproblem unter Unsicherheit gestellt, dessen Lösung sie aufgrund ihrer Versuchserfahrung finden müssen.

Der fünfte Teil enthält eine summarische Beschreibung der Abläufe der von uns mit freiwilligen Versuchspersonen durchgeführten Versuche und die Schilderung der hieraus erhaltenen Ergebnisse. Dabei zeigt sich, daß die von der Theorie des totalen Konkurrenzgleichgewichts für das Geldmarktspiel vorhergesagten Werte trotz der rigorosen theoretischen Voraussetzungen erstaunlich gut mit den Mittelwerten der aus den insgesamt zehn Versuchen erhaltenen Daten übereinstimmen. Die Vermutung, daß die erhaltenen Werte durch Zufall entstanden sein könnten, können wir durch die Tatsache widerlegen, daß die aus den späteren Perioden der Versuche erhaltenen Daten im allgemeinen besser mit den theoretischen Voraussagen übereinstimmen als die aus den Anfangsperioden erhaltenen Daten. Besonders eindrucksvoll zeigt sich dieser Lerneffekt bei der tendenziellen Anpassung der beobachteten Zinssätze an die von dem Konkurrenzpreissystem vorhergesagten Zinssätze.

Die Auswertung des umfangreichen, aus den Versuchen angefallenen Datenmaterials haben wir zum überwiegenden Teil auf der Rechenanlage IBM 7090/7094 des Deutschen Rechenzentrums in Darmstadt vorgenommen. Die hierzu verfertigten Programme sind in FORTRAN IV geschrieben, doch haben wir sie nicht in dieser Arbeit wiedergegeben, da sie kaum von allgemeinem Interesse sein dürften.

Erster Teil

Der Geldmarkt der Bundesrepublik Deutschland

1. Definitionen

Die Definition des Begriffes Geldmarkt wird seit langer Zeit in der wirtschaftswissenschaftlichen Literatur[1] diskutiert, ohne daß sich bis heute eine einheitliche Definition, die allen vorgebrachten Einwänden gerecht wird, durchgesetzt hat. Ohne im einzelnen auf die verschiedenen Definitionsvorschläge einzugehen, wollen wir hier die für uns zweckmäßigste, eng an den Sprachgebrauch der Bankpraxis[2] angelehnte Definition von *H. Lipfert*[3] verwenden.

Definition 1.1. Der nationale Geldmarkt der Bundesrepublik Deutschland ist die Gesamtheit von

a) Hergaben und Hereinnahmen von Zentralbankgiroguthaben unter Kreditinstituten und

b) Übernahmen und Rückgaben von Geldmarktpapieren zwischen der Deutschen Bundesbank und Kreditinstituten.

Im ersten Fall stellen die Kreditinstitute einander Zentralbankgeld nach gewissen, weiter unten noch genauer zu schildernden Geschäftsgepflogenheiten zur Verfügung. Da dies in der Regel auf dem Kreditwege[4] geschieht, so wollen wir diesen Teil des Geldmarktes als den Handel in Geldmarktkrediten[5] bezeichnen. Der zweite Fall ermöglicht es einem einzelnen Kreditinstitut, oder auch allen Kreditinstituten gemeinsam, anderweitig unanbringliche Zentralbankgiroguthaben bei der Bundesbank in verzinslichen Geldmarktpapieren anzulegen, die ein

---

1 Vgl. hierzu insbesondere den umfassenden, wenn auch gedrängten Überblick über die verschiedenen Definitionsvorschläge bei *M. Hein:* Die internationalen Geldmarktgeschäfte westdeutscher Banken, Berlin 1966, S. 11—21 und auch *F. Höfermann:* Geldmarkt und Geldmarktgeschäfte, Frankfurt/M. 1959, S. 9—11.

2 Vgl. *E. Brehmer:* Struktur und Funktionsweise des Geldmarktes der Bundesrepublik Deutschland seit 1948, 2., neu bearbeitete und erweiterte Auflage, Tübingen 1964, S. 7.

3 *H. Lipfert:* Der Geldmarkt, Vierte, erneut durchgesehene Auflage, Frankfurt/M. 1965, S. 14.

4 Vgl. *E. Brehmer:* a.a.O., S. 3.

5 Vgl. *O. Hahn:* a.a.O., S. 15.

„von allen Kreditinstituten als fungibel anerkanntes Instrument der Anlage liquider Mittel“[6] darstellen. Andererseits können sich die Kreditinstitute aber auch durch Rückgabe von Geldmarktpapieren an die Bundesbank jederzeit wieder Zentralbankgeld beschaffen. Diesen Teil des Geldmarktes wollen wir als den Handel in Geldmarktpapieren[7] bezeichnen.

Der Geldmarkt ist also in dem von uns benutzten Sinne die Gesamtheit des Handels in Zentralbankgeld unter den Kreditinstituten einschließlich der Bundesbank, wobei die Geldmarktpapiere zwar nicht direkt Zentralbankgeld sind, jedoch jederzeit in Zentralbankgeld umgetauscht werden können[8].

Die beiden Teilbereiche des Geldmarktes sind nun unterschiedlich stark institutionalisiert bzw. organisiert[9]. Am stärksten institutionalisiert ist der Handel in Geldmarktpapieren, der sich auf einer kleinen Anzahl von Teilmärkten vollzieht, die durch das auf ihnen gehandelte, von der Bundesbank durch exakte Bestimmung der Ausstattung beschriebene Geldmarktpapier, definiert werden. Weniger stark institutionalisiert und organisiert ist der Handel in Geldmarktkrediten. Jedoch vollzieht sich auch hier der Handel aufgrund „mehr oder weniger traditioneller Geschäftsgepflogenheiten“[10] in einer Reihe „typischer Formen“[11], wobei der größte Teil der Umsätze auf einer überschaubaren Anzahl von Teilmärkten getätigt wird, die durch die auf ihnen üblichen, an die Bedürfnisse der Kreditinstitute angepaßten Kreditfristen definiert werden[12].

Gegen die Einbeziehung des Handels in Geldmarktpapieren in die Definition des Geldmarktes werden verschiedentlich Einwände erhoben[13], auf die wir hier kurz eingehen wollen. Es wird hierbei angeführt, daß die Bundesbank ihre Teilnahme am Geldmarkt nach „allgemein-kreditpolitischen Zielen“ ausrichtet, während die Kreditinstitute, wie wir noch sehen werden, aus „Liquiditäts- und Rentabilitätserwägungen“[14] teilnehmen. Außerdem wird angeführt, daß die Ge-

---

[6] *E. Brehmer:* a.a.O., S. 107.

[7] Vgl. *O. Hahn:* a.a.O., S. 21.

[8] Vgl. *F. Höfermann:* a.a.O., S. 10.

[9] Vgl. *H. Lipfert:* Geld- und Kapitalmarkt, in: Handwörterbuch der Sozialwissenschaften, Vierter Band, Stuttgart-Tübingen-Göttingen 1965, S. 258—270, hier S. 259.

[10] *H. Lipfert:* Geld- und Kapitalmarkt, a.a.O., S. 259.

[11] *M. Hein:* a.a.O., S. 22.

[12] Vgl. *E. Brehmer:* a.a.O., S. 101.

[13] Vgl. hierzu insbesondere *E. Brehmer:* a.a.O., S. 80—81. und die dort aufgeführte Literatur und auch *M. Hein:* a.a.O., S. 16—17 und die dort aufgeführte Literatur, aus der besonders hervorzuheben ist *H. H. Hohlfeld:* Die Systematik des Kreditmarkts, Zeitschrift für handelswissenschaftliche Forschung, NF 7. Jg. (1955), S. 22—36.

[14] Vgl. *E. Brehmer:* a.a.O., S. 80—81.

schäfte beim Handel in Geldmarktpapieren „wesensverschieden“[15] von den Geschäften beim Handel in Geldmarktkrediten seien, da die Bundesbank die Abgabe- und Rücknahmesätze für die Geldmarktpapiere autonom festsetze[14], [15]. Beide Einwände beziehen sich also auf das Verhalten eines oder mehrerer Marktteilnehmer. Wir haben jedoch für unsere Definition des Geldmarktes, wie allgemein üblich[16], als Abgrenzungskriterium das auf dem Markt gehandelte Gut verwandt, welches in unserem Falle das Zentralbankgeld ist. Da das Zentralbankgeld aber zu unterschiedlichen Konditionen angeboten bzw. nachgefragt wird, so mußten wir den Geldmarkt gedanklich wieder in eine Reihe von Teilmärkten zerlegen, auf denen jeweils eine bestimmte Ausstattung des Zentralbankgeldes gehandelt wird. Die Verhaltensweisen der Marktteilnehmer haben wir jedoch nirgendwo zur Definition des Marktes verwandt, so daß die vorgebrachten Einwände hinfällig geworden sind.

2. Die Funktionen des Geldmarktes

2.1. Bankbetriebswirtschaftliche Funktionen[1]

Das Geldsystem der Bundesrepublik Deutschland ist ein Mischgeldsystem, in dem Zentralbankgeld und Giralgeld der Kreditinstitute als Zahlungsmittel dienen. Alleiniges definitives Zahlungsmittel ist jedoch das Zentralbankgeld, das in der Gestalt von Banknoten einschließlich Münzen und Zentralbankgiroguthaben auftritt[2].

Innerhalb des Nichtbankensektors und zwischen Kreditinstituten und Nichtbanken erfolgen die Zahlungen mit Hilfe von Zentralbankgeld, das hierbei fast ausschließlich in der Form von Banknoten einschließlich Münzen auftritt, und Giralgeld der Kreditinstitute. Der Zahlungsverkehr zwischen der Zentralbank und den Kreditinstituten einerseits und zwischen den Kreditinstituten untereinander andererseits muß jedoch ganz oder zum größten Teil mit Zentralbankgeld abgewickelt werden. Kann ein Teil der Zahlungen der Kreditinstitute untereinander durch „Übertragung von Nostroguthaben der Banken unter sich“[3] erfolgen, so muß beim Zahlungsverkehr zwischen der Zentralbank und

---

15 Vgl. *M. Hein:* a.a.O., S. 27.
16 Vgl. *H. v. Stackelberg:* Grundlagen der theoretischen Volkswirtschaftslehre, Zweite, photomechanisch gedruckte Auflage, Tübingen-Zürich 1951, S. 18—19.
1 Vgl. hierzu insbesondere *H. Lipfert:* Der Geldmarkt, a.a.O., S. 24.
2 Vgl. *E. Schneider:* Einführung in die Wirtschaftstheorie, III. Teil, Geld, Kredit, Volkseinkommen und Beschäftigung, 9., erweiterte und verbesserte Auflage, Tübingen 1965, S. 24—25.
3 *E. Schneider:* a.a.O., S. 25.

den Kreditinstituten Zentralbankgeld verwendet werden[4]. Bei der Übertragung der Nostroguthaben der Kreditinstitute untereinander wird jedoch früher oder später ein Saldenausgleich nötig sein, der nur durch Zahlung mit Zentralbankgeld, nämlich durch Übertragung von Zentralbankgiroguthaben, getätigt werden kann[5].

Die Kreditinstitute sind also aufgrund ihrer Geschäftstätigkeit gezwungen, zumindest zeitweilig Zahlungen in einem Gelde leisten zu müssen, „das sie selbst nicht schaffen können“[6]. Wie alle anderen Wirtschaftssubjekte müssen aber auch die Kreditinstitute jederzeit in der Lage sein, fristgerecht ihren Zahlungsverpflichtungen nachkommen zu können, um ihre Tätigkeit auch in Zukunft weiter ausüben zu können[7]. Das zentrale Problem der Kreditinstitute[8] ist damit die Erhaltung ihrer Zahlungsbereitschaft oder Liquidität[9].

Zur Sicherung seiner Liquidität braucht ein Kreditinstitut nun aber nicht das im Passivgeschäft übernommene Geld vollständig zur jederzeitigen Rückzahlung bereit zu halten, was auch aus Rentabilitätserwägungen völlig indiskutabel ist. Einen Teil der Auszahlungen wird es mit gerade wieder eingezahlten Geldmitteln bestreiten können[10]. Besonders bei Kreditinstituten mit einem weitverzweigten Filialennetz, breitem Kundenkreis und universaler Geschäftstätigkeit werden sich die ein- und ausgehenden Zahlungsströme weitgehend ausgleichen, während stärker auf bestimmte Kundenkreise und Geschäfte spezialisierte Kreditinstitute einen labileren Liquiditätsstatus aufweisen[11].

Wenn auch die einzelnen Kreditinstitute aufgrund ihrer individuellen Erfahrungen die Größe der Salden der ein- und ausgehenden Zahlungsströme abzuschätzen vermögen, so sind sie doch keineswegs vor Überraschungen sicher[12]. Da sie auf die Dispositionen ihrer Kundschaft und auf die Dispositionen der Kundschaft anderer Kreditinstitute keinen Einfluß auszuüben vermögen, so können den einzelnen Kreditinstituten durch diese Dispositionen unerwartete Überschüsse oder Defizite an Zentralbankgeld beschert werden[10]. Diese für die Liquiditätspolitik[13]

---

4 Vgl. *R. Wittgen:* Die Geldpolitik der Geschäftsbanken, Frankfurt/M. 1965, S. 28.

5 Vgl. *M. Hein:* a.a.O., S. 18.

6 *E. Schneider:* a.a.O., S. 35.

7 Vgl. *R. Wittgen:* a.a.O., S. 11.

8 Vgl. *G. Obst/O. Hintner:* Geld-, Bank- und Börsenwesen, 35., vollständig neu bearbeitete und stark erweiterte Auflage, Stuttgart 1963, S. 29.

9 Vgl. hierzu *R. Wittgen:* a.a.O., S. 11 und *M. Hein:* a.a.O., S. 18.

10 Vgl. *M. Hein:* a.a.O., S. 18—19.

11 Eine eingehende Analyse des Liquiditätsstatus einzelner Gruppen von Kreditinstituten findet sich bei *E. Brehmer:* a.a.O., S. 11—28.

12 Vgl. *R. Wittgen:* a.a.O., S. 32—33.

13 Vgl. *R. Wittgen:* a.a.O., S. 11.

der Kreditinstitute typische Unsicherheit[14] befreit sie aber nicht von der Vorsorge für eine jederzeitige Zahlungsbereitschaft[10]. Durch Unterhaltung einer ausreichenden, jederzeit disponiblen Bar- oder Zahlungsbereitschaftsreserve[15, 16] in der Form von Banknoten einschließlich Münzen und Zentralbankgiroguthaben können sich die Kreditinstitute „für den laufenden Verkehr"[17] zahlungsbereit halten. Den Umfang einer solchen Reserve würde ein Kreditinstitut nach seinen individuellen Erfahrungen über die auftretenden Zahlungsanforderungen festlegen[18], solange ihm nicht durch Gesetz bestimmte Auflagen gemacht werden. Dabei wird es aus Rentabilitätserwägungen bemüht sein, eine möglichst kleine Reserve zu halten, da diese unverzinslich und damit ertraglos ist.

Den Kreditinstituten der Bundesrepublik Deutschland wird nun aufgrund gesetzlicher Bestimmungen[19] der Umfang ihrer Barreserve vorgeschrieben. Dabei wird die Unterhaltung der sogenannten Mindestreserven, deren Höhe in Prozentsätzen, den sogenannten Mindestreservesätzen, der reservepflichtigen Einlagen von der Bundesbank festgelegt wird, auf unverzinslichen Zentralbankgirokonten zur Pflicht gemacht. Die Mindestreservesätze werden von der Bundesbank bis zu den gesetzlichen zulässigen Höchstsätzen in einer vielfachen, feinen Differenzierung[20] nach Art, Sitz und Geschäftsumfang des Kreditinstituts und der Art der Einlagen autonom im Rahmen ihrer allgemeinen Kreditpolitik festgelegt[21]. Da die Mindestreserven nur im Monatsdurchschnitt und nicht täglich erfüllt zu werden brauchen[22], stellen sie in beschränktem Umfang tatsächlich eine Zahlungsbereitschaftsreserve dar[23]. Jedoch sind die bei Unterschreitung des Mindestreservesolls für den Fehlbetrag auf einen Monat zu zahlenden Sonderzinsen[24] mit 3 % p.a. über dem jeweils geltendenLombardsatz so unangenehm hoch, daß die Kreditinstitute eine Unterschreitung des Solls, auch aus Standing-Gesichtspunkten, zu vermeiden trachten. Andererseits ist der Umfang

---

14 Vgl. *W. Braun:* Das Liquiditätsproblem der Kreditbanken, Stuttgart 1934, S. 35.

15 Vgl. *E. Schneider:* a.a.O., S. 7.

16 Vgl. *R. Wittgen:* a.a.O., S. 33.

17 *M. Hein:* a.a.O., S. 19.

18 Z. B. die „8 % cash ratio" in England nach *M. Hein:* a.a.O., S. 19.

19 Vgl. *H. Beck:* Gesetz über die Deutsche Bundesbank, Mainz-Düsseldorf 1959, S. 6—7, § 16. Anweisung der Deutschen Bundesbank über Mindestreserven (AMR), in: Geschäftsbericht der Deutschen Bundesbank für das Jahr 1966, S. 111—115.

20 Vgl. Geschäftsbericht ... 1966, S. 116.

21 Vgl. *E. Schneider:* a.a.O., S. 51.

22 Vgl. Geschäftsbericht ... 1966, S. 113.

23 Vgl. *J. v. Spindler:* Geldmarkt, Kapitalmarkt, Internationale Kreditmärkte, Stuttgart 1960, S. 107.

24 Vgl. Geschäftsbericht ... 1966, S. 115.

des Mindestreservesolls im allgemeinen größer als es für die Sicherung der Zahlungsbereitschaft der Kreditinstitute notwendig wäre[25], so daß diese bestrebt sind, keine zusätzliche, über die Mindestreserve hinausgehende Überschußreserve zu halten, da beide unverzinslich sind[26].

Wegen der eingeschränkten Verwendungsmöglichkeit der Mindestreserve als Barreserve, sehen sich die Kreditinstitute gezwungen, andere Möglichkeiten der kurzfristigen Beschaffung von Zentralbankgeld zu benutzen. Dabei ist die vorzeitige Abberufung von Kundenkrediten weitgehend indiskutabel, da ein solches wiederholtes Vorgehen in kurzer Zeit das ertragbringende Aktivgeschäft des Kreditinstituts zerstören würde. Auch der häufige Verkauf von Wertpapieren an der Börse ist wegen der damit verbundenen Kursrisiken und Ertragseinbußen sehr unrentabel[27]. Das schließlich den Kreditinstituten noch zur Verfügung stehende Refinanzierungsinstrument des Wechsel- und Lombardkredits der Bundesbank ist in seiner Anwendbarkeit sehr beschränkt, da der Lombardkredit den Kreditinstituten von der Bundesbank nicht gewährt zu werden braucht[28], und der Wechselrediskont bei der Bundesbank für ein Kreditinstitut nur bis zu einem bestimmten Höchstbetrag, dem Rediskont-Kontingent[28], möglich ist. Da zudem auch nicht alle Wechsel zum Rediskont zugelassen sind[28], ist eine jederzeit ausreichende Zentralbankgeldbeschaffung auf diesem Wege ausgeschlossen. Auch muß ein Kreditinstitut unter Umständen erhebliche Ertragseinbußen hinnehmen, wenn es Wechsel mit längerer Restlaufzeit als der voraussichtlichen Dauer des benötigten Kredits rediskontieren lassen muß, da die Bundesbank rediskontierte Wechsel vor Fälligkeit nicht wieder zurückgibt[29].

Der Geldmarkt bietet nun den Kreditinstituten vorzügliche Möglichkeiten, kurzfristig Zentralbankgeld anzulegen oder zu beschaffen. Die durch die Zahlungsdispositionen der Nichtbanken und Kreditinstitute entstehenden Überschüsse und Defizite an Zentralbankgeld werden über den Geldmarkt wieder ausgeglichen[30], und zwar zu Bedingungen, die dem Streben der Kreditinstitute nach Sicherung der Liquidität und einer ausreichenden Rentabilität angepaßt sind[31]. Beträge, die Kreditinstituten voraussichtlich kurzfristig zugeflossen sind, werden von diesen auf dem Geldmarkt angeboten, und es werden sich meisten andere Kreditinstitute finden, die ihren als kurzfristig erach-

---

[25] Vgl. *E. Schneider:* a.a.O., S. 39 und *M. Hein:* a.a.O., S. 56 insbesondere Fußnote 2.
[26] Vgl. *E. Brehmer:* a.a.O., S. 39—40.
[27] Vgl. *E. Brehmer:* a.a.O., S. 44.
[28] Vgl. Geschäftsbericht ... 1966, S. 106—108.
[29] Vgl. *F. Höfermann:* a.a.O., S. 16.
[30] Vgl. *E. Brehmer:* a.a.O., S. 68.
[31] Vgl. *R. Wittgen:* a.a.O., S. 24—25.

teten Geldbedarf mit diesen Geldern befriedigen. Ist andererseits die Nachfrage nach Geldmarktkrediten einmal so gering, daß die erzielbaren Zinssätze unter den vergleichbaren Zinssätzen der von der Bundesbank angebotenen Geldmarktpapiere liegen, so werden die Kreditinstitute ihren Geldüberschuß eher bei der Bundesbank als bei anderen Kreditinstituten anlegen, da ja aufgrund der Ausstattung der Geldmarktpapiere diese als eine ebenso geeignete Anlage für liquide Mittel angesehen werden wie die Geldmarktkredite. Ebenso können sich die Kreditinstitute aber auch einzeln oder gemeinsam durch Rückgabe von Geldmarktpapieren an die Bundesbank Zentralbankgeld beschaffen.

Nicht zuletzt aber erlaubt das Engagement eines Kreditinstituts auf dem Geldmarkt der Geschäftsleitung Rückschlüsse auf die Liquiditätslage des Instituts im Vergleich zur Liquiditätslage der anderen Institute[32]. Befindet sich ein Institut immer auf der Geldanbieterseite, so kann dies bedeuten, daß es die rentabilitätsfördernden Möglichkeiten des Aktivgeschäfts mit Nichtbanken nicht voll ausnutzt. Eine ständige Geldnachfrage am Geldmarkt dagegen kann andeuten, daß das Institut vielleicht zu großzügig mit der Vergabe von Krediten an Nichtbanken verfährt.

2.2. Volkswirtschaftliche Funktionen[33]

Die volkswirtschaftlich vordringlichste Aufgabe, die die Kreditinstitute zu erfüllen haben, ist die ausreichende und sichere Versorgung der Wirtschaft mit Zahlungsmitteln, sei es durch Gewährung von Krediten oder Ankauf von Wertpapieren[34].

Im Rahmen ihres Passivgeschäfts nehmen die Kreditinstitute Geldmittel befristet entgegen, um sie im Rahmen ihres Aktivgeschäfts an andere Wirtschaftssubjekte wieder befristet auszuleihen[35]. Die Transformation von zum großen Teil „täglich fälligen Einlagen in Kredite mit Laufzeiten von drei Monaten und länger“[32], oder der Erwerb von Wertpapieren, die oft jahrelang im Portefeuille des Kreditinstituts bleiben, wäre in dem tatsächlich beobachteten Umfang ohne einen funktionsfähigen Geldmarkt nicht möglich. Würden die oftmals rasch auftretenden Veränderungen der Liquidität der Kreditinstitute nicht durch „den ausgleichenden Puffer eines sich den kurzfristigen Schwankungen der geldtechnischen Lage elastisch und automatisch anpassen-

---

[32] Vgl. *H. Lipfert:* Der Geldmarkt, a.a.O., S. 25—26.
[33] Vgl. *H. Lipfert:* Geld- und Kapitalmarkt, a.a.O., S. 264.
[34] Vgl. *W. Kalveram/H. Günther:* Bankbetriebslehre, Dritte völlig neu bearbeitete Auflage, Wiesbaden 1961, S. 17.
[35] Vgl. *R. Wittgen:* a.a.O., S. 11.

den Geldmarktes"[36] von den Kredit- und Wertpapiermärkten ferngehalten, oder doch zumindest stark gedämpft, so könnte die ausreichende und sichere Versorgung der Volkswirtschaft mit Krediten gefährdet werden. Durch die ohne Rückgriffsmöglichkeit auf den Geldmarkt häufig notwendig werdenden vorzeitigen Abberufungen von Krediten und die häufigen Wertpapierverkäufe würde eine volkswirtschaftlich nachteilige Unsicherheit entstehen, die ein Funktionieren der Kredit- und Wertpapiermärkte stark beeinträchtigen würde[37]. Auch die Inanspruchnahme des Wechsel- und Lombardkredits der Bundesbank kann einem Kreditinstitut in nur unzureichendem Maße die durch Kundendispositionen verlorengegangene Liquidität wieder ersetzen. Durch die Rediskont-Kontingente, die Verweigerungsmöglichkeit eines Lombardkredits von seiten der Bundesbank und die Weigerung der Bundesbank, rediskontierte Wechsel vor Fälligkeit zurückzugeben, ist dieses Geldbeschaffungsinstrument zu wenig elastisch, als daß mit ihm rasch aufeinanderfolgende, kurzfristige Schwankungen der Liquidität von den Kreditinstituten abgefangen werden könnten[38].

Aber auch zur effektiven Durchsetzung der allgemeinen Währungspolitik der Bundesbank[39] ist ein funktionsfähiger Geldmarkt notwendig[40], da ein gut funktionierender Geldmarkt den Kreditinstituten ermöglicht, bis auf kleine, durch Dispositionsfehler bedingte Abweichungen[41], nur die gesetzlich vorgeschriebenen Midestreserven und keine darüber hinausgehenden Überschußreserven halten zu müssen.

Eine kontraktive Mindestreservepolitik[42], also eine Erhöhung der Mindestreserven, engt den Kreditschöpfungsspielraum der Kreditinstitute ein und wird bei nur minimalen Überschußreserven auch schnell die Neuvergabe von Krediten hemmen. Durch Senkung der Mindestreserven, also durch eine expansive Mindestreservepolitik, wird das Kreditschöpfungspotential der Kreditinstitute zwar unmittelbar vergrößert, jedoch kann eine Neuvergabe von Krediten hierdurch selbstverständlich nicht erzwungen werden. Das Ziel der Offenmarktpolitik[43] der Zentralbank, die Vergrößerung oder Verkleinerung der bei den Kreditinstituten befindlichen Zentralbankgeldmenge, kann besonders gut erreicht werden, wenn die Zentralbank den Kreditinstituten eine eben-

---

36 *K. Hunscha:* Banken ohne Geldmarkt, Frankfurter Rundschau vom 24. Dezember 1949, zitiert nach *F. Höfermann:* a.a.O., S. 15.

37 Vgl. *E. Brehmer:* a.a.O., S. 69.

38 Vgl. *F. Höfermann:* a.a.O., S. 16.

39 Vgl. *W. Könneker:* Die Deutsche Bundesbank, Frankfurt/M. 1967, S. 27 bis 79.

40 Vgl. *E. Brehmer:* a.a.O., S. 69.

41 Vgl. *E. Brehmer:* a.a.O., S. 40.

42 Vgl. *E. Schneider:* a.a.O., S. 68—70.

43 Vgl. *E. Schneider:* a.a.O., S. 70—93.

so liquide Anlage ihrer Mittel anbietet, wie diese sie durch Vergabe von Geldmarktkrediten erreichen können. Daher hat wohl auch die Bundesbank die Geldmarktpapiere mit so vorzüglichen Konditionen ausgestattet, um durch Variation der Abgabe- und Rücknahmesätze leicht die von ihr gewünschte Offenmarktpolitik durchsetzen zu können. Aber auch die Diskontpolitik[44] der Zentralbank wirkt bei kaum vorhandenen Überschußreserven stärker auf die Anlagenpolitik der Kreditinstitute ein als dies bei reichlich bemessenen Überschußreserven der Fall wäre, wenn bei einem allgemeinen Liquiditätsabfluß neben der Rückgabe von Geldmarktpapieren auch der Rediskont bei der Bundesbank in Anspruch genommen werden muß.

Nicht zuletzt aber kann die Bundesbank die oftmals umfangreichen, kurzfristigen Kreditwünsche des Bundes und der Länder ohne große störende Beeinflussung der Liquidität der Kreditinstitute befriedigen. Da die wichtigsten Geldmarktpapiere kurzfristige Staatsschuldtitel sind, kann die Bundesbank bei der Befriedigung eines Kassenbedarfs des Staates eine gleich große Menge solcher Titel an die Kreditinstitute verkaufen, so daß bei „der Verausgabung und Rückzahlung der Zentralbankkredite“[45] volkswirtschaftlich unerwünschte Vergrößerungen und Verkleinerungen der Zentralbankgeldmenge unterbleiben.

3. Die Institutionen des Geldmarktes

3.1. Einflüsse auf die Geldmarktlage[1]

Durch die Gelddispositionen der Wirtschaftssubjekte findet nicht nur eine Umverteilung einer gegebenen Zentralbankgeldmenge zwischen den Kreditinstituten statt, so daß Zentralbankgelddefizite nur durch den Handel in Geldmarktkrediten wieder vollständig ausgeglichen werden können, sondern es finden auch Veränderungen der insgesamt bei den Kreditinstituten vorhandenen Zentralbankgeldmenge statt[2]. Bei Zuflüssen von Zentralbankgeld wird sich die Lage am Geldmarkt entspannen, die Zinssätze werden sinken, während Abflüsse von Zentralbankgeld den Geldmarkt verknappen werden.

Durch den technisch bedingten, zeitlichen Unterschied zwischen Belastung und Erkennen der Zentralbankgirokonten von an Buchgeldbewegungen beteiligten Kreditinstituten wird dem Geldmarkt in Höhe

---

44 Vgl. *E. Schneider:* a.a.O., S. 93—104.
45 *E. Brehmer:* a.a.O., S. 70.
1 Vgl. insbesondere *H. Lipfert:* Der Geldmarkt, a.a.O., S. 50—63.
2 Vgl. *M. Hein:* a.a.O., S. 20.

der schwebenden Buchgeldbewegungen, dem sogenannten „float“[3], Liquidität entzogen. Da sich gegen Monats-, Quartals- und Jahresende der Zahlungsverkehr erheblich verstärkt, kann man an diesen Ultimoterminen „(geradezu rhythmische) Geldmarktkontraktionen mit anschließenden Liquidisierungen“[4] beobachten. Selbst die ausgezeichnet funktionierenden Gironetze der Sparkassen und Kreditgenossenschaften können ein temporäres „Unsichtbarwerden“[5] von Liquidität am Ultimo nicht ganz verhindern.

Stärker als das Anwachsen der Buchgeldbewegungen verknappen aber Barabhebungen der Nichtbanken am Ultimo den Geldmarkt[6]. Besonders durch die Barabhebung von Löhnen und Gehältern etc. zum Monatsende nimmt der Bargeldumlauf beträchtlich zu, um sich am Beginn des neuen Monats wieder zu verkleinern. Aber auch Ferienreisezeit, Festtage und saisonale Veränderungen der industriellen Beschäftigung verändern den Bargeldumlauf und wirken damit unmittelbar auf die Geldmarktlage ein.

Einen noch stärkeren Einfluß auf die Lage am Geldmarkt, wenn auch z. T. in größeren Zeitabständen, üben die öffentliche Kassenhaltung und die Gewährung von Zentralbankkrediten an die öffentliche Hand aus. Da ein großer Teil der öffentlichen Stellen aufgrund gesetzlicher Bestimmungen[7] oder freiwillig seine Kassenmittel auf Zentralbankgirokonten unterhält, so wird dem System der Kreditinstitute bei Zahlungen von Nichtbanken an öffentliche Stellen Liquidität entzogen. Besonders die in der zweiten Monatshälfte von seiten der Wirtschaft zu tätigenden monatlichen Steuerzahlungen, insbesondere aber die vierteljährlichen großen Steuertermine, entziehen den Kreditinstituten Zentralbankgeld[8]. Gewährt die Bundesbank öffentlichen Körperschaften Kredite, was zur Überbrückung kurzfristiger Kassendefizite durchaus normal ist, so liquidisiert sich der Geldmarkt, wenn die öffentlichen Stellen die eingeräumten Kreditfazilitäten in Anspruch nehmen. Bei der Rückzahlung der Kredite verengt sich der Geldmarkt dann wieder, so daß eine solche Kreditgewährung der Bundesbank nur eine temporäre Vergrößerung der Zentralbankgeldmenge bewirkt[9].

Ein Zufluß von frei verfügbarem Zentralbankgeld in das System der Kreditinstitute, wie er etwa durch eine Senkung der Mindestreservesätze oder durch eine aktive Waren-, Dienstleistungs- und langfristige

[3] Vgl. *G. W. Woodworth:* The Money Market and Monetary Management, New York-Evanston-London-Tokyo 1965, S. 32—33.
[4] *H. Lipfert:* Der Geldmarkt, a.a.O., S. 51.
[5] *H. Lipfert:* Der Geldmarkt, a.a.O., S. 54.
[6] Vgl. *E. Brehmer:* a.a.O., S. 32.
[7] Vgl. *H. Beck:* a.a.O., § 17.
[8] Vgl. *E. Brehmer:* a.a.O., S. 63.
[9] Vgl. *H. Lipfert:* Der Geldmarkt, a.a.O., S. 53.

Kapitalbilanz erzeugt werden könnte, braucht jedoch nicht obligatorisch eine Verflüssigung des Geldmarktes nach sich zu ziehen. Bei hoher Zentralbankverschuldung durch Wechsel- und Lombardkredite werden die Kreditinstitute eher geneigt sein, die zugeflossenen Mittel zum Abbau dieser Verpflichtungen zu benutzen, um ihre unausgenutzten Rediskont-Kontingente für „etwaige Notfälle in der Zukunft zu vergrößern“[10]. Bei niedriger Zentralbankverschuldung werden Zuflüsse von Zentralbankgeld allerdings eine schnelle Liquidisierung des Geldmarktes zur Folge haben.

3.2. Geldmarktteilnehmer

Als Geldmarktteilnehmer kommen grundsätzlich alle diejenigen Wirtschaftssubjekte in Betracht, die über Zentralbankgiroguthaben und Geldmarktpapiere verfügen können. Da zwar jedes Wirtschaftssubjekt, also auch Nichtbanken, ein Zentralbankgirokonto unterhalten kann, jedoch durch einen Beschluß des Zentralbankrates der Bank Deutscher Länder vom Jahre 1952 die Abgabe und Rücknahme von Geldmarktpapieren auf die Kreditinstitute beschränkt worden ist, so kommen als Geldmarktteilnehmer tatsächlich nur die Kreditinstitute der Bundesrepublik Deutschland in Betracht. Der obige Beschluß des Zentralbankrates wurde gefaßt, um das zur damaligen Zeit noch enge Depositengeschäft der Kreditinstitute durch konkurrierende Anlagemöglichkeiten von seiten der Bank Deutscher Länder nicht noch stärker zu belasten.

Aber auch von den rechtlich selbständigen Kreditinstituten beteiligen sich nicht alle am Geldmarkt[11]. Eine Auslese unter den Kreditinstituten wird schon durch die beim Handel in Geldmarktkrediten geübte Gepflogenheit getroffen, nur in Ausnahmefällen Beträge von weniger als 5 Mio. DM zu handeln[12], wobei sich die für eine Geldmarktteilnahme zu kleinen Institute von größeren mitversorgen lassen. Ein anderer Teil der Kreditinstitute, die zwar aufgrund ihrer Größe am Geldmarkt teilnehmen könnten, beteiligt sich wegen vertraglicher Abmachungen mit größeren Kreditinstituten nicht am Geldmarkt. Ohne im einzelnen eine Gruppierung der Kreditinstitute in Geldmarktteilnehmer und Nichtgeldmarktteilnehmer vorzunehmen, wozu wir auf die einschlägige Literatur verweisen[13], wollen wir wenigstens die wichtigsten Geldmarktteilnehmer aufzählen.

---

[10] *E. Brehmer:* a.a.O., S. 51.
[11] Vgl. *M. Hein:* a.a.O., S. 30.
[12] Vgl. *F. Höfermann:* a.a.O., S. 47.
[13] Vgl. hierzu insbesondere *M. Hein:* a.a.O., S. 30—37.

Von den 6 Großbanken treten nur die 3 Zentralen der Institute am Geldmarkt auf, während sich der Liquiditätsausgleich der Zweigstellen innerhalb des Filialennetzes vollzieht, und nur in Ausnahmefällen den einzelnen Zweigstellen Geldmarktgeschäfte von den Zentralen nach genauer Festlegung der Konditionen erlaubt werden[14]. Unter den 83 Staats-, Regional- und Lokalbanken, von denen ein Teil wegen seiner Kleinheit als Geldmarktteilnehmer nicht in Frage kommt, spielen die sogenannten „Geldhändler" eine bedeutende Rolle am Geldmarkt. Da größere und große Kreditinstitute oftmals fürchten, ihr Ansehen zu schädigen oder Einblick in ihre Geschäftstätigkeit zu gewähren, wenn sie sich zu stark beim Handel in Geldmarktkrediten engagieren, so übertragen sie wenigstens teilweise diese Geschäfte an die als „Geldhändler" bekannten Institute, zu denen in erster Linie die Frankfurter Bank, aber auch die Berliner Handels-Gesellschaft und die Badische Bank zählen[15]. Von den 193 Privatbankiers treten nur ganz wenige am Geldmarkt auf, während der größte Teil von ihnen aufgrund traditioneller Geschäftsbeziehungen bei größeren Instituten einen Liquiditätsrückhalt hat.

Der Liquiditätsausgleich der 862 Sparkassen vollzieht sich über die 12 Girozentralen, die ihrerseits wieder über die Deutsche Girozentrale — Deutsche Komunalbank ihre Verrechnungen tätigen, wobei der Ausgleich zu auf längere Zeit festen Zinssätzen abgewickelt wird. Am Geldmarkt treten im Regelfall nur die 13 Spitzeninstitute auf, wobei es einer einzelnen Sparkasse allerdings rechtlich möglich ist, auch als Geldmarktteilnehmer aufzutreten. In ähnlicher Weise wie bei den Sparkassen vollzieht sich der Liquiditätsausgleich der 9786 Kreditgenossenschaften, von denen aber nur die 18 Zentralkassen und ihr Spitzeninstitut, die Deutsche Genossenschaftskasse, regelmäßig als Geldmarktteilnehmer in Erscheinung treten.

Durch die zeitliche Verzögerung von Mittelbeschaffung und Auszahlung derselben[16] verfügen die 43 Hypothekenbanken und öffentlich-rechtlichen Grundkreditanstalten häufig über liquide Mittel, die sie auf dem Geldmarkt anlegen, wobei sie allerdings ausgeprägte persönliche Präferenzen beim Handel in Geldmarktkrediten zeigen, da sie selbst z. T. im Besitz anderer Kreditinstitute sind. Auch der größte Teil der 206 Teilzahlungskreditinstitute ist in irgendeiner Form eng anderen Kreditinstituten verbunden, so daß von einiger Bedeutung am Geldmarkt nur das weitaus größte dieser Institute, die Kundenkreditbank KGaA[17], ist. Die 18 Kreditinstitute mit Sonderaufgaben treten

[14] Die im Folgenden angegebenen Zahlen beziehen sich auf die Angaben in: Monatsberichte der Deutschen Bundesbank, April 1967, S. 35.

[15] Vgl. *M. Hein:* a.a.O., S. 32.

[16] Vgl. *E. Brehmer:* a.a.O., S. 14, S. 23—24 und S. 95—96.

[17] Vgl. *W. Kaminsky:* Die Teilzahlungsbanken, Frankfurt/M. 1962, S. 66.

nur sporadisch am Geldmarkt auf, da sie aufgrund ihrer speziellen Geschäftstätigkeit selten unvorhergesehenen Liquiditätsschwankungen ausgesetzt sind, jedoch dann in meist erheblichem Umfange. Schließlich seien noch die 15 Postscheck- und Postsparkassenämter[18] erwähnt, die sich auch unter Beachtung gewisser Sicherheitsvorschriften[19] auf dem Geldmarkt engagieren dürfen.

Von den insgesamt 11 371 Kredit- und Geldinstituten können ca. 720 grundsätzlich am Geldmarkt teilnehmen, jedoch ist ein Teil von ihnen hierfür zu klein oder nimmt aufgrund persönlicher Präferenzen oder einer spezifisch gearteten Geschäftstätigkeit nur selten am Geldmarkt teil, so daß als dauernde Geldmarktteilnehmer nur etwa 120 bis 150 Institute in Betracht kommen. Besonderes Gewicht haben hierunter die ca. 35 Spitzeninstitute der Großbanken, Sparkassen und Kreditgenossenschaften, während in zweiter Linie eine Gruppe von etwa 20 bis 30 Instituten zu nennen ist, in die wir die „Geldhändler", die Geldinstitute der Post und die größten Privatbankiers, Realkreditinstitute etc. einordnen wollen. In eine dritte Gruppe fallen dann die kleinen und kleinsten Geldmarktteilnehmer.

Außer dieses anhand allgemeiner Literaturhinweise gewonnenen Überblicks über die ungefähre Anzahl der Geldmarktteilnehmer und über eine recht vage Gruppierung der teilnehmenden Institute nach ihrer Bedeutung für den Geldmarkt verfügen wir über keine weiteren sicheren Informationen. Insbesondere fehlt eine Statistik der über den Geldmarkt zwischen den Teilnehmern hin und her bewegten Zentralbankgeldmengen. Die einmalig im Jahre 1959 von der Bundesbank veröffentlichte Zusammenstellung der durchschnittlichen kurzfristigen Interbankaktiva und Interbankpassiva und der Bestände an Geldmarktpapieren dreier Stichtage der einzelnen Bankengruppen[20] vermittelt keinen Eindruck von der Intensität des Handels in Geldmarktkrediten. Auch eine Untersuchung der Geschäfts- und Kundenstruktur der Kredit- und Geldinstitute und damit ihres tendenziellen Liquiditätsstatus[21] gestattet uns keine weiteren als die bis jetzt gefundenen Aussagen über Bedeutung und Engagement der einzelnen Kreditinstitute am Geldmarkt.

3.3. Geldmarktdispositionen[22]

Der mit der Sicherung und Erhaltung der Liquidität eines Kreditinstituts beauftragte Geldhändler, meistens ein Vorstandsmitglied mit

[18] Vgl. Monatsberichte ... April 1967, S. 52.

[19] Vgl. *M. Schubert:* Die Post im Zahlungs- und Sparverkehr, Frankfurt/M. 1965, S. 59 und S. 85.

[20] Vgl. Monatsberichte ... November 1959, S. 5—7.

[21] Vgl. *E. Brehmer:* a.a.O., S. 11—25.

einem Prokuristen als Stellvertreter[23], benötigt zur befriedigenden Erfüllung dieser Aufgabe eine möglichst umfassende Übersicht über die fälligen und fällig werdenden Zahlungsvorgänge des Kreditinstituts. Selbstverständlich kann eine solche Übersicht wegen der typischen Unsicherheit der Geschäfte der Kreditinstitute niemals vollkommen sein, jedoch kann durch eine systematische Aufzeichnung aller schon sicher bekannten zukünftigen Geschäftsvorfälle die Unsicherheit über die Liquiditätsentwicklung des Instituts verringert werden.

Für die Termindisposition[24] notiert der Geldhändler alle für die Zukunft bekannten Geschäftsvorfälle in chronologischer Reihenfolge in einem Terminbuch. Besondere Beachtung verdienen dabei die großen Anspannungstermine der Monats- und Jahresultima und der Steuertermine. Bei eigendeterminierten Zahlungsvorgängen[25] der einzelnen Abteilungen oder Filialen eines Kreditinstituts hängt das rechtzeitige Eintreffen der Meldungen beim Geldhändler nur vom guten Funktionieren des innerbetrieblichen Informationsflusses ab, während eine vorzeitige Kenntnis fremddeterminierter Zahlungsvorgänge[25] naturgemäß wegen der geringen Einflußmöglichkeit auf die Dispositionen der Kundschaft geringer ist. Jedoch sind die Kreditinstitute übereingekommen, sich gegenseitig ihre eigendeterminierten Zahlungsvorgänge, soweit sie andere Kreditinstitute betreffen, zu avisieren, um sich die eigenen Gelddispositionen zu erleichtern. Auch hat sich bereits die Gepflogenheit ergeben, daß Großkunden ihre Kreditinstitute von bevorstehenden größeren Geldbewegungen informieren[26], so daß auch hierdurch die vorzeitige Gelddisposition erleichtert wird. Weiterhin zeichnet der Geldhändler auch den in der Vergangenheit tatsächlich beobachteten Zahlungsverkehr auf, wodurch sich dann gewisse Rückschlüsse auf Regelmäßigkeiten oder langfristige Änderungen des Zahlungsverkehrs, wie z. B. saisonal bedingte starke Abnahmen der Spareinlagen bei Sparkassen, ziehen lassen, die jedoch wegen der Extrapolation von Vergangenheitswerten in die Zukunft mit Vorsicht zu deuten sind[27].

Anhand des aus der Termindisposition gewonnenen Überblicks über die voraussichtlich zu erwartenden Zentralbankgeldüberschüsse bzw. Zentralbankgelddefizite kann sich der Geldhändler je nach der Dauer der erwarteten Liquiditätsungleichgewichte vorbereiten. Bei nur als

---

22 Vgl. hierzu insbesondere *W. v. Wyk:* Die Gelddisposition der Banken, Frankfurt/M. 1966.

23 Nach einer Auskunft der *Commerzbank* AG, Frankfurt/M.

24 Vgl. *O. Hahn:* a.a.O., S. 14 sowie *M. Hein:* a.a.O., S. 59 und *W. v. Wyk:* a.a.O., S. 69—110.

25 Vgl. *R. Wittgen:* a.a.O., S. 143—144.

26 Vgl. *F. Höfermann:* a.a.O., S. 22.

27 Vgl. *R. Wittgen:* a.a.O., S. 145 insbesondere Fußnote 110.

kurzfristig erachtetem Gelddefizit wird er aus Vorsicht[28] Termingelder bei anderen Kreditinstituten aufnehmen, während er bei Geldüberschüssen, die so kurzfristig sind, daß hiermit eine Kreditgewährung an Nichtbanken nicht in Frage kommt, aus Verlegenheit[28] Termingelder an andere Kreditinstitute ausleihen oder Geldmarktpapiere erwerben wird. Da zu den großen Anspannungsterminen alle Kreditinstitute tendenziell Geld nachfragen, so wird ein Ausgleich eines Gelddefizits an diesen Tagen hauptsächlich durch Rückgabe von Geldmarktpapieren erfolgen müssen[29].

Für das Auftreten eines Kreditinstituts am Geldmarkt sind aber die Resultate der Tagesdisposition[30] eines bestimmten Banktages wesentlich bedeutsamer. Am Nachmittag des Vortages läßt sich zwar anhand der Termindisposition ein recht guter Eindruck von dem Liquiditätsstatus des nächsten Tages gewinnen, doch können an diesem Tage dann überraschend Geldüberschüsse und Gelddefizite auftreten[31], da insbesondere die Dispositionen der Masse der kleinen Kunden von einem Kreditinstitut nicht beeinflußbar sind. Im Laufe des Vormittags werden dem Geldhändler die weiteren Zahlungsvorgänge bereits saldiert meist stündlich gemeldet. Aus der sich so ergebenden Tagesdisposition[32] erhält der Geldhändler nun den erforderlichen Einblick in die endgültig vorhandenen Geldüberschüsse oder Gelddefizite. Bis 13.00 Uhr müssen alle gemeldeten Zahlungsvorgänge für diesen Tag berücksichtigt werden, da die Landeszentralbranken bis zu diesem Zeitpunkt Überweisungsaufträge entgegennehmen und Zentralbankschecks gutschreiben. Später eintreffende Meldungen nimmt der Geldhändler in die Termindisposition für den nächsten Tag auf.

Unter Berücksichtigung der sich während des Vormittags entwickelnden Tagesdisposition und der Termindisposition, durch Abschätzung der Dauer des entstandenen Liquiditätsüberschusses oder Liquiditätsdefizits, der Zinsentwicklung und der langfristigen Liquiditätsentwicklung des Kreditinstituts und unter Beachtung des Verschuldungsgrades gegenüber den einzelnen Refinanzierungsquellen[33] wählt der Geldhändler dann eine oder mehrere der zur Verfügung stehenden Möglichkeiten der Beschaffung oder Anlage von Zentralbankgeld aus. Überschüsse kann er zur Anlage auf dem Geldmarkt, zum Ankauf von Effekten, zur Kreditrückzahlung bei anderen Kreditinstituten oder der Bundesbank und zur Verstärkung der Mindestreserven verwenden.

---

28 Vgl. *E. Brehmer:* a.a.O., S. 45.
29 Vgl. *M. Hein:* a.a.O., S. 59.
30 Vgl. *O. Hahn:* a.a.O., S. 14.
31 Vgl. *F. Höfermann:* a.a.O., S. 21—23.
32 Vgl. das Beispiel einer Tagesdisposition bei *W. v. Wyk:* a.a.O., S. 89.
33 Vgl. *M. Hein:* a.a.O., S. 57—59 und *E. Brehmer:* a.a.O., S. 48—55.

Besonders in der ersten Monatshälfte werden Überschüsse gern zum Aufbau überschüssiger Mindestreserven benutzt, um in der zweiten Monatshälfte, in der die Liquidität der Kreditinstitute tendenziell abnimmt, eine zusätzliche Refinanzierungsmöglichkeit durch Abbau dieser Mindestreserveüberschüsse zu haben[34]. Defizite kann der Geldhändler durch Inanspruchnahme des Geldmarktes, des Wechsel- und Lombardkredits und durch Effektenverkäufe ausgleichen. Auch eine zeitweilige Unterschreitung der Mindestreserven ist möglich, jedoch sind die Kreditinstitute sehr darauf bedacht, das im Monatsdurchschnitt vorgeschriebene Soll nicht zu unterschreiten, da sie die dann zu zahlenden Strafzinsen und eine Beeinträchtigung ihres Standings bei der Bundesbank vermeiden möchten. Am geeignetsten zur Beseitigung kurzfristiger Liquiditätsungleichgewichte ist wohl das Engagement auf dem Geldmarkt, während die übrigen Instrumente zur Regulierung grundlegender und dauerhafter Liquiditätsveränderungen und als Reservemaßnahmen für große unvorhergesehene Notfälle dienen[35].

3.4. Technik des Geldmarkthandels

Ähnlich wie der Devisenhandel[36] ist der Handel in Geldmarktkrediten nicht börsenmäßig institutionalisiert[37], sondern findet durch telefonische und fernschriftliche Kontakte zwischen den Geldmarktteilnehmern statt. Hierbei werden Kontakte nicht nur zwischen den an einem Bankplatz domizilierenden Kreditinstituten, sondern regelmäßig auch zu Kreditinstituten anderer Bankplätze hergestellt. Im allgemeinen wenden sich die Geldhändler mit ihren Kontaktaufnahmen an befreundete Institute, wobei das geldsuchende Institut an ein anderes herantritt[38].

Die telefonisch oder fernschriftlich ausgehandelten Beträge werden ohne dingliche Sicherheit, was wegen der guten Bonität der Geldmarktteilnehmer allgemein üblich ist, auf Zentralbankgirokonten bereitgestellt. Jedoch sind die Beträge, die ein Kreditinstitut einem anderen beim Handel in Geldmarktkrediten zur Verfügung stellen würde, trotz der bei den Geldmarktteilnehmern vorhandenen guten Bonität nicht unbeschränkt, sondern ihre maximale Größe ist von den Kreditinstituten in sogenannten Adressenlisten zusammengestellt[39]. Nach den

---

34 Vgl. *E. Brehmer:* a.a.O., S. 56—60 und *R. Wittgen:* a.a.O., S. 33—45 und S. 68—74.

35 Vgl. *M. Hein:* a.a.O., S. 59 insbesondere Fußnote 11.

36 Vgl. *H. Lipfert:* Internationaler Devisen- und Geldhandel, zugleich 2. Auflage von „Devisenhandel", Frankfurt/M. 1967.

37 Vgl. *H. Lipfert:* Der Geldmarkt, a.a.O., S. 30.

38 Vgl. *O. Hahn:* a.a.O., S. 15.

39 Vgl. *M. Hein:* a.a.O., S. 58 insbesondere Fußnote 10.

Geldmarktvereinbarungen senden die Partner einander schriftliche Bestätigungen des Abschlusses zu, um etwaige Übermittlungsfehler aufzudecken, wobei der etwa entstandene Schaden dann im allgemeinen von beiden Handelspartnern je zur Hälfte getragen wird. Häufig bei einem Institut auftretende „Fehler" würden sich auf dem Geldmarkt schnell herumsprechen und es von der Teilnahme am Handel in Geldmarktkrediten ausschließen. Da das geldsuchende Institut im allgemeinen an ein anderes herantritt, so können unerwünschte Partner leicht durch Nennung überhöhter „Abwehrzinssätze" oder dadurch abgewehrt werden, daß man dem den Kontakt aufnehmenden Institut zu verstehen gibt, man sei selbst Kreditnachfrager[40]. Es ist nämlich auf dem Geldmarkt im Gegensatz zum Devisenmarkt[41] nicht üblich, daß der Angerufene sowohl einen Brief- als auch einen Geldkurs nennen muß[42]. Selbstverständlich wird sich ein Geldhändler vor einem Geschäftsabschluß durch Kontakte zu verschiedenen Kreditinstituten einen Marktüberblick verschaffen, jedoch können ihm auch traditionelle Geschäftsverbindungen, besonders zu den „Geldhändlern", einen dauernden Einblick in die Marktlage vermitteln, so daß oft die Kontaktaufnahme zu nur einem Institut schon zum Geschäftsabschluß führt.

Der Handel in Geldmarktpapieren findet mit Ausnahme der Privatdiskonten nur zwischen einem Kreditinstitut und der Bundesbank statt[43]. Da die Bundesbank die Abgabekonditionen für Geldmarktpapiere ständig bekanntgibt, z. B. in den Monatsberichten, und die Rücknahmekonditionen auf Anfrage dem an sie herantretenden Kreditinstitut mitteilt, so kann sich ein Geldhändler durch eine einzige Anfrage ein Bild von der Vorteilhaftigkeit dieser Papiere machen. Kann der Kauf von Geldmarktpapieren sofort über die für das Kreditinstitut zuständige Niederlassung der Bundesbank erfolgen, so muß bei der Rückgabe solcher Papiere die Niederlassung bei der Zentrale der Bundesbank den Rücknahmesatz erfragen, der nach allgemeinen kreditpolitischen Zielsetzungen der Bundesbank festgelegt wird. Erscheint dem anbietenden Kreditinstitut dieser Satz zu ungünstig, so kann es sein Angebot wieder zurückziehen[44]. Die Geldmarktpapiere werden dem übernehmenden Kreditinstitut im allgemeinen nicht ausgehändigt, sondern es findet ein „stückeloser Effektenverkehr durch einfache Verbuchungen in der Wertpapierabteilung der Bundesbank"[45] statt.

---

[40] Vgl. *O. Hahn:* a.a.O., S. 15.

[41] Vgl. *H. Lipfert:* Internationaler Devisenhandel ..., a.a.O., S. 80—82.

[42] Vgl. *M. Hein: a.a.O.,* S. 104—105 und *H. Lipfert:* Der Geldmarkt, a.a.O., S. 31.

[43] Vgl. *M. Hein:* a.a.O., S. 26.

[44] Vgl. *O. Hahn:* a.a.O., S. 21—22 und S. 73—74.

[45] *O. Hahn:* a.a.O., S. 21.

3.5. *Geldmarktkredite*

Der Abschluß eines Geldmarktgeschäfts zwischen zwei Kreditinstituten muß eine Einigung über die Höhe der gehandelten Summe, die Dauer der Ausleihung und den Zinssatz enthalten[46]. Während der Zinssatz durch freie Vereinbarungen der Handelspartner, die sich an der allgemeinen Marktlage orientieren, zustande kommt, und die Höhe der Summe durch die erwähnten Kreditlimits beschränkt ist, hat sich bei der Dauer der Geldmarktkredite eine Reihe typischer Fristen herausgebildet[47]. Grundsätzlich ist es zwar jedem Kreditinstitut möglich, beim Handel in Geldmarktkrediten einen Partner zu suchen, der genau für die von ihm gewünschte Laufzeit ein Geschäft abschließen möchte, jedoch wird ein solcher Partner nicht immer, auch wegen der Kürze der zur Verfügung stehenden Zeit, zu finden sein. Deshalb haben sich eine Reihe von Standardlaufzeiten gebildet, die weitgehend den Bedürfnissen aller Institute angepaßt sind, und für die sie schnell einen Handelspartner finden können[48].

Die kürzeste aller Standardlaufzeiten hat das „Tagesgeld", das dem übernehmenden Kreditinstitut für die feste Laufzeit von einem Banktag zur Verfügung steht[49]. Naturgemäß findet der größte Teil der Geldmarktumsätze in Tagesgeld statt, da mit ihm die schnell von Tag zu Tag wechselnden Liquiditätsungleichgewichte ausgeglichen werden können und kein Handelspartner spürbar in seiner Dispositionsfreiheit eingeschränkt wird. Eine dem Tagesgeld verwandte Form der Geldleihe ist das „tägliche Geld", das mit einer Kündigungsfrist von 24 Bankstunden von jedem der beiden Kontrahenten widerrufen werden kann. Dieses Geld hat also keine feste Laufzeit, sondern diese verlängert sich bis auf Widerruf von Tag zu Tag. Beide Formen dieser Geldleihe haben den Nachteil, daß der Geldhändler den Bedarf an Zentralbankgeld des nächsten Tages schon im voraus kennen muß, wenn er Tagesgeld verleiht oder tägliches Geld kündigt. Daher hat sich eine weitere, ähnliche Geschäftsform entwickelt, die „Tagesgeld bis auf weiteres" heißt[50]. Hierbei kann das Geld noch bis 11.00 Uhr des Rückzahlungstages gekündigt werden, was für den Geldverleiher eine äußerst liquide Anlage seiner Mittel bedeutet, während der Geldentleiher durch die späte Abberufung des Geldes in eine unangenehme Situation geraten kann.

Außer diesen Hauptformen gibt es eine Reihe weiterer Geschäftsformen von Geldleihen mit kurzen Laufzeiten, die von einiger Bedeu-

---

46 Vgl. *H. Lipfert:* a.a.O., S. 31.
47 Vgl. *E. Brehmer:* a.a.O., S. 101.
48 Vgl. *R. Wittgen:* a.a.O., S. 146.
49 Vgl. *M. Hein:* a.a.O., S. 26.

tung auf dem Geldmarkt sind[50]. „Terminiertes Tagesgeld" hat fest vereinbarte Laufzeiten von weniger als einem Monat, „terminiertes tägliches Geld" hat eine fest vereinbarte Kündigungszeit von 2 bis 30 Tagen und „Geld fest und täglich" hat eine fest vereinbarte Laufzeit mit anschließender täglicher Kündigungsfrist.

Geldleihen, deren Laufzeiten über einen Monat hinausgehen, heißen allgemein „Termingeld", worunter am häufigsten „Monats-", „Dreimonats-", „Halbjahres-" und sogar „Jahresgeld" auftreten. Allerdings kommen hier auch schon nur sehr wenige Abschlüsse vor, so daß die noch gelegentlich auftretenden „Zwischenlaufzeiten" umsatzgemäß relativ bedeutungslos sind.

Eine Sonderlaufzeit weist das „Ultimogeld" auf. Zur Überbrückung der an Monatsultimoterminen und besonders Jahresultimoterminen auftretenden Liquiditätsanspannungen nehmen die Kreditinstitute so weit als möglich „Geld über Ultimo" bzw. „Geld über Jahresultimo" auf. Dieses Geld ist tägliches Geld, das jedoch erst nach den Anspannungsterminen gekündigt werden darf[51].

Die für die einzelnen Geldarten zu zahlenden Zinssätze steigen tendenziell mit der Laufzeit des ausgeliehenen Geldes an[52]. Für eine länger dauernde Aufgabe seiner Liquidität verlangt der Verleiher einen höheren Zinssatz als für kurzfristigere Ausleihen, den der Entleiher wegen der damit verbundenen länger dauernden Liquiditätssicherung auch zu zahlen gewillt ist. Eine Ausnahme bedeutet hier im gewissen Sinne das Ultimogeld, das oftmals zu überraschend hohen Zinssätzen gehandelt wird, obwohl seine tatsächliche Laufzeit gewöhnlich nur wenige Tage beträgt. Das wird aber verständlich, wenn man berücksichtigt, daß Ultimogeld gerade an Terminen gehandelt wird, an denen der Geldmarkt besonders verknappt ist. Weiterhin läßt sich am Geldmarkt noch beobachten, daß kleinere Institute einen um $^1/_8$ % bis $^1/_4$ % höheren Zinssatz beim Handel in Geldmarktkrediten zahlen müssen als größere Institute. Einen Aufschlag dieser Größenordnung kann man vielleicht als eine Prämie für die Durchführung eines an sich wegen seiner Kleinheit uninteressanten Geschäfts oder als eine Risikoprämie für eine mögliche nicht fristgerechte Rückzahlung des entliehenen Geldes ansehen.

3.6. Geldmarktpapiere

Als Geldmarktpapiere werden allgemein solche Wertpapiere bezeichnet, die von einem Kreditinstitut ohne Beschränkung des Betrages[53]

---

50 Vgl. *M. Hein:* a.a.O., S. 23.
51 Vgl. *E. Brehmer:* a.a.O., S. 103—105.
52 Vgl. *F. Höfermann:* a.a.O., S. 97—103.
53 Vgl. *R. Wittgen:* a.a.O., S. 125.

jederzeit[54], auch vor dem Fälligkeitstermin, mit minimalem Kursrisiko[55] verkauft werden können. Im Gegensatz zu anderen nationalen Geldmärkten, z. B. dem der USA[56], besteht in der Bundesrepublik Deutschland kein Handel in Papieren dieser Art unter den Kreditinstituten, wohl aus dem Grunde, daß an großen Anspannungsterminen das System der Kreditinstitute insgesamt auf die Bundesbank als Refinanzierungsquelle zurückgreifen muß[57] und in den sonstigen Fällen der Handel in Geldmarktkrediten ausreicht. Daher wollen wir hier solche Wertpapiere bezeichnen, die mit den oben genannten Konditionen und einer Ankaufszusage der Bundesbank versehen sind[58].

Die Gruppe der Wertpapiere, denen die Zusage eines auch vorfälligen Ankaufs in unbeschränkter Höhe von der Bundesbank erteilt und damit die Geldmarktfähigkeit[59] verliehen worden ist, ist nicht gesetzlich fixiert und auch nicht ein für allemal fest umrissen. Zwar sind in § 21 des Bundesbankgesetzes[60] die Papiere aufgeführt, die die Bundesbank „zur Regelung des Geldmarktes"[61] benutzen darf, jedoch legt die Bundesbank in ihren Bestimmungen über „Die zur Zeit gültigen kredit- und devisenpolitischen Regelungen der Deutschen Bundesbank"[62] den Kreis der Geldmarktpapiere fest. Sie kann dabei nach ihren allgemeinen kreditpolitischen Zielsetzungen zentralbankfähigen Papieren, das sind Papiere, denen sie eine Rediskont- oder Lombardzusage erteilt hat, die Geldmarktfähigkeit verleihen oder wieder entziehen. Dabei wird die Bundesbank vom Entzug der Geldmarktfähigkeit „nur sehr sparsam und nicht ohne Vorwarnung und elastische Übergangsregelungen Gebrauch"[63] machen[64].

Nach den zur Zeit gültigen Bestimmungen gibt es folgende Geldmarktpapiere:

1. Schatzwechsel des Bundes, der Länder und der Sondervermögen des Bundes, Bundesbahn und Bundespost, mit Laufzeiten von 30—59 und 60—90 Tagen.

2. Unverzinsliche Schatzanweisungen, sogenannte U-Schätze, derselben Emittenten mit Laufzeiten von 6, 12, 18 und 24 Monaten.

---

[54] Vgl. *M. Hein:* a.a.O., S. 24.
[55] Vgl. *E. Brehmer:* a.a.O., S. 107.
[56] Vgl. *M. Nadler/S. Heller/S. S. Shipman:* The Money Market and Its Institutions, New York 1955, S. 82—112.
[57] Vgl. *E. Brehmer:* a.a.O., S. 9.
[58] Vgl. *H. Lipfert:* Der Geldmarkt, a.a.O., S. 18.
[59] Vgl. *H. Gestrich:* Kredit und Sparen, herausgegeben von W. Eucken, 3., durchgesehene Auflage, Düsseldorf-München 1959, S. 61.
[60] Vgl. *H. Beck:* a.a.O., S. 10, § 21.
[61] *F. Höfermann:* a.a.O., S. 51.
[62] Vgl. Geschäftsbericht ... 1966, S. 106—119.
[63] *E. Brehmer:* a.a.O., S. 110.
[64] Vgl. *F. Höfermann:* a.a.O., S. 53.

3. Vorratsstellenwechsel mit Laufzeiten von 30—59 und 60—90 Tagen.
4. Privatdiskonten mit Laufzeiten von 30—59 und 60—90 Tagen.
5. AKA-Wechsel mit Laufzeiten von höchstens 90 Tagen[65].
6. Kassenobligationen des Bundes und seiner Sondervermögen Bundesbahn und Bundespost[66].

Die Schatzwechsel und die unverzinslichen Schatzanweisungen werden von den oben genannten Stellen zur Deckung ihres kurzfristigen Kreditbedarfs begeben[67], während die Vorratsstellenwechsel von den Einfuhr- und Vorratsstellen des Bundes zur Finanzierung der Bevorratung wichtiger Grundnahrungsmittel ausgegeben werden[68]. Privatdiskonten[69] sind besonders ausgestattete Bankakzepte erstklassiger Aussteller und erstklassiger Akzeptbanken, die der Finanzierung ausgewählter Geschäfte dienen. AKA-Wechsel sind mit den Indossamenten der Hausbank und der AKA-Ausfuhrkredit-Gesellschaft mbH versehene Solawechsel deutscher Exporteure, die vornehmlich der Finanzierung von Liefergeschäften in Entwicklungsländer dienen[70]. Kassenobligationen des Bundes und seiner Sondervermögen dienen der Deckung ihrer mittel- und langfristigen Kreditbedürfnisse. Die Geldmarktfähigkeitserklärung für diese Papiere dient wohl vornehmlich der Erleichterung der Unterbringung bei den Kreditinstituten. Bei manchen der oben aufgezählten Titel ist die Geldmarktfähigkeit aufgrund besonderer Vorschriften eingeschränkt, so daß wir hier zwischen Papieren mit vollkommener und Papieren mit eingeschränkter Geldmarktfähigkeit unterscheiden wollen.

Die Schatzwechsel und die U-Schätze mit 6 und 12 Monaten Laufzeit sind die einzigen Titel mit vollkommener Geldmarktfähigkeit. Bei der Übernahme von Schatzwechseln kann ein Kreditinstitut entsprechend seinen Dispositionen die Laufzeiten der übernommenen Papiere aus zwei Fristigkeitskategorien von 30—59 und 60—90 Tagen beliebig auswählen, jedoch kann es die Papiere jederzeit, auch vorfällig, an die Bundesbank zurückgeben. Die Laufzeiten von sechsmonatigen U-Schätzen kann es zwischen 170 und 190 Tagen und die der zwölfmonatigen U-Schätze zwischen 11 und 12 Monaten festlegen, wobei auch hier wiederum eine jederzeitige, auch vorfällige, Rückgabemöglichkeit an die Bundesbank besteht.

---

[65] Vgl. *M. Hein:* a.a.O., S. 208.
[66] Vgl. Deutsche Bundesbank: Auszüge aus Presseartikeln, Frankfurt/M. 31. August 1967, Nr. 65.
[67] Vgl. *E. Brehmer:* a.a.O., S. 110—111.
[68] Vgl. *H. Lipfert:* Der Geldmarkt, a.a.O., S. 21.
[69] Vgl. hierzu speziell *H. Lipfert:* Der deutsche Privatdiskontmarkt, Frankfurt/M. 1959.
[70] Vgl. Geschäftsbericht ... 1966, S. 107.

Die verbleibenden Geldmarktpapiere sind aus unterschiedlichen Gründen von eingeschränkter Geldmarktfähigkeit. U-Schätze mit Laufzeiten von 18 und 24 Monaten, deren tatsächliche Laufzeiten von dem übernehmenden Kreditinstitut zwischen 17 und 18 bzw. 23 und 24 Monaten festgelegt werden können, erlangen vollkommene Geldmarktfähigkeit, wenn sie nur noch eine Restlaufzeit von 12 Monaten haben, da sie dann jederzeit an die Bundesbank zurückgegeben werden können. Vorratsstellenwechsel werden von der Bundesbank nur im Rahmen jeweils terminierter Höchstbeträge angekauft[71], so daß zwar die Geldmarktfähigkeit solcher Titel für ein einzelnes Kreditinstitut nicht eingeschränkt zu sein braucht, jedoch ist sie es für das System der Kreditinstitute als Ganzes. Privatdiskonten übernimmt die Bundesbank in der Regel nur von einem bestimmten Kreditinstitut, nämlich der Privatdiskont-AG, die von den deutschen privatdiskontfähigen Akzeptbanken gegründet worden ist[72], um nach börsenmäßigen Usancen Angebot von und Nachfrage nach Privatdiskonten zwischen den Kreditinstituten möglichst auszugleichen. Allerdings übernimmt die Bundesbank auch Privatdiskonten von anderen Kreditinstituten ohne Anrechnung auf deren Rediskont-Kontingente, wenn die eingereichten Abschnitte das Giro der Privatdiskont-AG tragen und eine Restlaufzeit von höchstens 30 Tagen haben[73]. Ebenso werden die AKA-Wechsel von der Bundesbank nur von der AKA-Ausfuhrkredit-Gesellschaft mbH und nur im Rahmen einer Rediskontlinie, dem sogenannten Plafond B[74], übernommen. Auch die Kassenobligationen der obigen Aussteller erlangen ähnlich den U-Schätzen mit Laufzeiten von 18 und 24 Monaten ihre vollkommene Geldmarktfähigkeit, wenn sie nur noch eine Restlaufzeit von 18 Monaten haben.

Zur Durchsetzung ihrer allgemeinen Kredit- und Währungspolitik, insbesondere mit dem Mittel der Offenmarktpolitik, benötigt die Bundesbank einen ausreichenden Bestand an Geldmarktpapieren, der nicht von den zeitlich wechselnden Kreditbedürfnissen des Bundes, seiner Sondervermögen, der Länder und der privaten Wirtschaft abhängen darf. Daher ist in § 42 des Bundesbankgesetzes[75] bestimmt und durch einen Beschluß der Bundesregierung vom Juni 1958 ergänzt worden[76], daß der Bund der Bundesbank auf Verlangen Schatzanweisungen und U-Schätze, sogenannte Mobilisierungspapiere, nach ihrer Wahl bis zum Höchstbetrag von ca. 8.1 Mrd. DM, dem Betrag der Ausgleichsforderun-

---

71 Vgl. Geschäftsbericht ... 1966, S. 107.

72 Vgl. *H. Lipfert:* Der deutsche Privatdiskontmarkt, a.a.O., S. 16 und zur Technik des Privatdiskonthandels insbesondere S. 37—43.

73 Vgl. Geschäftsbericht ... 1966, S. 109.

74 Zur Zeit 1,8 Mrd DM.

75 Vgl. *H. Beck:* a.a.O., § 42.

76 Vgl. Geschäftsbericht ... 1966, S. 110.

gen der Bundesbank an den Bund, zur Verfügung stellen muß, womit der Bundesbank eine ausreichende Manövriermasse zur Verfügung steht.

Die von der Bundesbank abgegebenen Geldmarktpapiere sind Diskontpapiere, d. h. bei Übernahme der Titel wird vom Nennwert der Papiere ein den Abgabesätzen und der Laufzeit der Papiere entsprechender Betrag abgezogen und die verbleibende Summe dem Zentralbankgirokonto des übernehmenden Instituts belastet. Bei Fälligkeit der Papiere wird dann dem Konto des Instituts der Nennbetrag wieder gutgeschrieben. Gibt ein Kreditinstitut Geldmarktpapiere vorfällig zurück, so wird vom Nennbetrag der Papiere ein dem Rücknahmesatz, der in der Regel $^1/_8$ % bis $^1/_4$ % über dem entsprechenden Abgabesatz liegt, und der Restlaufzeit der Papiere entsprechender Betrag abgezogen und dem Konto des einreichenden Instituts gutgeschrieben. Kauft beispielsweise[77] ein Kreditinstitut von der Bundesbank Schatzwechsel zum Nennwert von 1 Mio. DM mit einer Laufzeit von 90 Tagen, zu einem Abgabesatz von 3 % p.a., so beläuft sich der Diskontabschlag auf 7 500.00 DM, d. h. das Konto des Instituts wird mit 992 500.00 DM belastet. Bei Fälligkeit der Papiere nach 90 Tagen würde das Konto dann mit 1 Mio. DM erkannt werden. Gibt das Institut diese Schatzwechsel nun bereits nach 60 Tagen, also mit einer Restlaufzeit von 30 Tagen, zurück und beträgt der Rücknahmesatz zu diesem Zeitpunkt $3^1/_4$ p.a., so werden vom Nennwert 2 708.33 DM abgezogen und die Summe 997 291.67 DM dem Konto des Instituts gutgeschrieben. Gegenüber den bis zu diesem Rückgabetermin aufgelaufenen Zinsen von 5 000.00 DM erhält das Kreditinstitut nur 4 791.67 DM. Durch die vorfällige Rückgabe muß es also eine Zinseinbuße von 208.33 DM hinnehmen, die bei Rückgabe von Papieren mit langen Restlaufzeiten sogar ein effektiver Verlust sein kann. Bei Rückgabe der Schatzwechsel nach einer Laufzeit von nur 5 Tagen und sonst denselben Bedingungen wie oben beträgt der effektive Verlust 173.61 DM, denn es werden dem Institut nur 992 326.39 DM wieder gutgeschrieben. Dieses geringe Kursrisiko von $^1/_8$ % bis $^1/_4$ % bei vorfälliger Rückgabe von Geldmarktpapieren ist in keiner Weise mit dem Kursrisiko bei Effekten vergleichbar, so daß die Geldmarktpapiere tatsächlich nur mit dem geforderten minimalen Kursrisiko ausgestattet sind. Außerdem ist das Risiko eines Zinsverlustes als Preis für die wenigstens bei Papieren mit vollkommener Geldmarktfähigkeit vorhandene jederzeitige Rückgabemöglichkeit anzusehen, da im Gegensatz hierzu eine vorfällige Kündigung von Geldmarktkrediten nicht möglich oder zumindest doch sehr unüblich oder nur zufällig ist[78].

---

[77] Vgl. auch *H. Lipfert:* Der Geldmarkt, a.a.O., S. 42—43.
[78] Vgl. *M. Hein:* a.a.O., S. 70.

Zum Schluß wollen wir noch anmerken, daß die Bundesbank nicht immer alle Arten von Geldmarktpapieren handelt, wenn ihr dies im Rahmen ihrer Politik richtig erscheint. Zum einen kann sie nur die Mobilisierungspapiere in ausreichendem Umfange selbst schaffen, während sie bei den anderen Titeln auf die Dispositionen anderer Wirtschaftssubjekte angewiesen ist. Jedoch hat sie auch zeitweilig den Verkauf gewisser Papiere gänzlich eingestellt[79] oder durch prohibitiv wirkende Rücknahmesätze die Rückgabe gewisser Titel zu verhindern gewußt[80]. Andererseits verfügt die Bundesbank aber auch meistens über einen Bestand an vorfällig zurückgegebenen Papieren, so daß sich ein Kreditinstitut durch nur eine Anfrage über das Angebot von Papieren mit Speziallaufzeiten orientieren kann, was wohl auch der Grund für das Fehlen des Handels in Geldmarktpapieren zwischen den Kreditinstituten ist.

---

79 Vgl. *E. Brehmer:* a.a.O., S. 113.
80 Vgl. *F. Höfermann:* a.a.O., S. 55.

Zweiter Teil

Ein einfaches Geldmarktspiel

4. Vorbemerkungen

In diesem Teil werden wir ein einfaches Geldmarktspiel beschreiben, das wir mit Versuchspersonen in einer Versuchsreihe experimentell durchgeführt haben. Da die Versuche ohne Einsatz einer elektronischen Rechenanlage durchgeführt werden mußten, war es notwendig, die Anzahl der von den Spielern während des Spiels zu treffenden Entscheidungen möglichst klein zu halten, um die anfallende Schreib-, Rechen- und Kontrollarbeit im Versuch in angemessener Zeit noch manuell bewältigen zu können. Auch sollte das Spiel einer theoretischen Untersuchung zugänglich sein, deren Ergebnisse dann mit den aus den Versuchen tatsächlich erhaltenen Werten verglichen werden.

Daher treffen die Spieler nur Entscheidungen über Geldmarktgeschäfte, also über die Hergabe und Hereinnahme von Zentralbankgeld und den An- und Verkauf von Geldmarktpapieren. Alle anderen für die Liquiditätslage eines Kreditinstituts wichtigen Entscheidungen sollen schon, so können wir uns vorstellen, getroffen worden und von den Spielern nicht mehr beeinflußbar sein. So sollen also beispielsweise alle Entscheidungen über An- und Verkauf von Effekten oder über Inanspruchnahme von Wechsel- und Lombardkredit in der Weise von den anderen nicht am Spiel teilnehmenden Abteilungen der Kreditinstitute getroffen worden sein, daß eine notwendig werdende Geldbeschaffung oder Geldanlage keinesfalls durch Einsatz dieser Mittel, sondern nur über den Geldmarkt erfolgt. Die Spieler als Geldhändler haben im Spiel also nur noch die aus den Hauptgeschäften der Kreditinstitute resultierenden Hilfsgeschäfte auf dem Geldmarkt[1] zu tätigen.

5. Das Geldmarktmodell

5.1. Allgemeiner Aufbau

Am Geldmarktspiel nehmen 12 Kreditinstitute unterschiedlicher Größe teil, die jedes von mindestens einem Spieler als Geldhändler vertreten werden. Zwar beträgt die Anzahl der am Geldmarkt der Bun-

---

[1] Vgl. *F. Lehmann:* Der Mechanismus des deutschen Geldmarktes, in: Festschrift für Eugen Schmalenbach, Leipzig 1933, S. 217.

desrepublik teilnehmenden Institute einige Hunderte, jedoch ist eine solche Zahl von Spielern in Versuchen nicht mehr zu dirigieren. Wie wir aus Erfahrungen wissen, läßt sich dagegen eine Gruppe von 10 bis 20 Versuchspersonen noch einigermaßen in Versuchen von der Art leiten, wie sie unsere Geldmarktexperimente darstellen. Andererseits dürfen wir aber auch die Anzahl der Spieler nicht noch weiter reduzieren, da sonst ein einzelner Spieler einen zu großen Marktanteil erhält und damit die Marktform des Modells zu sehr von der Marktform des tatsächlichen Geldmarktes abweicht. Wie wir gesehen haben, lassen sich die Geldmarktteilnehmer zwar recht allgemein in drei Gruppen von großen, mittleren und kleinen Instituten einteilen, was wir auch in unserem Modell berücksichtigt haben, jedoch hat keines der am Handel in Geldmarktkrediten teilnehmenden Institute eine so marktbeherrschende Größe, daß wir diesen Teil des Geldmarktes als oligopolistisch oder sogar monopolistisch bezeichnen können. Eher können wir den Handel in Geldmarktkrediten als einen asymmetrischen atomistischen Markt ansehen, auf dem es wenige große, einige mittlere und viele kleine Marktteilnehmer gibt, wobei auf die Masse der kleineren Teilnehmer jedoch ein erheblicher Teil der Marktumsätze entfällt, obwohl die großen Teilnehmer im Vergleich zu den übrigen beträchtlich größer sind.

Weiterhin nimmt an unserem Geldmarktspiel die Zentralbank teil, die den Handel in Geldmarktpapieren betreibt und die Einhaltung der Mindestreservevorschriften überwacht. Ihr stehen in ausreichendem Maße Geldmarktpapiere zur Verfügung, jedoch betreibt sie keine Kredit- oder Währungspolitik. Die Abgabe- und Rücknahmesätze für Geldmarktpapiere und die Mindestreservesätze sind festgelegt und werden während des Spiels nicht geändert. Durch diese einmalige Festlegung der Zentralbankpolitik haben wir zwar zweifellos interessante Untersuchungsziele aufgegeben, wie z. B. die Untersuchung der Auswirkungen von Änderungen der Abgabe- und Rücknahmesätze auf das Zinsgefüge beim Handel in Geldmarktkrediten, jedoch haben wir uns zu dieser Vereinfachung entschlossen, um einen von äußeren Veränderungen nicht beeinflußten Markt für Geldmarktkredite zu erhalten. Zweifellos würde nämlich eine Änderung der Zentralbankpolitik Veränderungen im Verhalten der Spieler hervorrufen, die sich mit ihren Entscheidungen an die neue Lage anzupassen suchen, und es wäre daher notwendig, nach jeder solchen Änderung eine geraume Zeit verstreichen zu lassen, bis sich die Spieler an die neue Situation angepaßt haben, was zu zeitlich sehr ausgedehnten Versuchen führen würde. Wegen der nur administrativen Aufgabe der Zentralbank in unserem Geldmarktspiel wird diese von Mitgliedern der Spielleitung verwaltet und nicht von einem dreizehnten Spieler dargestellt.

Das Geldmarktspiel ist in 20 zeitlich festgelegte Perioden unterteilt, die je einem Banktag entsprechen sollen. Zu Beginn einer jeden Periode ändert die Spielleitung den Liquiditätsstatus jedes Spielers, indem sie jedem den Saldo der durch die Dispositionen der Kundschaft des Spielers, die nicht explizit am Spiel teilnimmt, hervorgerufenen Zahlungsein- und Zahlungsausgänge mitteilt. Während der Perioden finden keine weiteren Veränderungen der Liquidität der Spieler von seiten der Spielleitung statt, da dies technisch sehr schlecht zu realisieren ist. In den Spielperioden versuchen die Spieler dann, ihren Liquiditätsstatus über den Handel in Geldmarktkrediten und Geldmarktpapieren auf den von ihnen gewünschten Stand zu bringen. Wir haben in einer Anzahl von Vorversuchen, die vor der eigentlichen Versuchsserie durchgeführt wurden, festgestellt, daß die Zahl von 20 Perioden im allgemeinen nicht ohne fühlbare Ermüdung der Versuchspersonen wesentlich überschritten werden kann, so daß wir zur Ermöglichung von Vergleichen der Versuche untereinander die Spieldauer auf 20 Perioden festgelegt haben.

5.2. *Gesamtgeldmenge*

Eine der charakteristischen Eigenschaften des Geldmarktes der Bundesrepublik ist die nahezu rhythmische Verknappung der dem ganzen System der Kreditinstitute zur Verfügung stehenden Liquidität an den Ultimoterminen und die anschließende kräftige Expansion der den Geldmarktteilnehmern zur Verfügung stehenden Geldmenge. Diese periodischen Kontraktionen und Expansionen der Gesamtgeldmenge haben wir in stilisierter Form auch in unser Modell aufgenommen. Die 20 Spielperioden sind in 4 Spielwochen zu je 5 Perioden eingeteilt, wobei jede Periode neben einer von 1 bis 20 fortlaufenden Periodennummer noch einen der Wochentagsnamen Montag bis Freitag erhält und Periode 1 ein Spielmontag ist. Die Wochentage Samstag und Sonntag fallen aus, da sie keine Banktage sind. Am Anfang einer Woche steht den Spielern eine bestimmte Gesamtgeldmenge in Geldeinheiten (GE) zur Verfügung, die im Laufe der Woche durch die von der Spielleitung vorgenommenen Liquiditätsveränderungen der Spieler linear abnimmt, am Freitag derselben Woche ihr Minimum erreicht und am darauffolgenden Montag wieder auf die Höhe der Gesamtgeldmenge des vergangenen Montags ansteigt. Diese zeitliche Entwicklung der Gesamtgeldmenge wiederholt sich in allen Wochen in derselben Weise. In Abbildung 5.2.1. haben wir den Verlauf der Gesamtgeldmenge graphisch dargestellt, wobei wir die zahlenmäßige Größe der Geldmenge bei der Beschreibung der Liquiditätsentwicklung der einzelnen Spieler noch erläutern werden. Selbstverständlich erhalten wir bei der graphischen Darstellung eine Treppenfunktion, denn wir haben die

Spielzeit in die diskreten Abschnitte der Perioden zerlegt, innerhalb derer die Gesamtgeldmenge konstant bleibt, um sich zur nächsten Periode sprunghaft zu verändern.

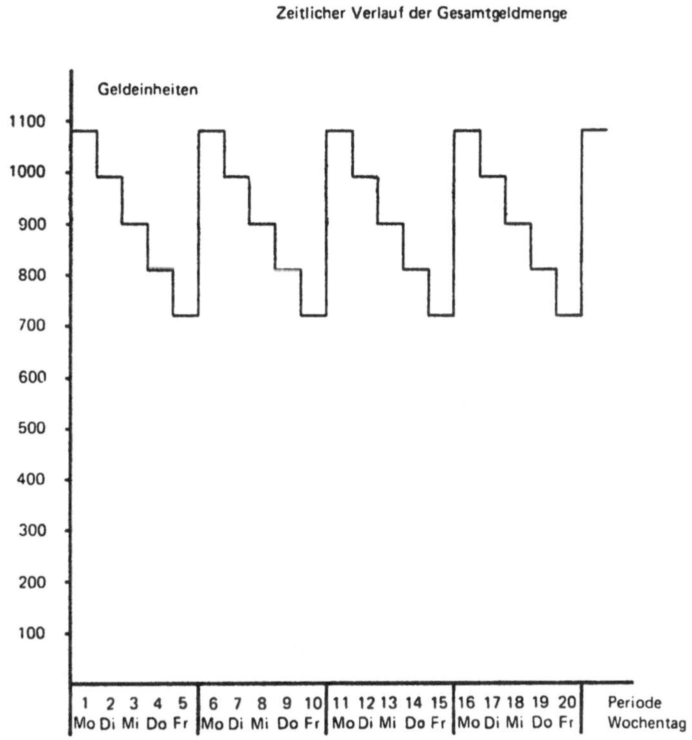

Abbildung 5.2.1.

Durch die relativ kurze zur Verfügung stehende Spieldauer von 20 Perioden waren wir gezwungen, die sich etwa alle 22 Banktage ergebenden Kontraktionen und Expansionen der Gesamtgeldmenge auf 5 Perioden zusammenzudrängen, denn es sollte den Versuchspersonen durch mehrmaliges Durchspielen derselben Liquiditätsentwicklung die Möglichkeit des Erlernens von vernünftigen Verhaltensweisen gegeben werden. Aus diesem Grunde haben wir auch darauf verzichtet, ein tendenzielles Anwachsen oder Abnehmen der Gesamtgeldmenge in das Modell hineinzunehmen, da zudem ein solches Vorgehen kaum eine Verfeinerung oder Verbesserung des Modells gewesen wäre. Wir können uns nämlich vorstellen, daß die Kreditinstitute bzw. die sie vertretenden Spieler aufgrund ihrer ausgezeichneten Termindispositionen für die tendenziell beobachtbaren Liquiditätsveränderungen schon Vorsorge getroffen haben und daher die Gesamtgeldmenge nur noch rhythmischen Änderungen unterworfen ist, die durch entsprechende Vorsorge nicht gänzlich verhindert werden können. Den Versuchspersonen wird von der Spielleitung zu Beginn des Spiels die Richtung und Dauer der Veränderungen der Gesamtgeldmenge mitgeteilt, ohne daß sie deren numerische Größen erfahren.

5.3. Liquiditätsänderungen der Spieler

Wir nehmen an, wie bereits oben angedeutet, daß die Spieler anhand von Termindispositionen schon Vorsorge für die bekannten Zahlungsein- und Zahlungsausgänge getroffen haben und daß ihnen nur noch die Liquiditätsänderungen der einzelnen Perioden, die nicht avisiert oder vorhersehbar und damit zufällig sind, unbekannt sind. Daher simulieren wir die einem jeden Spieler in jeder Periode zur Verfügung stehende Geldmenge durch eine Zufallszahl. Es ist wohl berechtigt, so vorzugehen, denn auch die Geldhändler der Kreditinstitute kennen nur den Bereich, in dem sich der Saldo des täglichen Zahlungsverkehrs voraussichtlich bewegen wird, jedoch ist der Saldo eines bestimmten Tages auch für sie eine Zufallsvariable. Die den einzelnen Spielern in den Perioden zur Verfügung stehenden Kassenbestände, die aus einem in Geldeinheiten (GE) gerechneten Buchgeld bestehen, setzen sich aus einem Anfangskassenbestand in bestimmter Höhe und Zufallszahlen zusammen, die die einem Spieler in einer Periode zu- oder abfließende Geldmenge simulieren. Allerdings sind diese Zufallszahlen geringfügig systematisiert worden, um einige erwünschte Eigenschaften der Kassenbestände zu erzielen, die wir weiter unten schildern werden.

Wie schon angedeutet, haben wir die 12 Spieler in 3 Größenklassen von großen, mittleren und kleinen Spielern mit je 4 Spielern eingeteilt. Eine gleichmäßige Verteilung der Spielerzahl auf die 3 Größenklassen erschien uns im Hinblick auf eine bessere Vergleichbarkeit der Spielergebnisse der einzelnen Spielertypen vorteilhafter als eine nicht gleichmäßige Verteilung. Die Größe der Spieler wird einmal durch die Größe ihrer Anfangskassenbestände und zum anderen durch die Größe der Standardabweichungen der ihnen zugeteilten Zufallszahlen bestimmt. Große Spieler erhalten sowohl einen großen Anfangskassenbestand als auch eine große Standardabweichung der Kassenbestandsveränderungen, während kleine Spieler bei kleinem Anfangskassenbestand auch nur wenig streuende Geldzu- oder Geldabflüsse erhalten. Dieses Vorgehen können wir folgendermaßen rechtfertigen. Ein größeres Kreditinstitut wird aufgrund seiner im Vergleich zu einem kleineren Institut größeren Möglichkeiten auch größere Kunden haben, was aber gleichzeitig die Möglichkeit größerer unvorhergesehener Änderungen der Liquiditätslage in sich birgt. Trotz der von Großkunden oftmals avisierten Großgeschäfte und des meistens bei großen Kreditinstituten vorhandenen Filialenetzes, das einen raschen internen Liquiditätsausgleich ermöglicht, erscheint es uns plausibel, daß mit wachsender Größe des Instituts eine wachsende Streuung des Liquiditätsstatus einhergeht, da ja auch die Großkundschaft des Instituts keine vollständige Übersicht über ihre zukünftigen Geschäfte hat. Da aber leider keine empirischen Unterlagen über die kurzfristigen Liquiditätsveränderungen der Kreditinstitute verfügbar sind, müssen wir uns mit dieser recht summarischen Rechtfertigung unseres Vorgehens zufrieden geben.

Die in unserem Geldmarktspiel die Geldzu- und Geldabflüsse simulierende Zufallsvariable Z ist normalverteilt mit dem Erwartungswert $\mu = 0$ für alle Spieler und der Standardabweichung $\sigma_1 = 40$ für die großen, $\sigma_2 = 30$ für die mittleren und $\sigma_3 = 20$ für die kleinen Spieler. Aus einer Tabelle normalverteilter Zufallszahlen mit $\mu = 0$ und $\sigma = 1$ [1] könnten wir nun für jeden Spieler $i = 1,2, \ldots, s$ (in unserem Spiel ist $s = 12$) und jede Periode $t = 1, 2, \ldots, m$ (in unserem Spiel ist $m = 20$) eine Zahl ziehen und durch Multiplikation mit σ_j für $j = 1, 2, 3$ die benötigten Zufallszahlen z_{it} herstellen, die wir jedoch noch zweckmäßigerweise auf ganze Zahlen runden, um in den Versuchen die Rechen- und Kontrollarbeit zu erleichtern. Aus diesem Grunde haben wir auch die Standardabweichungen der Kassenbestandsveränderungen der drei Spielergrößenklassen zwischen 20 und 40 gewählt, da wir dann weitgehend sicher sein können, daß die realisierten z_{it} der Ungleichung $-100 \leqq z_{it} \leqq 100$ genügen.

Zur besseren Vergleichbarkeit der Versuchsergebnisse von Spielern einer Größenklasse und zur leichteren Erfüllung der oben gestellten Forderung, daß die Gesamtgeldmenge in allen vier Spielwochen in gleicher Weise von Montag bis Freitag linear abnehmen soll, sind wir jedoch folgendermaßen vorgegangen. Den vier Spielern einer Größenklasse werden insgesamt nur 20 Zufallszahlen, die wir jetzt mit z_{jt} für $j = 1, 2, 3$ bezeichnen wollen, zugeordnet, die sie nacheinander im Verlauf des Spiels, allerdings in anderer Reihenfolge, zugeteilt erhalten. Dabei lassen wir die Reihenfolge der fünf Zufallszahlen innerhalb jeder der vier Spielwochen unverändert und teilen den Spielern nur die vier Folgen der Zufallszahlen für die vier Wochen, die wir mit A_{j1}, A_{j2}, A_{j3} und A_{j4} bezeichnen wollen, in unterschiedlicher Reihenfolge zu. Durch dieses Verfahren teilen wir also den Spielern einer Größenklasse in einander entsprechenden Perioden jeder der vier Spielwochen

[1] Vgl. *W. H. Beyer*, ed.: Handbook of Tables for Probability and Statistics, Cleveland/Ohio 1966, S. 346—365 insbesondere S. 346—355.

immer insgesamt dieselben vier Zufallszahlen zu, so daß die den Spielern einer Größenklasse zusammen zur Verfügung stehende Geldmenge und damit, wenn wir alle Größenklassen zusammenfassen, die Gesamtgeldmenge des Spiels in allen vier Wochen immer denselben zeitlichen Verlauf aufweist. Wir brauchen jetzt nur noch zu fordern, daß die Summen $c_{j,\,\mathrm{Mo}}$ der den Spielern der drei Größenklassen $j = 1, 2, 3$ am Montag zugeteilten Zufallszahlen positiv und durch 4 ganzzahlig teilbar sind und daß die Summen $c_{j,\,\tau}$ mit $\tau \,\varepsilon$ (Di, Mi, Do, Fr) der den Spielern der drei Größenklassen an den anderen vier Wochentagen zugeteilten Zufallszahlen die Gleichung

$$c_{j,\,\tau} = -\,{}^1\!/_4\, c_{j,\,\mathrm{Mo}}$$

erfüllen. Dann fließt den Spielern einer Klasse am Montag jeder Woche der Betrag $c_{j,\,\mathrm{Mo}}$ zu, von dem dann in den folgenden vier Perioden jeweils ein ganzzahliges Viertel wieder abfließt, so daß am Freitag jeder Woche der am Montag zugeflossene Betrag wieder aufgebraucht ist. Für alle 12 Spieler zusammen ergibt sich dann tatsächlich der in Abbildung 5.2.1. dargestellte zeitliche Verlauf der Gesamtgeldmenge.

Die relativen Größen der $c_{j,\mathrm{Mo}}$ haben wir in demselben Verhältnis $4 : 3 : 2$ gewählt wie die relativen Größen der Standardabweichungen σ_j. Absolut haben wir $c_{1,\mathrm{Mo}} = 32$ GE, $c_{2,\mathrm{Mo}} = 24$ GE und $c_{3,\mathrm{Mo}} = 16$ GE gesetzt, womit dann $c_{1,\tau} = -\,8$ GE, $c_{2,\tau} = -\,6$ GE und $c_{3,\tau} = -\,4$ GE mit $\tau \,\varepsilon$ (Di, Mi, Do, Fr) wird. Zur Vermeidung einer zu weitgehenden Systematisierung der z_{jt} haben wir die $c_{j,\mathrm{Mo}}$ absolut so klein gewählt. Schreiben wir nämlich die oben gestellten Forderungen formal nieder, so sehen wir, daß die z_{jt} das Gleichungssystem (5.3.1.) erfüllen müssen.

$$\begin{aligned}
z_{j1} + z_{j6} + z_{j11} + z_{j16} &= c_{j,\,\mathrm{Mo}} \\
z_{j2} + z_{j7} + z_{j12} + z_{j17} &= -\,{}^1\!/_4\, c_{j,\,\mathrm{Mo}} \\
z_{j3} + z_{j8} + z_{j13} + z_{j18} &= -\,{}^1\!/_4\, c_{j,\,\mathrm{Mo}} \qquad (5.3.1.) \\
z_{j4} + z_{j9} + z_{j14} + z_{j19} &= -\,{}^1\!/_4\, c_{j,\,\mathrm{Mo}} \\
z_{j5} + z_{j10} + z_{j15} + z_{j20} &= -\,{}^1\!/_4\, c_{j,\,\mathrm{Mo}}
\end{aligned}$$

D. h. aber, daß wir nur noch 15 der 20 Zufallszahlen beliebig auswählen können, während wir die restlichen fünf aus (5.3.1.) berechnen müssen. Trotz dieser Systematisierung wollen wir die z_{jt} weiterhin als Zufallszahlen bezeichnen.

Haben wir nun die z_{jt} für die drei Spielergrößenklassen $j = 1, 2, 3$ bestimmt und denken wir uns die vier Folgen A_{j1}, A_{j2}, A_{j3}, A_{j4} der Zufallszahlen für die vier Wochen in einer beliebigen Reihenfolge angeordnet, so haben wir das Problem zu lösen, jedem Spieler während des Spiels jede Folge genau einmal zuzuteilen und während jeder Woche jede Folge genau einmal einem Spieler zuzuteilen. Dieses Problem lösen wir am vorteilhaftesten mit Hilfe eines lateinischen Quadrats[2]. Stellen die Zeilenindizes des lateinischen Quadrats die vier Spielernummern einer Klasse in natürlicher Anordnung und die Spaltennidizes die vier Wochennummern in natürlicher Anordnung dar, so wählen wir am vorteilhaftesten das in (5.3.2.) dargestellte lateinische Quadrat, da es wohl am besten die einem Spieler tatsächlich zugeteilte Reihenfolge der A_{j1}, A_{j2}, A_{j3} und A_{j4} verschlüsselt, was im Interesse der Geheimhaltung der den Spielern während des Spiels zugeteilten Zufallszahlen liegt.

(5.3.2.)

Spieler \ Woche	1	2	3	4
1	A_{j1}	A_{j2}	A_{j3}	A_{j4}
2	A_{j2}	A_{j4}	A_{j1}	A_{j3}
3	A_{j3}	A_{j1}	A_{j4}	A_{j2}
4	A_{j4}	A_{j3}	A_{j2}	A_{j1}

Erhält also z. B. der erste Spieler einer Kklasse j die Folgen A_{j1}, A_{j2}, A_{j3}, A_{j4} in der natürlichen Reihenfolge, so erhält der dritte Spieler dieser Klasse j diese Folgen in der Reihenfolge A_{j3}, A_{j1}, A_{j4}, A_{j2} zugeordnet.

Wir stellen aber noch eine weitere Anforderung an die den Spielern zugeteilten Zufallszahlen, die den Vergleich der Spielergebnisse erleichtern soll. Dazu müssen wir erklären, welche Bedeutung die Folge der zweiten Partialsummen der einem Spieler i zugeteilten Zufallszahlen z_{it} hat. Sei einem Spieler i mittels (5.3.2.) die Folge der Zufallszahlen $z_{i1}, z_{i2}, \ldots, z_{im}$ zugeteilt worden, so stellt die Folge der Partialsummen

(5.3.3.) $$K_{it} = \sum_{l=1}^{t} z_{il} \qquad \text{für } t = 1, 2, \ldots, m$$

offensichtlich die Folge der Kassenbestände $K_{i1}, K_{i2}, \ldots, K_{im}$ des Spielers i in den einzelnen Perioden t dar, wenn wir vorläufig einmal von dem Anfangskassenbestand des Spielers absehen, d. h. es können in (5.3.3.) auch negative K_{it} vorkommen. Bilden wir von der Folge der Kassenbestände wiederum die Partialsummen, so erhalten wir

(5.3.4.) $$S_{it} = \sum_{k=1}^{t} K_{ik} = \sum_{k=1}^{t} \sum_{l=1}^{k} z_{il} \qquad \text{für } t = 1, 2, \ldots, m$$

[2] Vgl. *W. H. Beyer*, ed.: a.a.O., S. 63.

die Folge der zweiten Partialsummen von $z_{i1}, z_{i2}, \ldots, z_{im}$, die wir jetzt die Folge der effektiven Geldmengen nennen wollen.

Nehmen wir nun an, daß es einen konstanten Zinssatz r % p. a. gibt, zu dem jeder Spieler i seine Kassenbestände K_{it}, die wir einmal alle als nichtnegativ annehmen wollen, was wir durch Addition des Anfangskassenbestandes erreichen können, verzinslich anlegen kann, und sehen wir der Einfachheit halber von einer Zinseszinsrechnung ab, wie wir es immer tun werden, so können wir den Zinserlös E_i des Spielers i am Ende des Spiels leicht berechnen. Wenden wir die in Deutschland allgemein übliche Methode der Zinsrechnung[3] an, und setzen wir $q = r/100 \cdot 360$, so erhalten wir

$$E_i = \sum_{t=1}^{m} qK_{it} = q \sum_{t=1}^{m} K_{it}$$

$$E_i = qS_{im} \ .$$

D. h. also, die effektive Geldmenge der letzten Spielperiode ist ein Maß für den von einem Spieler i überhaupt erzielbaren Erlös E_i. Wir wissen zwar nicht, ob ein solcher von uns oben postulierter Zinssatz r % p. a. für unser Spiel existiert, jedoch werden wir weiter unten zeigen, daß es einen stationären Zinssatzzyklus gibt, dessen Mittelwert tatsächlich die obige Eigenschaft hat.

Nun sind aber die effektiven Geldmengen S_{im} der Spieler einer Größenklasse nach der bisherigen Konstruktion der z_{it} nicht gleich, denn die Partialsummen einer Zahlenfolge sind nicht invariant gegenüber Reihenfolgeänderungen ihrer Glieder. Wollen wir nun erreichen, daß die effektiven Geldmengen S_{im} der Spieler einer Größenklasse zwecks besserer Vergleichbarkeit der Versuchsergebnisse gleich sind, so gehen wir folgendermaßen vor. Mit Hilfe des Prinzips der vollständigen Induktion können wir leicht zeigen, daß für (5.3.4.) allgemein für $t = 1, 2, \ldots, m$ gilt

$$S_{it} = \sum_{k=1}^{t} \sum_{l=1}^{k} z_{il} = (t+1) \sum_{l=1}^{t} z_{il} - \sum_{l=1}^{t} l z_{il} \ . \tag{5.3.5.}$$

Da die z_{it} aus einer Verteilung mit $\mu = 0$ stammen, so ist es naheliegend, für unser Modell

$$K_{im} = \sum_{t=1}^{m} z_{it} = 0 \tag{5.3.6.}$$

zu verlangen. Selbstverständlich ist (5.3.6.) für alle Spieler erfüllt, wenn es für je einen Spieler jeder Größenklasse erfüllt ist. Sind nun

[3] Vgl. *G. Obst/O. Hintner:* a.a.O., S. 452.

i' und i'' zwei Spieler derselben Größenklasse j und erhält i' die z_{jt} in der natürlichen Reihenfolge der Folgen A_{j1}, A_{j2}, A_{j3}, A_{j4} zugeteilt, so erhalten wir aus (5.3.5.) und (5.3.6.)

$$S_{i',m} = -\sum_{t=1}^{m} t z_{i',t} \; . \tag{5.3.7.}$$

Vertauschen wir nun in der Folge der A_{jp} mit $p = 1, 2, 3, 4$ das Glied A_{jp} mit dem Glied $A_{j,p+1}$, und bezeichnen wir mit w_{jp} die Summe der Glieder von A_{jp}, so erhalten wir aus (5.3.7.)

$$S^{*}_{i',m} = S_{i',m} + 5 \cdot (w_{jp} - w_{j,p+1}) \; , \tag{5.3.8.}$$

wie wir uns leicht überlegen können. Führen wir nun solange Transpositionen aus, bis die Folge A_{j1}, A_{j2}, A_{j3}, A_{j4}, die dem Spieler i' zugeteilt wird, in die Folge A_{j2}, A_{j4}, A_{j1}, A_{j3}, die dem Spieler i'' zugeteilt wird, übergegangen ist, so erhalten wir aus (5.3.7.) mit Hilfe von (5.3.8.) die effektive Geldmenge $S_{i'',m}$ des Spielers i''

$$S_{i'',m} = S_{i',m} + 5 \cdot (2w_{j1} - w_{j2} + w_{j3} - 2w_{j4}) \; . \tag{5.3.9.}$$

Da nach unserer Forderung $S_{i',m} = S_{i'',m}$ sein soll, so muß

$$2 \cdot w_{j1} - w_{j2} + w_{j3} - 2 \cdot w_{j4} = 0$$

gelten. Führen wir dieses Verfahren für alle Spieler einer Größenklasse durch, so erhalten wir das Gleichungssystem (5.3.10.) für die Summen w_{jp} der Glieder der Folgen A_{jp} mit $j = 1, 2, 3$ und $p = 1, 2, 3, 4$

$$\begin{bmatrix} 1 & 1 & 1 & 1 \\ 2 & -1 & 1 & -2 \\ 1 & 2 & -2 & -1 \\ 3 & 1 & -1 & -3 \end{bmatrix} \cdot w_j = 0 \; , \tag{5.3.10.}$$

wobei wir $w^j = (w_{j1}, w_{j2}, w_{j3}, w_{j4})$ gesetzt haben. Die Matrix dieses homogenen Gleichungssystems ist singulär, so daß außer der trivialen auch noch andere Lösungen existieren[4]. Da der Rang der Matrix gleich 3 ist, so können wir eine Variable beliebig wählen, wofür wir w_{j4} nehmen. Als Lösung von (5.3.10.) erhalten wir dann

$$w^j = (w_{j4}, -w_{j4}, -w_{j4}, w_{j4}) \; . \tag{5.3.11.}$$

---

[4] Vgl. G. *Hadley:* Linear Algebra, Reading/Massachusetts-Palo Alto-London 1961, S. 173—176.

Die relativen Größen der w_{j4} mit $j = 1, 2, 3$ haben wir wieder im Verhältnis 4 : 3 : 2 zueinander gewählt, jedoch haben wir als absolute Werte sehr kleine Zahlen genommen, damit sich durch diese weitere Systematisierung die z_{it} nicht allzu sehr von ihrem Erwartungswert $\mu = 0$ entfernen. Wir haben

(5.3.12.) $$w_{14} = 4, \quad w_{24} = 3, \quad w_{34} = 2$$

gesetzt und erhalten aus (5.3.1.), (5.3.11.) und (5.3.12.) das Gleichungssystem (5.3.13.), dem die z_{jt} mit $j = 1, 2, 3$ und $t = 1, 2, \ldots, m$ genügen müssen, wenn alle unsere Forderungen erfüllt sein sollen, wobei die $z^j = (z_{j1}, z_{j2}, \ldots, z_{j20})$ die Vektoren der Zufallszahlen für die Spieler der einzelnen Größenklassen sind, die die Folgen A_{j1}, A_{j2}, A_{j3}, A_{j4} in der natürlichen Anordnung erhalten, und wobei wir die rechten Seiten für die drei Größenklassen nebeneinander geschrieben haben.

(5.3.13.)

$$\begin{bmatrix}
1&0&0&0&0&1&0&0&0&0&1&0&0&0&0&1&0&0&0&0\\
0&1&0&0&0&0&1&0&0&0&0&1&0&0&0&0&1&0&0&0\\
0&0&1&0&0&0&0&1&0&0&0&0&1&0&0&0&0&1&0&0\\
0&0&0&1&0&0&0&0&1&0&0&0&0&1&0&0&0&0&1&0\\
0&0&0&0&1&0&0&0&0&1&0&0&0&0&1&0&0&0&0&1\\
1&1&1&1&1&0&0&0&0&0&0&0&0&0&0&0&0&0&0&0\\
0&0&0&0&0&1&1&1&1&1&0&0&0&0&0&0&0&0&0&0\\
0&0&0&0&0&0&0&0&0&0&1&1&1&1&1&0&0&0&0&0\\
0&0&0&0&0&0&0&0&0&0&0&0&0&0&0&1&1&1&1&1
\end{bmatrix} z_j = \begin{bmatrix}32\\-8\\-8\\-8\\-8\\4\\-4\\-4\\4\end{bmatrix}, \begin{bmatrix}24\\-6\\-6\\-6\\-6\\3\\-3\\-3\\3\end{bmatrix}, \begin{bmatrix}16\\-4\\-4\\-4\\-4\\2\\-2\\-2\\2\end{bmatrix}$$

Wie wir durch elementare Zeilentransformation leicht feststellen können, hat die Matrix des Gleichungssystems (5.3.13.) den Rang 8, so daß wir eine redundante Gleichung weglassen können[5]. Wir entscheiden uns für die sechste Gleichung und erhalten damit ein (8,20)-Gleichungssystem. Bekanntlich können wir nun 12 Unbekannte beliebig wählen und nach den übrigen Unbekannten eindeutig auflösen, wenn die verbleibende (8,8)-Matrix nichtsingulär ist. Wir haben nun nach dem oben beschriebenen Verfahren für die Perioden 7 bis 10, 12 bis 15 und 17 bis 20 Zufallszahlen hergestellt, da die Matrix (5.3.14.) des dann noch verbleibenden Gleichungssystems nichtsingulär ist.

---

[5] Vgl. für die in diesem Zusammenhang benutzten Ergebnisse der linearen Algebra *G. Hadley:* a.a.O., S. 167—173.

$$\begin{bmatrix} 1 & 0 & 0 & 0 & 0 & 1 & 1 & 1 \\ 0 & 1 & 0 & 0 & 0 & 0 & 0 & 0 \\ 0 & 0 & 1 & 0 & 0 & 0 & 0 & 0 \\ 0 & 0 & 0 & 1 & 0 & 0 & 0 & 0 \\ 0 & 0 & 0 & 0 & 1 & 0 & 0 & 0 \\ 0 & 0 & 0 & 0 & 0 & 1 & 0 & 0 \\ 0 & 0 & 0 & 0 & 0 & 0 & 1 & 0 \\ 0 & 0 & 0 & 0 & 0 & 0 & 0 & 1 \end{bmatrix} \tag{5.3.14.}$$

Als Ergebnis haben wir dann die Zahlen

$$\begin{aligned} z^1 = \;& (44 \; -38 \;\; 40 \; -72 \;\; 30 \; -11 \; -17 \; -26 \;\; 82 \; -32 \\ & -16 \;\; 70 \; -38 \; -45 \;\; 25 \;\; 15 \; -23 \;\; 16 \;\; 27 \; -31) \\ z^2 = \;& (39 \; -2 \; -39 \; -11 \;\; 16 \; -11 \; -35 \;\; 24 \; -6 \;\; 25 \\ & 40 \; -6 \; -12 \; -34 \;\; 9 \; -44 \;\; 37 \;\; 21 \;\; 45 \; -56) \\ z^3 = \;& (32 \; -32 \; -10 \; -5 \;\; 17 \; -21 \;\; 11 \;\; 8 \; -20 \;\; 20 \\ & 27 \;\; 13 \; -30 \;\; 11 \; -23 \; -22 \;\; 4 \;\; 28 \;\; 10 \; -18) \end{aligned}$$

erhalten, deren Standardabweichungen $s_1 = 39.9$, $s_2 = 29.9$ und $s_3 = 20.1$ ausgezeichnet mit den Standardabweichungen σ_j mit $j = 1, 2, 3$ der Grundgesamtheiten übereinstimmen, aus denen wir die Zufallszahlen gezogen haben.

Durch die Folgen z^1, z^2 und z^3 wird nun aber ein zu schwaches Hin- und Herschwanken der Gesamtgeldmenge erzeugt. Um die durch die zyklischen Veränderungen der Geldmenge zu erwartenden Effekte in den Versuchsergebnissen deutlich sichtbar zu machen, müssen wir die Auf- und Abschwünge verschärfen. Wir addieren daher zu den Folgen z^j die Folgen x^j mit $j = 1, 2, 3$, die schon für sich allein ein periodisches Zu- und Abnehmen der Gesamtgeldmenge erzeugen. Auch hier haben wir die relativen Größen einander entsprechender Folgenglieder im Verhältnis 4:3:2 gewählt.

$$\begin{aligned} x^1 = \;& (32 \; -8 \; -8 \; -8 \; -8 \;\; 32 \; -8 \; -8 \; -8 \; -8 \\ & 32 \; -8 \; -8 \; -8 \; -8 \;\; 32 \; -8 \; -8 \; -8 \; -8) \\ x^2 = \;& (24 \; -6 \; -6 \; -6 \; -6 \;\; 24 \; -6 \; -6 \; -6 \; -6 \\ & 24 \; -6 \; -6 \; -6 \; -6 \;\; 24 \; -6 \; -6 \; -6 \; -6) \\ x^3 = \;& (16 \; -4 \; -4 \; -4 \; -4 \;\; 16 \; -4 \; -4 \; -4 \; -4 \\ & 16 \; -4 \; -4 \; -4 \; -4 \;\; 16 \; -4 \; -4 \; -4 \; -4) \end{aligned}$$

Durch die Addition der x^j wird selbstverständlich keine unserer obigen Forderungen an die die Geldzu- und Geldabflüsse simulierenden Zufallszahlen verletzt, insbesondere bleiben die effektiven Geldmengen der Spieler einer Größenklasse untereinander gleich, da zu jeder Folge nur gliedweise gleiche Elemente addiert werden, obwohl sich deren absolute Größen verändern. In Tabelle 5.3.1. haben wir nun die endgültig jedem Spieler in jeder Periode zugeteilten systematisierten Zufallszahlen, die wir jetzt Kassenbestandsveränderungen oder kurz Bewegungen nennen wollen, und die Veränderungen der Gesamtgeldmenge wiedergegeben. Dabei sind, was wir auch im folgenden beibehalten werden, die Spieler 1 bis 4 große, die Spieler 5 bis 8 mittlere und die Spieler 9 bis 12 kleine Spieler. Die Bewegungen sind dabei, wie in dem lateinischen Quadrat (5.3.2.) angegeben, den Spielern zugeteilt worden.

Verständlicherweise haben wir die Anfangskassenbestände der drei Spielergrößenklassen wieder im Verhältnis 4 : 3 : 2 gewählt, wobei Spieler einer Klasse gleiche Anfangskassenbestände erhalten. Die großen Spieler erhalten einen Anfangskassenbestand von 80 GE, die mittleren einen von 60 GE und die kleinen einen von 40 GE. In Tabelle 5.3.2. haben wir dann die sich aus den Anfangskassenbeständen und

Tabelle 5.3.1.

Kassenbestandsveränderungen der Spieler *i* und Veränderungen der Gesamtgeldmenge in den Perioden *t* in Geldeinheiten

t \ *i*	1	2	3	4	5	6	7	8	9	10	11	12	Veränd. Gesgeldm.
1	76	21	16	47	63	13	64	−20	48	− 5	43	− 6	360
2	−46	−25	62	−31	− 8	−41	−12	31	−36	7	9	0	−90
3	32	−34	−46	8	−45	18	−18	15	−14	4	−34	24	−90
4	−80	74	−53	19	−17	−12	−40	39	− 9	−24	7	6	−90
5	22	−40	17	−39	10	19	3	−62	13	16	−27	−22	−90
6	21	47	76	16	13	−20	63	64	− 5	− 6	48	43	360
7	−25	−31	−46	62	−41	31	− 8	−12	7	0	−36	9	−90
8	−34	8	32	−46	18	15	−45	−18	4	24	−14	−34	−90
9	74	19	−80	−53	−12	39	−17	−40	−24	6	− 9	7	−90
10	−40	−39	22	17	19	−62	10	3	16	−22	13	−27	−90
11	16	76	47	21	64	63	−20	13	43	48	− 6	− 5	360
12	62	−46	−31	−25	−12	− 8	31	−41	9	−36	0	7	−90
13	−46	32	8	−34	−18	−45	15	18	−34	−14	24	4	−90
14	−53	−80	19	74	−40	−17	39	−12	7	− 9	6	−24	−90
15	17	22	−39	−40	3	10	−62	19	−27	13	−22	16	−90
16	47	16	21	76	−20	64	13	63	− 6	43	− 5	48	360
17	−31	62	−25	−46	31	−12	−41	− 8	0	9	7	−36	−90
18	8	−46	−34	32	15	−18	18	−45	24	−34	4	−14	−90
19	19	−53	74	−80	39	−40	−12	−17	6	7	−24	− 9	−90
20	−39	17	−40	22	−62	3	19	10	−22	−27	16	13	−90

Tabelle 5.3.2.

Kassenbestände der Spieler *i* und Gesamtgeldmenge in den Perioden *t* in Geldeinheiten

t \ *i*	1	2	3	4	5	6	7	8	9	10	11	12	Gesamtgeldm.
1	156	101	96	127	123	73	124	40	88	35	83	34	1 080
2	110	76	**158**	96	115	*32*	112	71	52	42	**92**	34	990
3	142	*42*	112	104	70	50	94	86	38	46	58	58	900
4	62	116	59	123	53	38	54	125	29	*22*	65	64	810
5	84	76	76	84	63	57	57	63	42	37	38	42	720
6	105	123	152	100	76	37	120	**127**	37	32	86	85	1 080
7	80	92	106	**162**	*35*	68	112	115	44	32	50	**94**	990
8	*46*	100	138	116	53	83	67	97	48	56	36	60	900
9	120	119	58	63	41	122	50	57	*24*	62	27	67	810
10	80	80	80	80	60	60	60	60	40	40	40	40	720
11	96	156	127	101	**124**	123	40	73	83	88	34	35	1 080
12	**158**	110	96	76	112	115	71	*32*	**92**	52	34	42	990
13	112	142	104	*42*	94	70	86	50	58	38	58	46	900
14	59	62	123	116	54	53	**125**	38	65	29	64	*22*	810
15	76	84	84	76	57	63	63	57	38	42	42	38	720
16	123	100	105	152	37	**127**	76	120	32	85	37	86	1 080
17	92	**162**	80	106	68	115	*35*	112	32	**94**	44	50	990
18	100	116	*46*	138	83	97	53	67	56	60	48	36	900
19	119	63	120	58	122	57	41	50	62	67	*24*	27	810
20	80	80	80	80	60	60	60	60	40	40	40	40	720

Maximum: halbfett
Minimum: kursiv

den Bewegungen ergebenden Kassenbestände der Spieler in jeder Periode und die Gesamtgeldmenge wiedergegeben, die jetzt tatsächlich den in Abbildung 5.2.1. dargestellten zeitlichen Verlauf aufweist. Selbstverständlich hat jeder Spieler in der 10. und 20. Periode wieder seinen Anfangskassenbestand zur Verfügung, da sich wegen (5.3.11.) bis zu diesen Zeitpunkten die Kassenbestandsveränderungen wieder ausgeglichen haben. Die Kassenbestandsmaxima und Kassenbestandsminima von Spielern einer Größenklasse sind fast gleich, und auch die Extrema der Klassen untereinander stehen wieder näherungsweise im relativen Größenverhältnis 4 : 3 : 2 zueinander, so daß wohl eine systematische Bevorzugung oder Benachteiligung einzelner Spieler oder Spielergrößenklassen außer aufgrund der effektiven Geldmengen nicht befürchtet zu werden braucht. Auch die Befürchtung, daß die Addition der Folgen x^j zu den Folgen z^j der Zufallszahlen den zufälligen Charakter dieser Zahlen durch den sehr strengen rhythmischen Charakter der Glieder der x^j zerstören und damit eine Vorhersehbarkeit der Kassenbestände ermöglichen könnte, können wir anhand der Abbildungen 5.3.1. bis 5.3.3. zerstreuen. In Abbildung 5.3.1. haben wir die Kassenbestände des Spielers 1, also eines großen Spielers, und in Abbildung 5.3.2. und 5.3.3. die Kassenbestände der Spieler 5 und 9, also je eines mittleren und eines kleinen Spielers, aufgezeichnet. Es sind optisch keine periodischen Bewegungen der Kassenbestände festzustellen und bedenken wir, daß den Versuchspersonen die Konstruktion der ihnen zugeteilten Bewegungen nicht bekannt ist und daß sie sich eine solche graphische Darstellung erst während des Versuchs schrittweise anfertigen können, so erscheint eine Prognose der ihnen zugeteilten Kassenbestände zumindest doch sehr unwahrscheinlich.

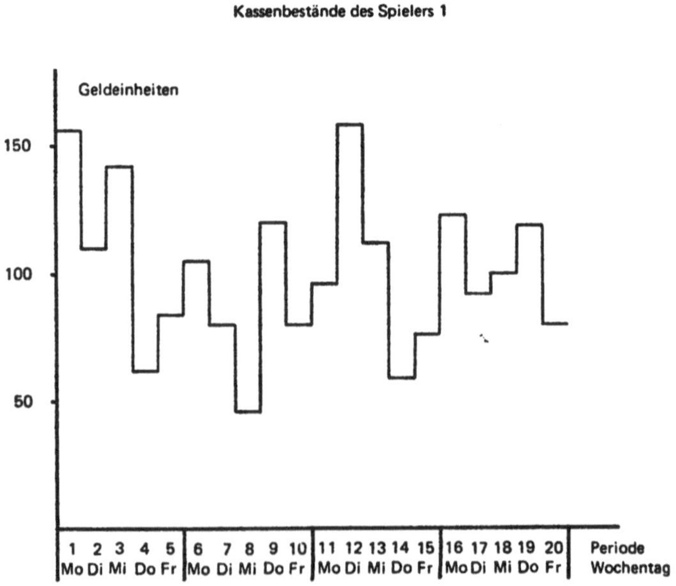

Abbildung 5.3.1.

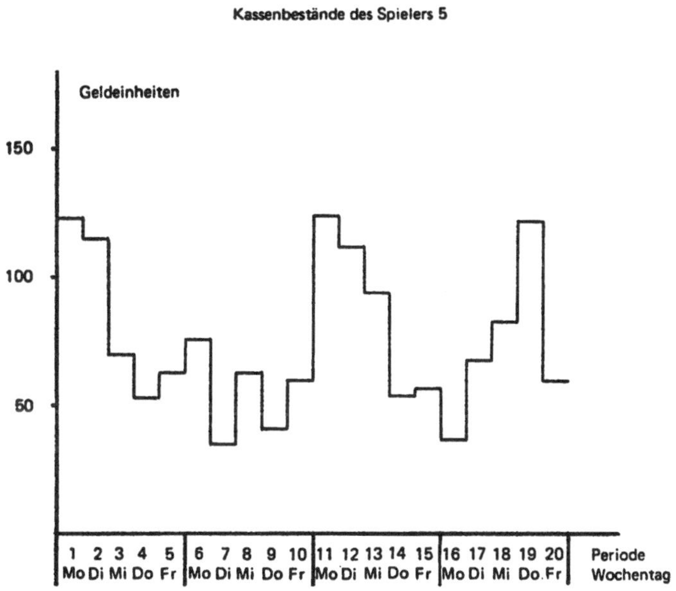

Abbildung 5.3.2.

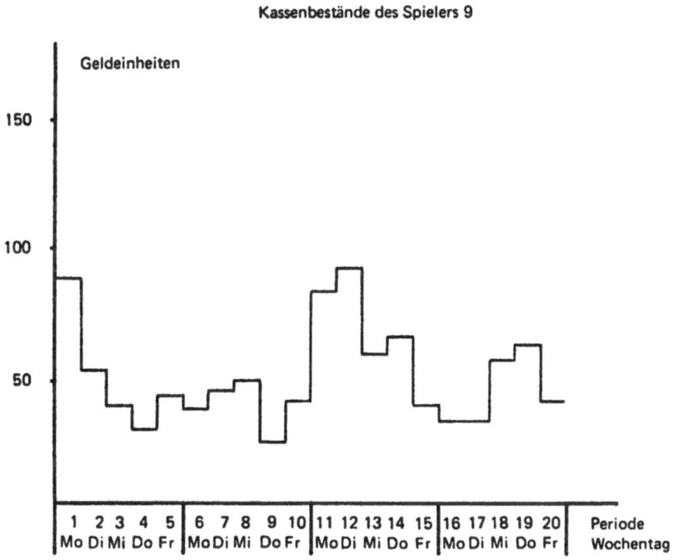

Abbildung 5.3.3.

Tabelle 5.3.3. zeigt dann schließlich noch die effektiven Geldmengen der Spieler und die effektiven Gesamtgeldmengen. Von den insgesamt 18 000 GE, die während des Spiels den Spielern insgesamt zur Verfügung stehen, entfallen auf die großen Spieler 8 000 GE, auf die mittleren 6 000 GE und auf die kleinen 4 000 GE, so daß die zu erwartenden Gesamterlöse der Spieler der drei Größenklassen im relativen Größenverhältnis von 4 : 3 : 2 zueinander stehen werden.

Tabelle 5.3.3.

Effektive Geldmengen der Spieler *i* und effektive Gesamtgeldmenge in den Perioden *t* in Geldeinheiten

t \ i	1	2	3	4	5	6	7	8	9	10	11	12	Effekt. Gesamtgeldm.
1	156	101	96	127	123	73	124	40	88	35	83	34	1 080
2	266	177	254	223	238	105	236	111	140	77	175	68	2 070
3	408	219	366	327	308	155	330	197	178	123	233	126	2 970
4	470	335	425	450	361	193	384	322	207	145	298	190	3 780
5	554	411	501	534	424	250	441	385	249	183	336	232	4 500
6	659	534	653	634	500	287	561	512	286	215	422	317	5 580
7	739	626	759	796	535	355	673	627	330	247	472	411	6 570
8	785	726	897	912	588	438	740	724	378	303	508	471	7 470
9	905	845	955	975	629	560	790	781	402	365	535	538	8 280
10	985	925	1035	1055	689	620	850	841	442	405	575	578	9 000
11	1081	1081	1162	1156	813	743	890	914	525	493	609	613	10 080
12	1239	1191	1258	1232	925	858	961	946	617	545	643	655	11 070
13	1351	1333	1362	1274	1019	928	1047	996	675	583	701	701	11 970
14	1410	1395	1485	1390	1073	981	1172	1034	740	612	765	723	12 780
15	1486	1479	1569	1466	1130	1044	1235	1091	778	654	807	761	13 500
16	1609	1579	1674	1618	1167	1171	1311	1211	810	739	844	847	14 580
17	1701	1741	1754	1724	1235	1286	1346	1323	842	833	888	987	15 570
18	1801	1857	1800	1862	1318	1383	1399	1390	898	893	936	933	16 470
19	1920	1920	1920	1920	1440	1440	1440	1440	960	960	960	960	17 280
20	2000	2000	2000	2000	1500	1500	1500	1500	1000	1000	1000	1000	18 000

Zum Abschluß dieses Punktes müssen wir noch einige Bemerkungen über die im Spiel vorgesehenen Umstellungen machen, die vorgenommen werden, wenn weniger als 12 Versuchspersonen zu einem Versuch erscheinen, was bei Versuchen, die wie unsere mit freiwilligen Versuchspersonen durchgeführt werden, immer vorkommen kann. Wir haben in unserem Spiel Vorsorge für die Fälle getroffen, daß nur 11, 10 oder 9 Versuchspersonen zur Verfügung stehen. Es werden dann jeweils ein kleiner und ein mittlerer Spieler in der Weise zu einem neuen Spieler, dem sogenannten Sonderspieler, zusammengelegt, daß dem Sonderspieler in jeder Periode die Summe der Kassenbestandsveränderungen der zusammengelegten Spieler zugeteilt wird. Für den Fall A von 11 Spielern haben wir die Spieler 8 und 9 zum Sonderspieler 8A zusammengelegt. Analog haben wir für den Fall B von 10 Spielern zusätzlich die Spieler 6 und 11 zusammengelegt und 6B genannt, und für den Fall C von nur 9 Spielern haben wir noch zusätzlich die Spieler 5 und 12 zum Sonderspieler 5C zusammengelegt. Da wir die Spieler im Versuch aus technischen Gründen anders als in unserem Modell numeriert haben, bleiben bei diesem Verfahren gerade alle Spielernummern fortlaufend bis zur Nummer 11, 10 bzw. 9 in den drei Fällen erhalten. Die durch das Zusammenlegen eines kleinen mit einem mittleren Spieler entstandenen Sonderspieler müßten theoretisch Kassenbestandsveränderungen mit einer Standardabweichung von $\sigma_4 = \sqrt{\sigma_2^2 + \sigma_3^2} = 36.1$ zugeteilt erhalten, da sich bei Addition unabhängiger zufälliger Variablen deren Varianzen σ^2 addieren[6]. Jedoch ergeben sich bei dem von uns geübten Zusammenlegungsverfahren, das in jedem der Fälle A, B und C denselben zeitlichen Verlauf der Gesamtgeldmenge wie beim Spiel mit 12 Spielern sichert, was zur Vergleichbarkeit der Versuche untereinander notwendig ist, eine empirische Standardabweichung der den Sonderspielern tatsächlich zugeteilten Bewegungen von $s_4 = 32.2$. Da nun aber s_4 nicht unerheblich von σ_4 abweicht, so haben wir den Sonderspielern nicht die Summe der Anfangskassenbestände der zusammengelegten Spieler, sondern nur 64 GE zugeteilt. Das ist analog wie bei den großen, mittleren und kleinen Spielern etwa das Doppelte der beobachteten Standardabweichung der Kassenbestandsveränderungen. In Tabelle 5.3.4. haben wir die Kassenbestandsveränderungen, die Kassenbestände und die effektiven Geldmengen der Sonderspieler 8A, 6B und 5C wiedergegeben, und Tabelle 5.3.5. zeigt die Veränderungen der Gesamtgeldmenge, die Gesamtgeldmenge und die effektive Gesamtgeldmenge für die Spiele mit nur 11, 10 oder 9 Spielern. Aus Tabelle 5.3.4. entnehmen wir, daß sich die zu erwartenden Gesamterlöse der vier Spielertypen, nämlich der großen Spieler, Sonderspieler, mittleren und kleinen Spieler wie 20 : 18 : 15 : 10 verhalten, während wir aus Tabelle 5.3.5. entnehmen können, daß sich die möglichen Gesamterlöse der Spiele mit 12, 11, 10 und 9 Spielern wie 25 : 24 : 23 : 22 verhalten.

---

[6] Vgl. *L. Schmetterer:* Einführung in die mathematische Statistik, Wien 1956, S. 62.

Tabelle 5.3.4.

Kassenbestandsveränderungen, Kassenbestände und effektive Geldmengen der Sonderspieler *i* in den Perioden *t* in Geldeinheiten

	Kassenbestands-veränderungen			Kassenbestände			Effektive Geldmengen		
t \ i	8A	6B	5C	8A	6B	5C	8A	6B	5C
1	28	56	57	92	120	121	92	120	121
2	− 5	−32	− 8	87	88	113	179	208	234
3	1	−16	−21	88	72	92	267	280	326
4	30	− 5	−11	118	67	81	385	347	407
5	−49	− 8	−12	69	59	69	454	406	476
6	59	28	56	128	87	125	582	493	601
7	− 5	− 5	−32	123	82	93	705	575	694
8	−14	1	−16	109	83	77	814	658	771
9	−64	30	− 5	45	113	72	859	771	843
10	19	−49	− 8	64	64	64	923	835	907
11	56	57	56	120	121	123	1 043	956	1 030
12	−32	− 8	− 5	88	113	118	1 131	1 069	1 148
13	−16	−21	−14	72	92	104	1 203	1 161	1 252
14	− 5	−11	−64	67	81	40	1 270	1 242	1 292
15	− 8	−12	19	59	69	59	1 329	1 311	1 351
16	57	59	28	116	128	87	1 445	1 439	1 438
17	− 8	− 5	− 5	108	123	82	1 553	1 562	1 520
18	−21	−14	1	87	109	83	1 640	1 671	1 603
19	−11	−64	30	76	45	113	1 716	1 716	1 716
20	−12	19	−49	64	64	64	1 780	1 780	1 780

5.4. Mindestreservevorschriften

Die Vorschriften über die Unterhaltung von Mindestreserven sind in unserem Spiel denkbar einfach gehalten. Negative Kassenbestände eines Spielers am Ende einer Periode werden für die Dauer von einer Periode mit einem Strafzinssatz von 10 % p. a. belegt, während positive Kassenbestände nicht verzinst werden. Aus den Tabellen 5.3.2. und 5.3.4. können wir entnehmen, daß die den Spielern in den Perioden zur Verfügung stehenden Kassenbestände immer positiv sind, so daß also kein Spieler aufgrund der Spielkonstruktion gezwungen werden kann, Strafzinsen zu bezahlen, so daß jeder als untere Sicherheitsschranke den Zinsertrag Null hat.

Tabelle 5.3.5.

Veränderungen der Gesamtgeldmenge, Gesamtgeldmenge und effektive Gesamtgeldmenge in den Perioden *t* in Geldeinheiten bei Spielen mit elf (A), zehn (B) und neun (C) Spielern

	Veränderungen d. Gesamtgeldmenge			Gesamtgeldmenge			Effektive Gesamtgeldmenge		
t	A	B	C	A	B	C	A	B	C
1	360	360	360	1 044	1 008	972	1 044	1 008	972
2	−90	−90	−90	954	918	882	1 998	1 926	1 854
3	−90	−90	−90	864	828	792	2 862	2 754	2 646
4	−90	−90	−90	774	738	702	3 636	3 492	3 348
5	−90	−90	−90	684	648	612	4 320	4 140	3 960
6	360	360	360	1 044	1 008	972	5 364	5 148	4 932
7	−90	−90	−90	954	918	882	6 318	6 066	5 814
8	−90	−90	−90	864	828	792	7 182	6 894	6 606
9	−90	−90	−90	774	738	702	7 956	7 632	7 308
10	−90	−90	−90	684	648	612	8 640	8 280	7 920
11	360	360	360	1 044	1 008	972	9 684	9 288	8 892
12	−90	−90	−90	954	918	882	10 638	10 206	9 774
13	−90	−90	−90	864	828	792	11 506	11 034	10 566
14	−90	−90	−90	774	738	702	12 276	11 772	11 268
15	−90	−90	−90	684	648	612	12 960	12 420	11 880
16	360	360	360	1 044	1 008	972	14 004	13 428	12 852
17	−90	−90	−90	954	918	882	14 958	14 346	13 734
18	−90	−90	−90	864	828	792	15 822	15 174	14 526
19	−90	−90	−90	774	738	702	16 596	15 912	15 228
20	−90	−90	−90	684	648	612	17 280	16 560	15 840

Wir haben uns zu diesen einfachen Mindestreservevorschriften entschlossen, weil wir wieder von der Vorstellung ausgehen können, daß die durch die Spieler vertretenen Geldhändler schon im Rahmen ihrer Termindispositionen die Mindestreservedispositionen so getroffen haben, daß die Abdeckung eines Gelddefizits in einer Periode nicht mehr durch kurzfristige Unterschreitung des durchschnittlichen täglichen Mindestreservesolls erfolgen kann, ohne daß dies die Zahlung eines entsprechenden Strafzinses an die Zentralbank nach sich zieht. Zweifellos wäre eine andere Mindestreservevorschrift, nach der z. B. ein bestimmter Kassenbestand nur im Durchschnitt aller Perioden von den Spielern hätte erfüllt zu werden brauchen, den tatsächlichen Gegebenheiten des Geldmarktes der Bundesrepublik besser angepaßt gewesen, jedoch hätte dies von den Versuchspersonen zusätzliche Entscheidungen verlangt, für deren hinreichendes Erlernen wiederum zusätzliche Spielzeit notwendig gewesen wäre. Weiterhin hätten die Versuchspersonen aber auch die Möglichkeit gehabt, die starken Schwankungen ihrer Kassenbestände durch eine Mindestreservepolitik zu glätten, ohne an den noch zu beschreibenden Geldmarktverhandlungen teilnehmen zu müssen. Da unser Untersuchungsziel aber ein Vergleich der auf dem experimentellen Geldmarkt erhaltenen Daten mit gewissen theoretischen Voraussagen ist, so haben wir den Versuchspersonen möglichst viele Gelegenheiten zum Fernbleiben von den Geldmarkttätigkeiten verschlossen. Die Einführung eines Strafzinssatzes soll den Spielern die Möglichkeit einer kostenlosen, unbeschränkten Geldschöpfung nehmen.

5.5. Handel in Geldkrediten

Zur Unterscheidung vom Handel in Geldmarktkrediten, der auf dem realen Geldmarkt stattfindet, wollen wir die Hergabe und Hereinnahme von Krediten in unserem Geldmarktspiel als den Handel in Geldkrediten bezeichnen. Als einzige Laufzeit der Kredite ist im Spiel die Dauer von einer Periode zugelassen, während alle anderen Laufzeiten verboten sind. In den schon erwähnten Vorversuchen, in denen Kreditlaufzeiten von einer und fünf Perioden zugelassen waren, hat sich gezeigt, daß die Handhabung der Geldleihe mit einer Laufzeit von fünf Perioden schwer zu erlenen ist, so daß wir uns für nur eine Geldform beim Handel in Geldkrediten entschlossen haben. Neben der Festlegung der Laufzeit haben wir auch noch einen Rückzahlungszwang der aufgenommenen Kredite eingeführt, so daß das Charakteristikum des Geldmarktes, nämlich die pünktliche Erfüllung der Verträge, im Spiel durch die Spielregeln erzwungen wird.

Die von den Versuchspersonen dann noch zu führenden Verhandlungen über die Menge und den Zinssatz des gehandelten Geldes haben wir so organisiert, daß eine beliebige Anzahl der teilnehmenden Versuchspersonen miteinander verhandeln kann. Es können sowohl zwei Versuchspersonen ohne Kontakt zu den übrigen miteinander Verträge abschließen, oder es können sich alle besprechen, wenn dies gewünscht wird. Dies scheint uns eine vernünftige Anpassung an die auf dem Geldmarkt tatsächlich vorhandenen Gegebenheiten zu sein, denn auch dort ist es aufgrund der vorhandenen Kommunikationsmittel einem Kreditinstitut möglich, rasch Kontakt zu einer großen Anzahl anderer Geldmarktteilnehmer aufzunehmen. Auf die Möglichkeit der Arbitrage, also des gleichzeitigen An- und Verkaufs von Geld in einer Periode zum Zwecke der Ausnutzung von Zinssatzunterschieden, werden die Versuchspersonen nicht hingewiesen, jedoch wird ihnen gesagt, daß die ausgehandelten Zinssätze zwischen 0 % p. a. und 10 % p. a. liegen werden, da das Halten von Kasse ohne Kosten und die Beschaffung von Geld zum Strafzinssatz immer möglich ist.

5.6. Handel in Geldpapieren

Den in unserem Geldmarktspiel zwischen der Zentralbank und den Spielern stattfindenden Handel in von der Zentralbank angebotenen verzinslichen Papieren nennen wir den Handel in Geldpapieren. Dabei ist der Handel in Geldpapieren zwischen den Spielern durch die Spielregeln ausdrücklich verboten, was also eine Institutionalisierung der beim Handel in Geldmarktpapieren geübten Gepflogenheit der Kreditinstitute bedeutet.

Die Vielzahl der auf dem Geldmarkt gehandelten Geldmarktpapiere haben wir in unserem Spiel durch einen einzigen Titel ersetzt, der von der Zentralbank zu während des ganzen Spiels unveränderten Konditionen abgegeben und zurückgenommen wird und den wir kurz als Geldpapier bezeichnen wollen. Auf eine Differenzierung der von der Zentralbank angebotenen Geldpapiere nach Laufzeiten mußten wir verzichten, weil die Laufzeit der Papiere im Vergleich zur Laufzeit des Geldkredits groß sein mußte, um wenigstens annähernd das tatsächliche Verhältnis der Laufzeiten zwischen kurzfristigen Geldmarktkrediten und Geldmarktpapieren darstellen zu können, während andererseits die Laufzeit der Geldpapiere so kurz sein mußte, daß die Spieler im Spiel mehrmals die Gelegenheit erhielten, die Laufzeit voll auszunutzen. Auch auf eine Differenzierung der Geldpapiere nach Emittenten haben wir verzichtet, da die hiermit verbundene Differenzierung der Abgabesätze, die auf dem Geldmarkt für Titel gleicher Laufzeit, aber unterschiedlicher Aussteller zu beobachten ist[7], für unser Spiel bedeutungslos ist. Es zeigt sich nämlich, daß die Bundesbank Geldmarktpapiere, die sie wie z. B. Vorratsstellenwechsel nicht selbst schaffen kann, mit tendenziell höheren Abgabesätzen versieht als die Papiere, die sie selbst wie z. B. Schatzwechsel des Bundes in ausreichender Menge ausgeben kann. Dies ist wohl nicht auf eine unterschiedliche Bonität der Aussteller zurückzuführen, denn die Geldmarktpapiere emittierenden Aussteller sind alle von unbezweifelbarer Bonität, sondern auf das Bestreben der Bundesbank, die Titel anderer Emittenten wieder eher dem System der Kreditinstitute zuzuführen als ihre eigenen Papiere.

---

[7] Vgl. den Punkt IV.2.c) im statistischen Teil der Monatsberichte.

Das Geldpapier des Spiels hat eine Laufzeit von 5 Perioden und wird von der Zentralbank in beliebigen Beträgen zu einem Abgabesatz von 5 % p. a. verkauft und zu einem Rücknahmesatz von 7 % p. a. auf die Dauer der Restlaufzeit angekauft. Die von uns festgelegte Spanne von 2 % p. a. zwischen Rücknahme- und Abgabesatz entspricht zwar keineswegs in ihrer Größenordnung der von der Bundesbank tatsächlich erhobenen Spanne von 1/8 % bis 1/4 % p. a., jedoch mußten wir die Spanne so groß wählen, damit die aus dieser Differenz zu erwartenden Einflüsse auf die Zinssatzbildung beim Handel in Geldkrediten in den Versuchsergebnissen deutlich sichtbar werden. Auch sollten die Spieler bei zu rascher Rückgabe der Papiere einen effektiven Verlust hinnehmen müssen, wie dies auf dem Geldmarkt auch tatsächlich der Fall ist. Sowohl der Abgabe- als auch der Rücknahmesatz werden den Spielern bekanntgegeben, da eine Geheimhaltung des Rücknahmesatzes wegen der während des gesamten Spiels unveränderten Zentralbankpolitik wenig sinnvoll wäre.

5.7. *Zielsetzung der Spieler*

Die ihnen im Laufe des Spiels zugeteilten, im voraus jedoch unbekannten Kassenbestände können die Spieler sowohl durch Kauf von Geldpapieren als auch durch Hergabe von Geldkrediten verzinslich anlegen. Dabei müssen sie darauf achten, keine negativen Kassenbestände am Ende der Perioden aufzuweisen, da diese mit einem empfindlichen Strafzinssatz belegt werden, während andererseits positive Kassenbestände unverzinslich sind. Zwar sind die Abgabe- und Rücknahmesätze für Geldpapiere bekannt, so daß sich für unterschiedliche Anlagedauern leicht die zu realisierenden Zinserlöse berechnen lassen, jedoch ist die Entscheidung für den Kauf von Geldpapieren eine Entscheidung unter Unsicherheit[8], denn der Spieler kennt den Erfolg dieser Entscheidung erst nach Ablauf mehrerer Perioden, da ihm durch unerwartete Kassenbestandsveränderungen eine Korrektur der zurückliegenden Entscheidung aufgezwungen werden kann. Andererseits sind die beim Handel in Geldkrediten zu erzielenden Zinssätze unbekannt, da sie von den Entscheidungen aller Spieler abhängen, jedoch können die Geldkredite wegen ihrer kurzen Laufzeiten flexibler an die sich ändernden Kassenbestände angepaßt werden. Durch ein geschicktes Verhalten beim Handel in Geldkrediten und Geldpapieren, das der Spieler erst im Verlaufe des Spiels nach und nach erlernen wird, soll der Spieler versuchen, seine Kassenbestände möglichst gut zu verzinsen und einen maximalen Zinserlös zu erzielen.

---

8 Vgl. *H. Schneeweiß:* Entscheidungskriterien bei Risiko, Berlin-Heidelberg-New York 1967, S. 12.

6. Die Versuchsanordnung

6.1. Versuchsaufbau

Da für unsere Versuche keine Telefonanlage mit einer genügend großen Anzahl von Sprechstellen zur Verfügung stand, so daß wir die Verhandlungen der Versuchspersonen ähnlich wie auf dem Geldmarkt der Bundesrepublik hätten fernmündlich führen lassen können, mußten wir die Versuche in einem Raum mit direkten mündlichen Kontakten der Versuchspersonen durchführen. Abbildung 6.1.1. zeigt eine schematische Darstellung des Versuchsraums. Entlang der Wände stehen Tische, an denen die Spieler in der angegebenen Reihenfolge ihren Platz haben, um dort die notwendigen Schreib- und Rechenarbeiten durchführen zu können. Dabei ist die Numerierung der Spieler im Versuch gegenüber der Numerierung im Modell anders, was wir in Tabelle 6.1.1. dargestellt haben.

Tabelle 6.1.1.

Spielernumerierung im Modell und im Versuch

Modellnummer	1	2	3	4	5	6	7	8	9	10	11	12	8*A*	6B	5C
Versuchsnummer	1	4	7	9	10	5	8	2	12	6	11	3	2A	5B	3C

Durch diese Umnumerierung haben wir erreicht, daß die Spieler im Versuch in der Reihenfolge gr., mi., kl., gr., mi., kl., gr., mi., gr., mi., kl., kl. sitzen, wobei wir mit gr., mi. und kl. einen großen, mittleren und kleinen Spieler bezeichnen. Diese Durchmischung der Größenklassen soll einer bevorzugten Zusammenarbeit von Spielern einer Größenklasse vorbeugen, denn es ist zu erwarten, daß nebeneinander sitzende Versuchspersonen eher kooperieren werden als weiter auseinander sitzende. Die Reihenfolge der Größenklassen wird den Versuchspersonen nicht mitgeteilt. Außerdem treten bei dieser Spielernumerierung im Versuch bei nur 11 Spielern auch genau die Spielernummern 1 bis 11 auf und analog bei 10 oder nur 9 Spieler, wodurch die Übersicht über die Spieler erleichtert wird. Auf den Plätzen ZB (Zentralbank) und VK (Vertragskontrolle) sitzen Mitglieder der Spielleitung, die gewisse noch näher zu schildernde Arbeiten auszuführen haben. An der Tafel werden vom Spielleiter während eines die Spielregeln erläuternden Einführungsvortrages Lehrbeispiele der von den Versuchspersonen während des Versuchs zu tätigenden Buchungs- und Rechenaufgaben angeschrieben und erläutert.

Skizze des Versuchsraumes mit Sitzordnung der Spieler, der Zentralbank (ZB) und der Vertragskontrolle (VK).

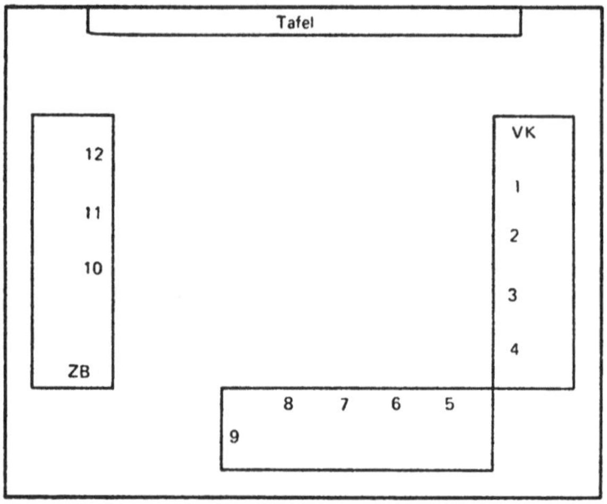

Abbildung 6.1.1.

Das eigentliche Spiel, der Handel in Geldkrediten, findet in dem freien Raum zwischen den Tischen statt, wo die Versuchspersonen zu Verhandlungen zusammenkommen können. Hierbei ist es den Versuchspersonen ausdrücklich erlaubt, sich in Gruppen von den übrigen abzusondern, um geheime Verhandlungen zu führen. Unerwünschte Teilnehmer einer Verhandlungsgruppe müssen sich auf Wunsch der übrigen Teilnehmer entfernen. Nicht erlaubt ist das laute Ausrufen von Verhandlungsangeboten, was von der Spielleitung auch überwacht wird. Dagegen werden die Versuchspersonen immer wieder aufgefordert, gedämpft zu sprechen und durch Herumgehen und Herumfragen einen Handelspartner aufzufinden. Wie sich in den Versuchen dann gezeigt hat, haben diese Spielregeln zur vollen Zufriedenheit aller Teilnehmer funktioniert, denn es haben sowohl Gruppen von wenigen Versuchspersonen in den Ecken des Versuchsraums als auch alle Spieler in der Mitte des Versuchsraums gestanden, um zu verhandeln, wenn ein Bedürfnis danach vorhanden war. Wir können also die Transparenz unseres Modellgeldmarktes weitgehend der Transparenz des tatsächlichen Geldmarktes angepaßt ansehen, wenn es auch in den Versuchen selbstverständlich leichter ist, eine Konferenz aller Geldmarktteilnehmer zu erreichen, als dies auf dem Geldmarkt der Fall ist. Dafür haben wir aber die den Versuchspersonen zur Verfügung stehende Verhandlungszeit sehr knapp bemessen, so daß eine zufriedenstellende Markterkundung nur bei großem Eifer möglich ist.

6.2. *Einführungsvortrag*

In dem vom Spielleiter gehaltenen Einführungsvortrag werden die Versuchspersonen nach einer kurzen, sehr summarischen Darstellung des Geldmarktes in chronologischer Reihenfolge mit den Spielregeln des Geldmarktspiels vertraut gemacht. Wie sich in früheren Versuchen anderer Art gezeigt hat, ist einer chronologischen Aufzählung und Darstellung der vor, während und nach dem Spiel auszuführenden Tätigkeiten der Vorzug vor einer systematischen Aufzählung zu geben. Die systematische Aufzählung stellt die Spielregeln in logischen Zusammenhängen gegliedert dar, wobei aber die einzelnen Regeln meistens zu verschiedenen Zeitpunkten im Spiel anzuwenden sind. Dabei besteht dann die Gefahr, daß die Versuchspersonen nicht schnell genug von der recht abstrakten Beschreibung des Spiels auf die tatsächlich nacheinander zu befolgenden Anweisungen umlernen können, was dann zu großen begrifflichen Schwierigkeiten führen kann. Dagegen hat die chronologische Aufzählung der Spielregeln den Vorteil, daß den Versuchspersonen anhand von Lehrbeispielen schon einmal der gesamte Ablauf des Spiels vorgeführt wird, den sie dann nur zu wiederholten Malen nachvollziehen müssen.

6.3. *Einteilung der Spielperioden*

Die einen Banktag simulierenden Spielperioden haben wir in eine Verhandlungszeit von festgelegter Dauer und eine den jeweiligen Erfordernissen angepaßte Kontrollzeit unterteilt. Während der Verhandlungszeit, die zu Versuchsbeginn 10 min. beträgt, dann aber im Laufe des Versuchs auf 7 min. eingeschränkt wird, betreiben die Versuchspersonen nur den Handel in Geldkrediten, während sie in der anschließenden Kontrollzeit ihre Position durch den Handel in Geldpapieren mit der Zentralbank glattstellen und ihre Buchungen ausführen können. In der Kontrollzeit wird von der Spielleitung auch noch eine Überprüfung der von den Versuchspersonen vorgenommenen Buchungs- und Rechenvorgänge durchgeführt, um etwaige Fehler aufdecken und beseitigen zu können.

Durch die Verlegung des Handels in Geldpapieren in die Kontrollzeit wollen wir erreichen, daß sich die Versuchspersonen möglichst lange und intensiv am Handel in Geldkrediten beteiligen und sich nicht schon während der Verhandlungszeit auf Geschäfte mit der Zentralbank einlassen. Ein Handel in Geldpapieren schon während der Verhandlungszeit könnte nämlich leicht zu einer Austrocknung des Handels in Geldkrediten führen, da sich die Versuchspersonen aufgrund ihrer besonders noch in den Anfangsperioden ausgeprägten Verhandlungsunerfahrenheit zu einem raschen Kauf oder Verkauf von Geldpapieren, dessen Bedingungen sie kennen, entschließen und das Engagement in den mit noch unbekannten Bedingungen ausgestatteten Handel in Geldkrediten scheuen könnten. Sicherlich kann sich auch eine Versuchsperson bei der von uns getroffenen Regelung dauernd vom Handel in Geldkrediten fernhalten, jedoch hat sich in den Versuchen gezeigt, daß die Verhandlungszeit, in der ja keine Geldpapiere gehandelt werden dürfen, den sich zurückhaltenden Versuchspersonen zu langweilig wird, und sie sich daher aus Neugierde am Handel in Geldkrediten zu beteiligen beginnen. Es gab in den Versuchen kaum eine Versuchsperson, die mehr als eine Periode nicht am Handel in Geldkrediten teilgenommen hat, was die Vernünftigkeit unserer Spielregeln unterstreicht.

Die Länge der Verhandlungszeit wird von der Spielleitung festgelegt, und ihr Beginn und ihr Ende durch Glockenzeichen bekanntgegeben. Durch die Begrenzung der Verhandlungszeit wollen wir erreichen, daß die Versuchspersonen ähnlich wie die Geldhändler ihre Entscheidungen unter Zeitdruck fällen müssen, wodurch ein endloses Debattieren über die Konditionen der Geldkredite vermieden und erreicht wird, daß sich die Versuchspersonen in der zur Verfügung stehenden Zeit wirklich intensiv um die auf dem Markt für Geldkredite vorhandenen Möglichkeiten bemühen. Versuchspersonen, die in einer Periode einmal nicht ihren Vorstellungen entsprechend zum Zuge gekommen sind, verden sich in den nächsten Perioden eifriger um Handelspartner bemühen. Zur Vermeidung übereilter Unruhe vor dem Ende der Verhandlungszeit wird vom Spielleiter während der Perioden die noch zur Verfügung stehende Verhandlungszeit bekanntgegeben.

Die Länge der Kontrollzeit ist nicht von vornherein festgelegt, sondern wird der jeweiligen Versuchssituation angepaßt. Erst wenn alle notwendigen Geschäfte mit der Zentralbank, alle Schreibarbeiten und Kontrollrechnungen erledigt sind, wird die Kontrollzeit beendet und eine neue Periode durch Anschreiben der Periodennummer und des Wochentags an die Tafel eröffnet.

6.4. Technik des Handels in Geldkrediten

Zu Beginn einer neuen Periode erhält jede Versuchsperson von der Spielleitung einen Zettel zugeteilt, auf dem neben der Perioden- und Spielernummer die für die beginnende Periode vorgesehene Bewegung vermerkt ist. Abbildung 6.4.1. zeigt einen solchen Bewegungszettel für die Periode 9 und den Spieler 5.

Periode:	9
Spieler:	5
Bewegung:	+ 39

Abb. 6.4.1. Bewegungszettel

Die durch den Bewegungszettel der Versuchsperson mitgeteilte Kassenbestandsveränderung vermerkt diese durch einfache Buchungen, die wir weiter unten noch erläutern werden, auf Buchungsbögen. Bei einem durch die Bewegung entstandenen Geldüberschuß wird die Versuchsperson gemäß ihrer Zielsetzung versuchen, ihn möglichst zinsgünstig anzulegen, während sie bei einem Gelddefizit versuchen wird, es ebenfalls möglichst zinsgünstig abzudecken.

Diese Absicht kann die Versuchsperson in der nach Abschluß der Verbuchungen der Bewegungen durch ein Glockenzeichen eröffneten Verhandlungszeit verfolgen. Sie versucht einen Handelspartner zu finden, mit dem sie das ihrer Meinung nach günstigste Geschäft abschließen kann. In den dem Geschäftsabschluß vorausgehenden Verhandlungen müssen sich zwei Versuchspersonen, von denen die eine Geld verleihen und die andere Geld leihen will, über die Höhe des gehandelten Betrages und den Zinssatz einigen, wohingegen die Laufzeit des gehandelten Geldes durch die Spielregeln auf eine Periode festgelegt ist. Nach erzielter Einigung füllen die Handelspartner ein vorgedrucktes und vor dem Versuch in ausreichender Anzahl an jede Versuchsperson ausgeteiltes Vertragsformular aus, auf dem die Konditionen schriftlich niedergelegt werden. Abbildung 6.4.2. zeigt ein solches ausgefülltes Vertragsformular, das während des Einführungsvortrages als Lehrbeispiel an die Tafel geschrieben wurde.

		3 0 1 0 0 7	
Per.:	1		
Von:	6	An:	12
Betr.:	20	Zinss.:	5.0 %

Abb. 6.4.2. Vertrag über die Ausleihung von 20 GE in der Periode 1 von Spieler 6 an Spieler 12 zu 5,0 % (Lehrbeispiel)

Ihm liegt das fiktive Geschäft zugrunde, daß Spieler 6 dem Spieler 12 in der ersten Periode einen Betrg von 20 GE zum Zinssatz von 5.0 % p. a. geliehen hat. Ein Vertrag erhält in unserem Geldmarkt jedoch erst Rechtskraft, d. h. seine Erfüllung wird dann von der Spielleitung überwacht, wenn er von den Handelspartnern der Vertragskontrolle vorgelegt wird, wo er mit einem Paginierstempel in die rechte obere Ecke eine Nummer aufgedruckt erhält. Dabei dienen die letzten drei Ziffern der fortlaufenden Numerierung der Verträge, so daß wir die zeitliche Aufeinanderfolge der Vertragsabschlüsse einigermaßen rekonstruieren können, da auch während des Versuchs die Versuchspersonen von der Spielleitung immer wieder aufgefordert werden, den Vertrag unmittelbar nach dem Ausfüllen abstempeln zu lassen. Die erste Ziffer gibt die Nummer des Versuchs, in unserem Beispiel also Versuch 3, und die zweite und dritte Ziffer geben die Nummer der Periode, in unserem Beispiel also Periode 1, an. Nach dem Abstempeln eines Vertrags kann dieser nur noch in beiderseitigem Einvernehmen der beteiligten Partner abgeändert oder widerrufen werden. Außerdem muß ein rechtskräftiger Vertrag von beiden Partnern sofort verbucht werden, da durch ihn die Kassenbestände beider Spieler in der Periode verändert werden. In unserem Beispiel fließen 20 GE dem Spieler 6 ab, während Spieler 12 dieser Betrag zufließt. Nach der Verbuchung müssen beide Spieler den Vertrag unterzeichnen, wobei der Geldverleiher unter Von: _____ und der Geldleiher unter An: _____ signiert, und ihn bei der Vertragskontrolle, bei der alle Verträge gesammelt werden, abliefern. Dadurch ist es leichter möglich, eventuell auftretende Buchungsfehler zu entdecken.

Es ist zu erwarten, und dies hat sich auch in den Versuchen gezeigt, daß gegen Ende der Verhandlungszeit noch eine Anzahl von Vertragsabschlüssen zustande kommt, die wegen Zeitmangels während der offiziellen Verhandlungszeit nicht mehr schriftlich fixiert und gestempelt werden können. Daher haben wir es zugelassen, daß kurz vor Verhandlungsende der Spielleitung mündlich gemeldete Einigungen noch in der anschließenden Kontrollzeit formal fertiggestellt werden können. Diese Regelung war tatsächlich notwendig, denn es versuchten einige Versuchspersonen durch Verzögern der Verhandlungen ein für sie besseres Resultat zu erzielen.

6.5. Technik des Handels in Geldpapieren

Die Übertragung von Geldpapieren zwischen der Zentralbank des Geldmarktspiels und den Spielern hätte ähnlich wie beim Handel in Geldmarktpapieren zwischen der Bundesbank und den Kreditinstituten durch einfache Buchungsvorgänge vorgenommen werden können. Um das Spiel jedoch nicht zu abstrakt zu gestalten, haben wir materielle Geldpapiere in Form kleiner Zettel geschaffen. Wir glauben durch die tatsächliche Aushändigung der Geldpapiere von der Zentralbank an die Spieler ein leichteres Verständnis der Spielregeln des Handels in Geldpapieren und mehr Interesse für das ganze Spiel bei den Versuchspersonen zu erreichen.

Zur Erleichterung der Zählarbeit werden die Geldpapiere in Stücken mit einem Gegenwert von 10 GE, 5 GE und 1 GE in beliebiger Menge von der Zentralbank an die Spieler abgegeben bzw. von ihnen zurückgenommen. Abbildung 6.5.1. zeigt ein Geldpapier zu 10 GE. Auch ist den Spielern erlaubt, größere Stücke in kleinere umzuwechseln, wenn sie nur einen Teil ihrer Geldpapiere zurückgeben wollen. Da die Geldpapiere mit der festen Laufzeit von fünf Perioden abgegeben werden, eignet sich die von uns benutzte Wochentagszählung, in der die Samstage und Sonntage fehlen, besonders gut zur Überwachung der Fälligkeiten der Geldpapiere. Ein am Dienstag gekauftes Geldpapier ist am nächsten Dienstag fällig, da dann die fünf Perioden Dienstag, Mittwoch, Donnerstag, Freitag und Montag voll abgelaufen sind. Aus diesem Grunde haben wir fünf Sorten von Geldpapieren hergestellt, die sich durch die auf ihrem unteren Rand aufgedruckten Wochentagsnamen Montag bis Freitag unterscheiden. Wir sprechen daher im folgenden von Montagpapieren, Dienstagpapieren usw. und merken an, daß die Zentralbank an Montagen nur Montagpapiere abgibt und analog an den übrigen Wochentagen verfährt. Abbildung 6.5.1. zeigt ein Dienstagpapier. Anhand der an die Tafel geschriebenen Wochentagsnamen und der auf den Geldpapieren noch zusätzlich aufgedruckten Periodennummern der Fälligkeitsdaten, die eine Koordination von Wochentag und Periodennummer erleichtern sollen, können die Spieler leicht die Fälligkeiten ihres Papierbestandes überwachen, ohne lange Terminrechnungen durchführen zu müssen.

10 10 10 10 10 10 10

Geldpapier

Fällig in den Perioden

2 7 12 17 22

Dienstag

Abb. 6.5.1. Dienstagpapier zu 10 GE

Beim Verkauf bzw. bei der Rückgabe der Geldpapiere wird von der Zentralbank des Spiels im Gegensatz zur Gepflogenheit der Bundesbank kein Diskontabschlag vorgenommen, da die Größenordnungen der Beträge über die Geldpapiere lauten und die in fünf Perioden zu erzielenden Zinsen wesentlich verschieden sind. Vielmehr werden die Geldpapiere immer zu ihrem aufgedruckten Nennwert gehandelt und die aufgrund des Abgabe- und Rücknahmesatzes berechneten Zinsen gesondert verbucht. Durch den Verzicht auf das Diskontverfahren zur Ermittlung der Zinsen bei den Geldpapieren wollen wir zum einen eine Vereinheitlichung der Zinsberechnung und zum anderen eine uneingeschränkte Vergleichbarkeit der beim Handel in Geldkrediten zustande kommenden Zinssätze mit den Zinssätzen für Geldpapiere erreichen, denn bekanntlich liegt die tatsächliche Verzinsung von Diskontpapieren etwas über dem Diskontsatz.

Zur Kontrolle der von den Spielern unterhaltenen Papierbestände werden von der Zentralbank auf einem speziellen Buchhaltungsbogen, der in Abbildung 6.5.2. auszugsweise für den Versuch III wiedergegeben ist, die im Besitz der einzelnen Spieler befindlichen Geldpapiere nach Fälligkeiten getrennt fortgeschrieben. Dabei werden die vor Beginn einer Periode im Besitz der Spieler befindlichen Papiere auf dem Kontrollbogen unter der Periodennummer der neu beginnenden Periode eingetragen. So hat z. B. Spieler 11 am Mittwoch, 13. Periode, für 50 GE Mittwochpapiere gekauft, die als Anfangsbestand der 14. Periode in der Zeile Mi erscheinen. Wir haben uns zu einem Verbuchen der Anfangsbestände entschlossen, da die Spieler erst in dei Kontrollzeit einer Periode ihren Papierbestand auf die von ihnen gewünschte Höhe bringen können, der dann gleich dem Anfangspapierbestand der nächsten Periode ist. Aus der Gesamtsumme aller im Besitz der Spieler befindlichen Geldpapiere, die in die Spalte „Gesamtbestand" nach Abschluß aller Geschäfte eingetragen wird, läßt sich leicht eine einfache Kontrollzahl zur Überprüfung der Rechnungen herleiten. In der letzten Spalte des Kontrollbogens ist für eine bestimmte Periode die Gesamtgeldmenge der Vorperiode in Abhängigkeit von der Anzahl der Spieler eingetragen. Subtrahieren wir von dieser Gesamtgeldmenge den Gesamtbestand an Geldpapieren der betrachteten Periode, so erhalten wir den noch vorhandenen Kassenbestand aller Spieler am Ende der Vorperiode bzw. zu Beginn der neuen Periode. In unserem Beispiel betrug z. B. der Gesamtkassenbestand am Ende der 12. und zu Beginn der 13. Periode 990 GE − 986 GE = 4 GE bzw. am Ende der 13. und zu Beginn der 14. Periode 900 GE − 900 GE = 0 GE. Durch Vergleich dieser Kontrollzahl mit der schnell zu berechnenden Summe aller Spielerkassenbestände können existierende Buchungs- und Rechenfehler generell erkannt und durch

Periode	Papiersorte	1	2	3	4	5	6	7	8	9	10	11	12	Gesamt-bestand	Spieler-zahl	Gesamt-geldmenge der Vorperiode
	Mo	76	63	10	76	50	68	76	80	139	86	34	48	986	12	990
	Di	2					4	30		13	1		25		11	954
13	Mi					50			10						10	918
	Do			10	20						5				9	882
	Fr				10											
	Mo	76	63	10	76	50	53	76	78	65	86	34	33	900	12	900
	Di	2					4	30		13	1		25		11	864
14	Mi					20			10			50			10	828
	Do			10	20						5				9	792
	Fr				10											

Abb. 6.5.2. Auszug aus dem Kontrollbogen der Zentralbank für die Geldpapierbestände der Spieler (Versuch III)

Nachprüfen aller Vorgänge beseitigt werden. Selbstverständlich bleiben durch diese einfache Kontrolle einander kompensierende Fehler unentdeckt, doch treten solche Fälle recht selten auf. Prinzipiell halten wir jedoch eine Kontrolle für unbedingt notwendig, um die Vergleichbarkeit der Versuche zu gewährleisten, da durch Rechenfehler leicht Geld geschöpft bzw. vernichtet werden kann. Der Kontrollbogen wird von der Zentralbank während der Versuche gegenüber den Versuchspersonen vertraulich behandelt, da er Aufschluß über den zeitlichen Verlauf der Gesamtgeldmenge und wenigstens teilweise Aufschluß über die Liquiditätssituation der einzelnen Spieler liefert.

Zum besseren Verständnis des Funktionierens von Abgabe- und Rücknahmesatz und zur Erleichterung der Verhandlungen über die Zinssätze beim Handel in Geldkrediten ist im Einführungsvortrag die Tabelle 6.5.1., die wir Dispositionstabelle nennen wollen, an die Tafel gezeichnet und erläutert worden. In der ersten Spalte sind die vom Zeitpunkt der Übernahme bis zum Betrachtungszeitpunkt von einem Geldpapier vollendeten Perioden, die wir kurz das Alter des Papiers nennen wollen, eingetragen.

Tabelle 6.5.1.

Dispositionstabelle

Alter Per.	Zinsen %	Restlaufz. Per.	Zinsabzug %	Nettozinsen %	Durchschnittszinssatz %
1	25	4	28	– 3	–3.0
2	25	3	21	4	2.0
3	25	2	14	11	3.67
4	25	1	7	18	4.5
5	25	0	0	25	5.0

Bei Übernahme des Geldpapiers werden dem Spieler von der Zentralbank die ihm am Ende der Laufzeit zustehenden Zinsen vorläufig gutgeschrieben. Diese Gutschrift von 25 % steht in der zweiten Spalte von Tabelle 6.5.1. Nach den Spielregeln werden bei Rückgabe eines Papiers für die Dauer der Restlaufzeit, die in der dritten Spalte eingetragen ist, pro Periode 7 % von der Zinsgutschrift abgezogen. Diese Zinsabzüge und die nach dem Abzug noch verbleibenden Nettozinsen sind in der vierten und fünften Spalte von Tabelle 6.5.1. eingetragen, die in der letzten Spalte noch die Durchschnittszinssätze enthält, mit denen sich das in Geldpapieren angelegte Geld durchschnittlich in den in der ersten Spalte angegbenen Perioden verzinst. Bei einem nur für drei Perioden in Geldpapieren angelegten Geldbetrag werden von der Zinsgutschrift 14 % abgezogen, so daß ein Nettozins von 11 % übrigbleibt, was einer Durchschnittsverzinsung von 3.67 % für die drei Perioden entspricht, da wir von einer Zinseszinsrechnung absehen wollen.

Die Dispositionstabelle erleichtert aber auch die Entscheidungen der Versuchspersonen bezüglich der Alternativen Rückgabe von Geldpapieren oder Aufnahme von Geldkrediten bzw. Kauf von Geldpapieren oder Hergabe von Geldkrediten. Die im folgenden dargelegten Überlegungen werden während des Einführungsvortrages den Versuchspersonen vorgetragen, um sie mit dem Gebrauch der Dispositionstabelle vertraut zu machen.

Aus der letzten Spalte der Tabelle erkennen wir eindeutig, daß ein Spieler, der zur Beschaffung von Geld Geldpapiere zurückgeben will, die Papiere mit der kürzesten Restlaufzeit zuerst abgeben muß, da die Durchschnittsverzinsung mit abnehmender Restlaufzeit ansteigt. Am vorteilhaftesten bei der Geldbeschaffung sind zweifellos die fälligen Geldpapiere. Dagegen sollten Geldpapiere mit einer Restlaufzeit von vier Perioden möglichst nicht zurückgegeben werden, da dann der einreichende Spieler einen effektiven Verlust in Höhe von 3 % p. a. des zurückgegebenen Betrags hinnehmen muß. Diese charakteristische Eigenschaft des Handels in Geldpapieren haben wir schon oben bei der Beschreibung des Geldmarktes der Bundesrepublik erwähnt.

Von zentraler Wichtigkeit für die Entscheidungen über die Zinssätze beim Handel in Geldkrediten ist die vierte Spalte der Dispositonstabelle, in der die Zinsabzüge bei vorfälliger Rückgabe von Geldpapieren vermerkt sind. Für einen Sonderfall läßt sich die Obergrenze des Zinssatzes exakt ablesen, bis zu dem ein Spieler noch bereit ist, sich Geld zu leihen. Verfügt nämlich am Freitag einer Woche ein Spieler nur über Montagpapiere und muß er ein Gelddefizit durch Aufnahme von Geldkrediten oder Rückgabe von Geldpapieren abdecken, so wird er Geldkredite bis zu einem maximalen Zinssatz von 7 % p. a., bei mehreren Verträgen bis zu einem maximalen Durchschnittszinssatz von 7 % p. a., bis zur Höhe des Fehlbetrages als vorteilhafter ansehen als die vorfällige Rückgabe von Montagpapieren in Höhe des Fehlbetrages, denn er muß hierbei Zwangszinsen in Höhe von genau 7 % an die Zentralbank zahlen. Dies ist aber auch der einzige Fall, bei dem sich aus der Dispositionstabelle eine eindeutige objektive Entscheidung über die Aufnahme von Geldkrediten oder die Rückgabe von Geldpapieren ablesen läßt. Alle anderen Fälle erfordern zu ihrer Lösung mehr oder weniger verwickelte subjektive Schätzungen der zeitlichen Entwicklung der Zinssätze beim Handel in Geldkrediten und der Kassenbestandsveränderungen.

Steht ein Spieler z. B. vor dem Problem, schon am Donnerstag einer Woche ein Defizit abdecken zu müssen, wozu er Geldkredite aufnehmen, Montagpapiere zurückgeben oder den Strafzinssatz von 10 % p. a. in Anspruch nehmen kann, so kann er dies nur anhand subjektiver Vorstellungen von der Entwicklung seiner Kassenlage und der Zinssätze tun. Nimmt er beispielsweise an, daß er sich am Freitag den Fehlbetrag des Donnerstags in derselben Höhe wiederum beschaffen muß, so kann er definitiv nur feststellen, daß die Rückgabe der entsprechenden Menge an Montagpapieren insgesamt 14 % kostet. Ob diese Rückgabe aber vorteilhafter ist als die Aufnahme entsprechender Geldkredite am Donnerstag und Freitag, kann er nur schätzen. Ist er hierbei der Meinung, daß die Summe der von ihm in beiden Perioden zu zahlenden Zinssätze kleiner als 14 % ist, so wird er Geldkredite aufnehmen und keine Montagpapiere zurückgeben. Analog wird er Papiere zurückgeben, wenn seiner Meinung nach die Summe der Zinssätze größer als 14 % ist. Andererseits kann der Spieler aber auch der Meinung sein, daß er Freitag einen Geldüberschuß aufweisen wird. Dann kann er jedoch nicht ohne weitere Überlegungen für Donnerstag den Strafzinssatz von 10 % als obere Grenze für Geldaufnahmen ansehen, denn er muß die Alternative der Rückgabe von Geldpapieren am Donnerstag und der zusätzlichen Ausleihe dieses hierdurch erhaltenen Betrages am Freitag berücksichtigen. Werden ihm z. B. am Donnerstag Kredite zu 8 % angeboten und ist er der Ansicht, daß er am Freitag Geld zu 7 % ausleihen kann, so wird der Spieler die Papiere zurückgeben, denn es entgehen ihm hierbei nur 14 % Zinsen, während ihm bei Annahme der Alternative 15 % Zinsen entgehen, da er 8 % effektiv bezahlen muß und 7 % ihm durch Nicht-Ausleihen nicht zufließen.

Diese sehr einfachen Beispiele, die wir nicht weiter ausführen wollen, zeigen sehr deutlich, wie vielfältig die Entscheidungsmöglichkeiten in einer tatsächlichen Spielsituation sind. Im allgemeinen werden die Spieler über Geldpapiere verschiedener Fälligkeiten verfügen, und die Gelddefizite werden nicht häufig gerade so auftreten, daß sie durch Rückgabe von Geldpapieren mit ganz kurzen Restlaufzeiten, bei denen die Überlegungen verhältnismäßig einfach sind, gänzlich abgedeckt werden können. Die Dispositionstabelle zeigt bei diesen Überlegungen nur die zum Handel in Geldkrediten alternativen Anlage- bzw. Beschaffungsmöglichkeiten bei der Zentralbank auf, wobei die Spieler die Vorteilhaftigkeit der beim Handel in Geldkrediten bzw. Geldpapieren gegebenen Möglichkeiten subjektiv schätzen müssen.

6.6. *Buchungstechnik*

Die von den Spielern zu tätigenden Geschäfte müssen von ihnen auf speziellen Buchhaltungsbögen eingetragen werden. Die Abbildungen 6.6.1. und 6.6.2. zeigen zwei solcher Buchhaltungsbögen, die vor dem Einführungsvortrag an die Tafel gezeichnet und während des Einführungsvortrages vom Spielleiter als Lehrbeispiel für die Buchungstechnik des Spiels ausgefüllt werden. Die Spieler erhalten dann für jede Periode einen Buchhaltungsbogen, die in einem Ringbuch geordnet zusammengefaßt sind.

Der Buchhaltungsbogen für die erste Periode (Abildung 6.6.1.) enthält in der Zeile „Übertrag“ und der Spalte „Kasse“ den Anfangskassenbestand des betreffenden Spielers. Bei Veränderungen des Kassenbestandes wird die Veränderung in die Spalte „Bewegung“ eingetragen, wobei ein zufließender Betrag ein Plus- und ein abfließender Betrag ein Minuszeichen erhält. Durch Addition der Veränderung der letzten Zahl in der Spalte „Kasse“ ermittelt der Spieler seinen neuen Kassenbestand. Als erste solche Veränderung ist in Abbildung 6.6.1. die dem Spieler vor Beginn der Verhandlungszeit zugeteilte Kassenbestandsveränderung, die sogenannte Bewegung, eingetragen. Die doppelte Bedeutung des Wortes Bewegung führt zu keinen begrifflichen Schwierigkeiten und dient der Erinnerung der Spieler daran, daß die ihnen zugeteilten Zahlen nur Kassenbestandsveränderungen und keine neuen Kassenbestände sind. In unserem Beispiel fließen dem Spieler 30 GE zu, so daß sich seine Kasse auf 80 GE erhöht.

Die von den Spielern während der Verhandlungszeit abgeschlossenen Verträge werden einzeln verbucht, um Kontrollen zu erleichtern. In die Spalte „Vertrag Nr.“ wird die laufende Nummer des gestempelten Vertrages und in die Spalte „Partner“ wird die Spielernummer des Vertragspartners eingetragen. Die Spalte „Bewegung“ weist dann den gehandelten Betrag, beim verleihenden Spieler mit einem Minus- und beim leihenden Spieler mit einem Pluszeichen versehen, und die Spalte „Kasse“ den neuen Kassenbestand auf. Unser Beispiel zeigt die Verbuchung des in Abbildung 6.4.2. dargestellten Betrags, bei dem Spieler 6 an den Spieler 12 einen Betrag von 20 GE verliehen hat, was durch die Bemerkung „verliehen“ in der ersten Spalte von Abbildung 6.6.1. gekennzeichnet wird, und die Verbuchung eines zweiten Vertrags, bei dem derselbe Spieler an den Spieler 8 einen Betrag von 10 GE verliehen hat. In der Spalte „Zinssatz %“ werden die in den Verträgen ausgehandelten Zinssätze notiert.

Die Übernahme von Geldpapieren von der Zentralbank wird durch den Vermerk „Papierkauf“ in der ersten Buchungsspalte und durch

Wochentag: **Mo** Periode: **1**

	Vertrag Nr.	Partner	Bewegung	Kasse	Zinssatz %	Zinspunkte
Übertrag				+50		
Bewegung			+30	+80		
verliehen	7	12	−20	+60	5.0	
verliehen	10	8	−10	+50	4.8	
Papierkauf			−50	0		
					Zinspunkte für fällige Papiere	
					Zinspunkte insgesamt	

Anfangsbestand an Papieren

Mo	—
Di	—
Mi	—
Do	—
Fr	—

Abb. 6.6.1. Buchhaltungsbogen für Montag, 1. Periode (Lehrbeispiel)

Wochentag: **Di** | Periode: **2**

	Vertrag Nr.	Partner	Bewegung	Kasse	Zinssatz %	Zinspunkte
Übertrag				0		
zurück	7	12	+20	+20	5.0	+28
zurück	10	8	+10	+30	4.8	+13
Bewegung			−60	−30		
geliehen	16	1	+15	−15		
Papierverkauf			+15	0	5.3	−13
					Zinspunkte für fällige Papiere	
					Zinspunkte insgesamt	+28

Anfangsbestand an Papieren

Mo	50
Di	—
Mi	—
Do	—
Fr	—

Abb. 6.6.2. Buchhaltungsbogen für Dienstag, 2. Periode (Lehrbeispiel)

den Eintrag des mit einem Minuszeichen versehenen in Geldpapieren angelegten Betrags in der Spalte „Bewegung“ und durch Korrektur der „Kasse“ verbucht. Analog zu dem Vorgehen der Zentralbank werden die nach Abschluß des Handels in Geldpapieren von einem Spieler gehaltenen Bestände an Papieren als „Anfangsbestand an Papieren“ auf dem Buchhaltungsbogen der nächsten Periode in der dafür vorgesehenen Sonderspalte eingetragen. In unserem Beispiel sind am Montag, 1. Periode, für 50 GE Montagpapiere gekauft worden, die in Abbildung 6.6.1. als „Papierkauf“ und in Abbildung 6.6.2. als „Anfangsbestand“ in Montagpapieren des Dienstags, 2. Periode, erscheinen. Da die Spieler zu Spielbeginn keine Geldpapiere besitzen, so sind auf dem Buchhaltungsbogen der ersten Periode auch keine Papierbestände ausgewiesen. Die Versuchspersonen werden im Einführungsvortrag darauf aufmerksam gemacht, daß es eine gute Verhaltensweise ist, am Ende einer Periode den Kassenbestand Null zu haben, was durch den in Abbildung 6.6.1. vorgeführten Papierkauf eindringlich vor Augen geführt werden soll, da dann keine unverzinsliche Kasse gehalten wird. Jedoch dringt die Spielleitung während des Versuchs nicht auf diese Verhaltensweise, denn selbstverständlich ist auch ein negativer Kassenbestand, dessen Auftreten in der nächsten Periode um so wahrscheinlicher ist, je kleiner der Kassenbestand der Vorperiode ist, tunlichst wegen des Strafzinses zu vermeiden.

Nach Erledigung aller Geschäfte haben die Spieler vom Buchhaltungsbogen der abgeschlossenen Periode die für die nächste Periode relevanten Größen auf den Buchhaltungsbogen der folgenden Periode zu übertragen. Zuerst wird der Kassenbestand übertragen, der in unserem Beispiel 0 GE beträgt. Weiterhin müssen die in der abgelaufenen Periode abgeschlossenen Verträge zurückgebucht werden, denn ihre Rückzahlung ist wegen der Laufzeit von einer Periode schon in der folgenden Periode fällig. Zu diesem Zweck werden die fälligen Verträge mit dem Vermerk „zurück“ in der ersten Spalte (Abbildung 6.6.2.) versehen und mit umgekehrtem Vorzeichen in der Spalte „Bewegung“ noch einmal verbucht. Durch diese Buchungsvorschrift haben wir erreicht, daß die abgeschlossenen Verträge nach ihrer Fälligkeit auch von beiden Vertragspartnern wieder erfüllt werden, so daß Vertragsbrüche nicht vorkommen können. Auch wird die Verhandlungszeit nicht durch das Einlösen der in der Vorperiode abgeschlossenen Verträge unnötig belastet, da wegen der simultanen Verbuchung kein Spieler seinen Vertragspartner aufsuchen muß, um die Einlösung des Vertrags zu verlangen. Die Unterlassung der Verbuchung oder Rückbuchung eines Vertrages von einem oder gar beiden Partnern wird bei der Kontrollrechnung entdeckt, da sich dann Abweichungen von dem von der Zentralbank ermittelten Gesamtkassenbestand ergeben.

Hat die Kontrollrechnung keinen Fehler ergeben, so werden den Spielern für die neue Periode die Kassenbestandsveränderungen zugeteilt, die sie in der bekannten Weise verbuchen. Unser Beispiel zeigt, daß dem Spieler sehr viel abgeflossen ist, so daß er zu Beginn der Verhandlungszeit über einen negativen Kassenbestand verfügt, auf den er 10 % p.a. Strafzinsen zahlen müßte, würde er ihn nicht durch Aufnahme von Geldkrediten oder Rückgabe von Geldpapieren ausgleichen. Hierbei kann er sich mit einem Blick von den Geldbeschaffungsmöglichkeiten mittels Rückgabe von Papieren orientieren, denn auf dem Buchhaltungsbogen der beginnenden Periode ist sein Geldpapierbestand ausgewiesen. Abbildung 6.6.2. zeigt, daß der Spieler sein Kassendefizit allein durch Rückgabe von Geldpapieren beseitigen könnte, jedoch wird er danach trachten, sich Geld zu leihen, da er bei Rückgabe der Montagpapiere einen effektiven Verlust von 3 % p.a. des Fehlbetrages hinnehmen muß. Im Beispiel konnte der Spieler nur einen Vertrag abschließen und mußte den dann noch verbleibenden Fehlbetrag durch einen „Papierverkauf" ausgleichen. Damit braucht er keinen Strafzins zu zahlen, kann aber auf den nicht abgebildeten Buchhaltungsbogen für die Periode 3 nur noch für 35 GE Montagpapiere übertragen. Analog werden die Geschäfte der folgenden Perioden verbucht.

6.7. Zinsrechnung

Da wir in unserem Geldmarktspiel von einer Zinseszinsrechnung abgesehen wollen, was zum leichteren Vergleich der Versuchsergebnisse wesentlich beiträgt, haben wir auf den Buchhaltungsbögen eine gesonderte Spalte zur Verbuchung der Zinsen eingeführt, damit die erzielten Zinsen nicht zur Verbesserung der Kassenlage eingesetzt werden können. Diese Spalte heißt „Zinspunkte", da die Zinsen eine von den Geldeinheiten der „Kasse" wesentlich verschiedene Größenordnung haben. Vergleichen wir nämlich eine Spielperiode mit einem Banktag, setzen wir 1 GE = 10 000 DM und wenden wir die in Deutschland allgemein übliche Methode der Zinsberechnung an, so erhalten wir nach (6.7.1.) beim Ausleihen von 6 GE = 60 000 DM zu 6 % p.a. für einen Tag genau 10 DM = 0.001 GE Zinsen.

$$Z = \frac{60\,000 \cdot 6 \cdot 1}{360 \cdot 100}\,\text{DM} = 10\,\text{DM} \tag{6.7.1.}$$

Bei Zinssätzen zwischen 0.1 % p.a. und 10 % p.a. schwankt das Verhältnis von Zinsen zu Kapital bei einem Tag Verleihdauer zwischen 1 : 360 000 und 1 : 3 600. Damit lassen sich die Zinsen von vornherein nicht in der Spalte „Kasse" verbuchen, da wir nur ganze Zahlen als Geldmenge zugelassen haben. Daher haben wir 1 DM = 1 Zinspunkt (ZP) gesetzt und die Verbuchung von Zinsen von der Verbuchung der Kassenbestände getrennt.

Zur Erleichterung der Zinsberechnung haben wir Zinstabellen angefertigt, die im Anhang wiedergegeben sind. Für Beträge von 1 GE bis 50 GE und Zinssätze von 0.1 % p.a. bis 0.9 % p.a. bzw. 1 % p.a. bis 10 % p.a. haben wir die Zinspunkte für die Ausleihdauer von einer Periode ausgerechnet, in der üblichen Weise auf ganze Zahlen gerundet und tabellarisch dargestellt. Ebenso haben wir die Zinspunkte für Geldpapiere, die bei Fälligkeit und mit Restlaufzeiten von einer bis vier Perioden an die Zentralbank zurückgegeben werden ebenfalls für Beträge von 1 GE bis 50 GE ausgerechnet und tabellarisch dargestellt.

Die Verbuchung der Zinspunkte erfolgt nach der Rückbuchung der Verträge, also wie üblich nach Fälligkeit. Für unser Beispiel in Abbildung 6.6.1. erhalten wir aus den Zinstabellen für den Vertrag 7 genau 28 Zinspunkte als Gutschrift, da der Spieler Geld verliehen hatte, und für den Vertrag 10 genau 13 Zinspunkte. Analog verfahren wir bei Geldleihen, nur wird in diesen Fällen der Zinsaufwand mit einem Minuszeichen in der Spalte „Zinspunkte" verbucht. Der Zinsertrag von vorfällig zurückgegebenen Papieren wird in der Buchungszeile, die den Papierverkauf wiedergibt, eingetragen. Für das Beispiel in Abbildung 6.6.2. erhalten wir aus den Zinstabellen für die mit einer Restlaufzeit von vier Perioden zurückgegebenen 15 GE Geldpapiere einen Zinsertrag von — 13 Zinspunkten. Bei fälligen Geldpapieren werden die Zinspunkte in dem eigens hierfür vorgesehenen Feld der Zeile „Zinspunkte für fällige Papiere" verbucht. Dadurch können die Spieler, die nach Fälligkeit ihre Geldpapiere weiter für eine neu beginnende Laufzeit von fünf Perioden behalten wollen, die ihnen zustehenden Zinspunkte leicht verbuchen, ohne die Papiere bei der Zentralbank erst verkaufen und dann wieder aufkaufen zu müssen, wodurch unnötige Buchungen und Belastungen von Spielern und Zentralbank vermieden werden. Eventuell auftretende Strafzinsen werden von den Spielern selbständig neben dem Kassendefizit in die Spalte „Zinspunkte" eingetragen. Das Konto der Zinspunkte wird ebenso wie das Konto der Kasse fortgeschrieben, indem die Spieler alle Posten auf einem Buchhaltungsbogen addieren, die Summe in die Zeile „Zinspunkte insgesamt" eintragen und ebenso auf den Bogen der nächsten Periode übertragen. Dadurch erhalten sie laufend einen Überblick über ihren bisherigen Spielerfolg.

Zum Abschluß müssen wir noch auf eine unangenehme Eigenschaft der Zinstabelle hinweisen. Durch das Runden der Zinspunkte auf ganze Zahlen ist einmal der Effekt entstanden, daß bei kleinen Beträgen kleine Zinssatzdifferenzen keinen Unterschied der zugehörigen Zinspunkte bewirken. So erbringt beispielsweise das Ausleihen von 1 GE zu 2 % p.a. bis 5 % p.a. immer genau einen Zinspunkt. Diese Eigenschaft der Tabellen ist von den Versuchspersonen erwartungsgemäß schnell entdeckt und zeitweilig auch ausgenutzt worden, um Verhandlungen über den Zinssatz schnell zu beenden, wenn sich herausstellte, daß die von beiden Partnern vorgeschlagenen unterschiedlichen Zinssätze keine Zinspunktdifferenzen bewirkten. Zum anderen bewirkte das Runden aber auch, daß Zinspunkte von den Spielern unter Umgehung der Zentralbank selbst geschöpft bzw. vernichtet werden können. Verleiht ein Spieler einem zweiten in einer Periode 50 GE zu 5 % p.a. und der zweite dem ersten in derselben Periode fünfzigmal 1 GE zu 5 % p. a., so hat der zweite dem ersten 69 Zinspunkte, der erste dem zweiten aber nur 50 Zinspunkte zu zahlen. Am Ende der Periode haben beide Spieler ihren Kassenbestand unverändert behalten, jedoch hat der erste Spieler 19 Zinspunkte gewonnen. Auch haben beide Spieler bei diesen Geschäften keine Arbitrage betrieben, denn alle Verträge sind zu einem einheitlichen Zinssatz abgeschlossen worden. Dieser zweite Effekt der Zinstabellen ist nach unseren Beobachtungen jedoch von den Versuchspersonen nicht ausgenutzt worden. Zweifellos hätten sich die unangenehmen Effekte der Tabellen durch geeigneter gewählte Rundungsvorschriften vermeiden lassen, jedoch sind die Ergebnisse der Versuche durch diese Unzulänglichkeiten nicht beeinflußt worden.

6.8. Einige Bemerkungen zum Ende des Spiels

Die genaue Spieldauer von 20 Perioden wird den Versuchspersonen im Einführungsvortrag nicht mitgeteilt, um zu verhindern, daß die Versuchspersonen in den letzten Perioden tendenziell ihre Papierbestände verringern, da sie befürchten könnten, daß die in ihrem Besitz befindlichen Papiere am Ende des Versuchs zu dem ungünstigen Rücknahmesatz in die Schlußabrechnung der Zinspunkte eingesetzt werden müssen. Zur Verschleierung der wahren Spieldauer wird den Versuchspersonen gesagt, daß mindestens 25 Perioden durchgespielt würden und daß die am Ende des Versuchs in ihrem Besitz befindlichen Papiere gerecht abgerechnet würden, ohne daß dies näher erläutert wird.

Diese Versicherungen klingen wohl glaubwürdig, denn wir haben nicht beobachten können, daß irgendwelche Versuchspersonen ihr Verhalten gegen Ende des Spiels abrupt geändert haben. Weiterhin haben wir aber auch vorgesehen, das Spiel tatsächlich über die 20. Periode hinaus weiterzuspielen, um zu verhindern, daß Spieler eines Versuchs anderen potentiellen Versuchspersonen mitteilen, das Spiel ginge tatsächlich nur bis zur 20. Periode und den Versicherungen der Spielleitung sei kein Vertrauen zu schenken. In Tabelle 6.8.1. haben wir die Kassenbestandsveränderungen der Spieler für die Perioden 21 bis 25 wiedergegeben.

Tabelle 6.8.1.

Kassenbestandsveränderungen für die zusätzlichen Perioden 21 bis 25

t \ i	1	2	3	4	5	6	7	8	9	10	11	12	8A	6B	5C
21	40	40	40	40	30	30	30	30	20	20	20	20	50	50	50
22	–10	–10	–10	–10	–8	–7	–8	–7	–5	–5	–5	–5	–12	–12	–13
23	–10	–10	–10	–10	–7	–8	–7	–8	–5	–5	–5	–5	–13	–13	–12
24	–10	–10	–10	–10	–8	–7	–8	–7	–5	–5	–5	–5	–12	–12	–13
25	–10	–10	–10	–10	–7	–8	–7	–8	–5	–5	–5	–5	–13	–13	–12

Wir haben hierfür keine Zufallszahlen mehr erzeugt, sondern einfach Zahlen genommen, die ein lineares Abnehmen der Gesamtgeldmenge erzeugen und entsprechend den Größenklassen im relativen Größenverhältnis 4 : 3 : 2 zueinander stehen.

Die Versuche wurden tatsächlich höchstens bis zur 22. Periode durchgeführt und dann mit der Begründung, die Zeit sei sehr weit fortgeschritten, abgebrochen. Die dann für die Schlußabrechnung der Zinspunkte notwendig werdende Bewertung der noch nicht fälligen Papiere wurde folgendermaßen vorgenommen. Die Spieler durften sich für jede Periode, die das Papier bereits voll durchlaufen hatte, 5 % p.a. Zinsen gutschreiben. Aus den Zinstabellen konnten sie die Zinspunkte für 5 % p.a. und eine Periode ablesen, die dann nach Multiplikation mit dem Alter der Papiere die ihnen noch zustehenden Zinspunkte ergaben. Endete das Spiel am Dienstag, 22. Periode, so erhielten die Spieler für 10 GE Donnerstagpapiere also noch eine Gutschrift von 42 Zinspunkten. Diese Regelung begünstigte ein wenig die Spieler, die viel Papiere in ihrem Portefeuille hielten, denn im allgemeinen lagen die Zinssätze beim Handel in Geldkrediten in den ersten Perioden einer Woche unter 5 % p.a. Jedoch war dieser Effekt gegenüber der bis dahin erzielten Zinspunktsumme klein, so daß sich keine großen Verzerrungen der Zinspunktsummen der einzelnen Spieler ergaben, die zur Orientierung aller an die Tafel geschrieben wurden und einen Vergleich der Spielerfolge von Versuchspersonen einer Spielergrößenklasse erlaubten.

Dritter Teil

Das totale Konkurrenzgleichgewicht des Geldmarktspiels

7. Vorbemerkungen

In diesem Teil werden wir für das Geldmarktspiel die Existenz eines totalen Konkurrenzgleichgewichts beweisen und die numerischen Gleichgewichtswerte der Zinssätze, Umsätze und Zinserlöse berechnen. Die aufgrund dieser theoretischen Untersuchung vorhergesagten Werte werden wir dann im fünften Teil mit den aus den Versuchen tatsächlich erhaltenen Daten vergleichen.

Bei der Vorbereitung und dem Beweis des Existenzsatzes und der Behandlung anderer, damit eng zusammenhängender Probleme haben wir uns allein auf die Darlegung der für das Geldmarktspiel relevanten Zusammenhänge beschränkt, ohne über andere verwandte Modelle eines totalen Konkurrenzgleichgewichts zu referieren. Wegen der Fülle des hierüber existierenden Materials, das in einer guten Darstellung von *R. E. Kuenne*[1] übersichtlich gegliedert vorliegt, erschien es uns bei dieser theoretisch-experimentellen Arbeit nicht angebracht zu sein, den gesteckten Rahmen durch eine umfangreiche Darstellung unterschiedlicher, auf verschiedenen Voraussetzungen beruhender Gleichgewichtsmodelle zu überschreiten. Es soll daher hier die Beschreibung eines in der Sprache der linearen Programmierung abgefaßten, auf Untersuchungen von *D. Gale*[2] basierenden Gleichgewichtsmodells genügen, welches das Geldmarktspiel vollständig erklärt und theoretische Voraussagen für zu erwartende experimentelle Daten liefert. Dazu werden wir zunächst das Geldmarktspiel in der Sprache der linearen Programmierung als eine abstrakte Wirtschaft beschreiben, um dann nach vorbereitenden Darstellungen von Problemen und Sätzen der linearen Programmierung den Existenzbeweis und die *Pareto*-Optimalität des totalen Konkurrenzgleichgewichts für das Geldmarktspiel darzulegen.

---

[1] Vgl. *R. E. Kuenne:* The Theory of General Economic Equilibrium, Princeton/N. J. 1963 und auch *J. T. Schwartz:* Lectures on the Mathematical Method in Analytical Economics, New York 1961, S. 181—278.

[2] Vgl. *D. Gale:* The Theory of Linear Economic Models, New York-Toronto-London 1966, S. 85—93.

8. Vorbereitende Definitionen und Sätze

8.1. Definition einer abstrakten Wirtschaft

Die von uns im folgenden gegebene Definition einer abstrakten Wirtschaft haben wir zur Beschreibung des Geldmarktspiels passend gewählt. Zwar unterscheidet sie sich in wesentlichen Teilen von dem Konzept einer abstrakten Wirtschaft, wie es vornehmlich von *T. C. Koopmans*[1], *G. Debreu*[2] und *R. Richter*[3] dargestellt worden ist, jedoch läßt sich unsere Definition leicht als Spezialfall aus den allgemeineren Definitionen herleiten.

Definition 8.1.1. Ein System, das die folgenden Annahmen erfüllt, heißt abstrakte Wirtschaft.

Annahme 8.1.1. Es gibt eine endliche Zahl von Wirtschaftssubjekten $i = 1, 2, \ldots, s$.

Annahme 8.1.2. Es gibt eine endliche Zahl von Gütern $t = 1, 2, \ldots, m$.

Annahme 8.1.3. Jedes Wirtschaftssubjekt i verfügt über eine Erstausstattung $b_{it} \geqq 0$ von Gütern.

Annahme 8.1.4. Es gibt eine endliche Zahl von Aktivitäten $j = 1, 2, \ldots, n$.

Annahme 8.1.2. Es gibt eine endliche Zahl von Gütern $t = 1, 2, \ldots, m$. unterschiedlichen Intensitäten $x_{ij} \geqq 0$ durchführen.

Mit Hilfe dieser Definition einer abstrakten Wirtschaft sind wir nun in der Lage, unser Geldmarktspiel vollständig zu beschreiben. Die Spieler unseres Spiels, also die Wirtschaftssubjekte der abstrakten Wirtschaft, verfügen über eine nichtnegative Erstausstattung von m verschiedenen Gütern, nämlich die Kassenbestände b_{it} der einzelnen Spielperioden $t = 1, 2, \ldots, m$, wenn wir wie üblich[4] ein zu verschiedenen Zeitpunkten t verfügbares Gut als m verschiedene Güter definieren. Unter einer Aktivität, die wir weiter unten noch genauer erklären werden, wollen wir zunächst einmal irgendein Verfahren verstehen, das entweder Güter verbraucht und eine Erlösauszahlung erbringt oder Güter produziert und eine Gewinnverminderung erzeugt[5]. Beispielsweise ist der Kauf von Geldpapieren mit einem Verbrauch von in verschiedenen Perioden verfügbarem Geld und einer Zins-

---

[1] Vgl. *T. C. Koopmans:* Three Essays on the State of Economic Science, New York-Toronto-London 1957, S. 43—44.

[2] Vgl. *G. Debreu:* Theory of Value, An Axiomatic Analysis of Economic Equilibrium, New York-London 1959, S. 75.

[3] Vgl. *R. Richter:* Preistheorie, Wiesbaden 1963, S. 119—122.

[4] Vgl. *G. Debreu:* a.a.O., S. 29.

[5] Vgl. *G. B. Dantzig:* Linear Programming and Extensions, Princeton/N. J. 1963, S. 32.

punkteauszahlung, das Unterschreiten des Mindestreservesolls dagegen mit einer Geldschöpfung und einem Zinspunkteabzug verbunden. Wird eine Aktivität von einem Wirtschaftssubjekt mit unterschiedlichen Einsatz- bzw. Produktionsmengen betrieben, so sagen wir, daß die Aktivität mit unterschiedlichen Intensitäten durchgeführt wird.

8.2. Definitionen aus der Theorie der linearen Programmierung

Mit Hilfe einer Reihe von Definitionen werden wir jetzt erklären, was wir unter einem linearen Programmierungsproblem verstehen wollen. Dazu benötigen wir das Konzept eines linearen Produktionsmodells[6], das wir im folgenden mit Hilfe des wichtigen Begriffs der Aktivität definieren werden.

Eine abstrakte Wirtschaft verfüge über ein Produktionssystem, in dem die existierenden m Güter entweder als inputs oder outputs Verwendung finden. Die dabei verwendeten Produktionsprozesse lassen sich durch Vorschriften technologischer oder sonstiger Art beschreiben, die die für die outputs verschiedener Güter benötigten inputs anderer Güter in der Form von Rezepten angeben. Weiterhin soll es sich hierbei um lineare Prozesse oder sogenannte Aktivitäten handeln, d. h. bei Multiplikation aller inputs mit einem konstanten, nichtnegativen Faktor multiplizieren sich auch alle outputs mit demselben Faktor. Wir können nun die Aktivität formal definieren.

Definition 8.2.1. Eine Aktivität j von m Gütern wird durch einen Vektor $a^j = (a_{1j}, a_{2j}, \ldots, a_{mj})$ beschrieben. Das Gut $t = 1, 2, \ldots, m$ heißt „input" der Aktivität j, wenn $a_{jt} > 0$ ist, und es heißt „output" der Aktivität j, wenn $a_{jt} < 0$ ist.

So beschreibt beispielsweise der Vektor $a^j = (3, -1, 0, \ldots, 0)$ eine Aktivität j, bei der zur Herstellung von einer Einheit des Gutes 2 nur drei Einheiten des Gutes 1 und sonst keine Güter benötigt werden. Die Wahl der Vorzeichen von input und output haben wir abweichend von der allgemein üblichen Schreibweise passend zur Beschreibung unseres Geldmarktspiels gewählt. Multiplizieren wir nun eine Aktivität j mit einem nichtnegativen Skalar $x_j \geqq 0$, so sagen wir, daß die Aktivität j mit der Intensität x_j betrieben wird.

Definition 8.2.2. Eine Aktivität j von m Gütern wird mit der Intensität $x_j \geqq 0$ betrieben, wenn die inputs und outputs durch den Vektor

$$x_j a^j = (x_j a_{1j}, x_j a_{2j}, \ldots, x_j a_{mj})$$

beschrieben werden.

---

[6] Vgl. *D. Gale:* a.a.O., S. 5—6.

Nun sind wir in der Lage, das Produktionssystem unserer abstrakten Wirtschaft formal zu definieren.

Definition 8.2.3. Ein lineares Produktionsmodell von m Gütern und n Aktivitäten wird durch die (m, n)-Matrix A, die sogenannte Produktionsmatrix, der n Aktivitäten beschrieben.

$$A = \begin{bmatrix} a_{11} & a_{12} & \dots & a_{1n} \\ a_{21} & a_{22} & \dots & a_{2n} \\ \cdot & \cdot & & \cdot \\ \cdot & \cdot & & \cdot \\ \cdot & \cdot & & \cdot \\ a_{m1} & a_{m2} & \dots & a_{mn} \end{bmatrix}$$

Werden nun die Aktivitäten $j = 1, 2, \dots, n$ eines linearen Produktionsmodells mit den Intensitäten $x_j \geqq 0$ durchgeführt, so bezeichnen wir dies als einen linearen Produktionsplan.

Definition 8.2.4. Ein linearer Produktionsplan von m Gütern und n Aktivitäten wird durch eine Produktionsmatrix A und einen Intensitätsvektor

$$x' = (x_1, x_2, \dots, x_n) \geqq 0$$

beschrieben.

Die durch einen bestimmten Produktionsplan von allen m Gütern insgesamt erzeugten und verbrauchten Mengen, die wir durch den Vektor $b' = (b_1, b_2, \dots, b_m)$ beschreiben, erhalten wir sofort aus $Ax = b$.

Bevor wir die formale Definition eines linearen Programmierungsproblems geben, wollen wir zwei Ziele schildern, die ein linearer Produktionsplan vernünftigerweise alternativ erfüllen sollte[7]. Nehmen wir zuerst einmal an, die Durchführung einer Aktivität j mit der Intensität $x_j \geqq 0$ sei mit Kosten in Höhe von $c_j x_j \geqq 0$ verbunden. Fordern wir dann weiter, daß der lineare Produktionsplan so beschaffen sein soll, daß von den Gütern $t = 1, 2, \dots, m$ mindestens die Mengen $b' = (b_1, b_2, \dots, b_m)$ produziert bzw. höchstens verbraucht werden, so ist es ökonomisch sinnvoll[8] zu fordern, daß dies mit minimalen Gesamtkosten K erreicht werden soll. Wir haben also das Problem

$$\min K = \sum_{j=1}^{n} c_j\, x_j = c'\, x$$

---

[7] Vgl. *D. Gale:* a.a.O., S. 6—8.

[8] Vgl. *H. Sauermann:* Einführung in die Volkswirtschaftslehre, Band I, Wiesbaden 1960, S. 29.

unter den Nebenbedingungen

$$(-A)\,x \geqq b$$
$$x \geqq 0$$

zu lösen, wobei wir $c' = (c_1, c_2, \ldots, c_n) \geqq 0$ gesetzt haben. Betrachten wir dann den zweiten Fall, daß die Durchführung einer Aktivität j mit der Intensität $x_j \geqq 0$ einen Erlös $c_j x_j \geqq 0$ erbringt. Sind dann von den m Gütern nur die Mengen $b' = (b_1, b_2, \ldots, b_m) \geqq 0$ verfügbar, so ist es ökonomisch sinnvoll zu fordern, daß der lineare Produktionsplan einen maximalen Gesamterlös E erbringen soll. Jetzt haben wir also das Problem

$$\max E = c'\,x$$

unter den Nebenbedingungen

$$Ax \leqq b$$
$$x \geqq 0$$

zu lösen, wobei wiederum $c' = (c_1, c_2, \ldots, c_n) \geqq 0$ ist.

Beide Beispiele stellen lineare Programmierungsprobleme dar, die wir jetzt formal definieren wollen. Dabei beschränken wir uns bei der Definition auf die sogenannte Standardform eines linearen Programmierungsproblems, da wir für unsere weiteren Untersuchungen nur diese Form benötigen[9].

Definition 8.2.5. Es seien A eine bekannte (m, n)-Matrix, c ein bekannter n-Vektor und b ein bekannter m-Vektor. Dann bezeichnen wir das Aufsuchen eines nichtnegativen n-Vektors $x \geqq 0$, der die lineare Form, die sogenannte Zielfunktion

(8.2.1.) $$z = c'\,x$$

unter der Nebenbedingung

(8.2.2.) $$Ax \leqq b$$

maximiert oder minimiert als ein lineares Programmierungsproblem oder kurz als ein lineares Programm. Soll z maximiert werden, so bezeichnen wir das Problem als ein lineares Maximum-, im anderen Fall als ein lineares Minimumprogramm.

Im folgenden werden wir immer nur das lineare Maximumprogramm untersuchen, so daß wir uns bei der Einführung einiger Bezeichnungen für den Vektor x auch auf diesen Fall beschränken wollen.

---

[9] Zur Definition eines linearen Programmierungsproblems in Standardform und allgemeiner Form vgl. *D. Gale:* a.a.O., S. 74—77.

Definition 8.2.6. x heißt „Lösung“ des linearen Maximumprogramms, wenn $Ax \leqq b$ gilt.
x heißt „zulässige Lösung“ des linearen Maximumprogramms, wenn $x \geqq 0$ und $Ax \leqq b$ gilt.
x heißt „optimale Lösung“ des linearen Maximumprogramms, wenn x eine zulässige Lösung ist und die Zielfunktion maximiert. Der durch ein optimales x gelieferte Funktionswert z^0 der Zielfunktion heißt „Wert“ des linearen Maximumprogramms.

Als nächstes werden wir jetzt das zu einem linearen Programm duale Programm[10] definieren, wobei wir uns auch wieder auf den Fall des linearen Maximumprogramms beschränken werden. Die Bedeutung und Berechtigung dieser Definition wird vollständig erst beim Beweis des sogenannten Dualitätssatzes einsichtig werden, den wir für den von uns angestrebten Existenzbeweis eines totalen Konkurrenzgleichgewichts für das Geldmarktspiel benötigen.

Definition 8.2.7. Ist max $z = c'x$ mit $Ax \leqq b$ und $x \geqq 0$ ein lineares Maximumprogramm, so bezeichnen wir das Aufsuchen eines m-Vektors $y \geqq 0$, der die lineare Form

(8.2.3.) $$w = b'y$$

unter der Nebenbedingung

(8.2.4.) $$A'y \geqq c$$

minimiert als das zum linearen Maximumprogramm „duale Programm“ oder kurz als das „Dual“.

8.3. *Das lineare Programm der Spieler*

Bevor wir weitere Teile der Theorie der linearen Programmierung darlegen, werden wir das Geldmarktspiel als ein lineares Maximumprogramm der einzelnen Spieler $i = 1, 2, \ldots, s$ beschreiben. Zuerst haben wir hierzu festzulegen, welche Aktivitäten den Spielern zur Disposition stehen, wobei die Menge der allen Spielern gemeinsam zur Verfügung stehenden Aktivitäten gleich der Menge der einem einzelnen Spieler zur Verfügung stehenden Aktivitäten ist, da aufgrund der Spielregeln kein Spieler in seinen Handlungsmöglichkeiten bevorzugt oder benachteiligt ist.

Der Kauf von Geldpapieren bei der Zentralbank läßt sich leicht als eine Aktivität beschreiben. Legt ein Spieler in einer Periode $t = 1, 2, \ldots, m$ Geld für die geplante Dauer von $l = 1, 2, \ldots, l_0$ Perio-

---

[10] Vgl. *D. Gale:* a.a.O., S. 9.

den bei der Zentralbank durch Kauf von Geldpapieren an, wobei l_0 die von der Zentralbank festgelegte maximale Laufzeit der Geldpapiere ist, so benötigt er als input in den Perioden $t, t+1, \ldots, t+l-1$ Geld in jeweils der Höhe des Betrages der übernommenen Papiere. Bezeichnen wir nun die Aktivität der Geldanlage bei der Zentralbank in der Periode t für die Dauer von l Perioden mit dem Vektor ${}_l a_t$, und legen wir als Einheitsintensität den Kauf von 1 GE in Geldpapieren fest, so erhalten wir

$$(8.3.1.) \qquad {}^l a^t = (0, \ldots, 0, 1, 1, \ldots, 1, 0, \ldots, 0),$$

wobei die von Null verschiedenen Komponenten an den Stellen $t, t+1, \ldots, t+l-1$ stehen. Insgesamt stehen einem Spieler also ml_0 Aktivitäten der Geldanlage bei der Zentralbank zur Verfügung, wobei wir die Aktivitäten (8.3.1.) nicht noch mit einem Index i für den einzelnen Spieler versehen müssen, da jeder dieselben Geldanlagemöglichkeiten hat. Ein Spieler kann selbstverständlich auch die Anlage von Geld bei der Zentralbank für $l > l_0$ Perioden planen, jedoch können wir eine solche Anlage in der Periode t in eine Geldanlage in der Periode t für l_0 Perioden, eine Geldanlage in der Periode $t + l_0$ für l_0 Perioden oder $l - l_0$ Perioden, wenn $l - l_0 < l_0$ ist, usw. zerlegen, so daß wir alle Geldanlagepläne der Spieler bei der Zentralbank mittels (8.3.1.) beschreiben können.

Weiterhin kann ein Spieler aber auch durch Unterschreitung seines Mindestreservesolls in den Perioden $t = 1, 2, \ldots, m$ Geld schöpfen, was mit einem Zinspunktabzug verbunden ist. Bezeichnen wir die Vektoren der Geldschöpfungsaktivitäten in den Perioden $t = 1, 2, \ldots, m$ mit a_t, so erhalten wir, wenn wir die Schöpfung von 1 GE als Einheitsintensität festlegen,

$$(8.3.2.) \qquad a^t = (0, \ldots, 0, -1, 0, \ldots, 0),$$

wobei die von Null verschiedene Komponente offensichtlich an der Stelle t steht. Entsprechend der Definition 8.2.1. sind die Komponenten von (8.3.1.) nichtnegativ, da Güter zur Durchführung der Aktivität verbraucht, in (8.3.2.) dagegen nichtpositiv, da Güter bei der Durchführung der Aktivität produziert werden.

Als Produktionsmatrix A eines Spielers erhalten wir nun aus Definition 8.2.3. eine $(m, ml_0 + m)$-Matrix, deren linke obere Ecke in (8.3.3.) dargestellt ist.

Dabei haben wir die Spalten der Matrix, also die Aktivitäten, in der in (8.3.4.) angegebenen Reihenfolge angeordnet und den im Geldmarktspiel vorliegenden Spezialfall $l_0 = 5$ dargestellt.

$$(8.3.4.) \qquad a_1, {}_1a_1, \ldots, {}_{l_0}a_1, \ldots, a_t, {}_1a_t, \ldots, {}_{l_0}a_t, \ldots, a_m, {}_1a_m, \ldots, {}_{l_0}a_m$$

(8.3.3.)
$$A = \begin{bmatrix} -1\;1\;1\;1\;1\;1 & 0\;0\;0\;0\;0\;0 & 0\;0\;0\;0\;0\;0 & \dots \\ 0\;0\;1\;1\;1\;1 & -1\;1\;1\;1\;1\;1 & 0\;0\;0\;0\;0\;0 & \dots \\ 0\;0\;0\;1\;1\;1 & 0\;0\;1\;1\;1\;1 & -1\;1\;1\;1\;1\;1 & \dots \\ 0\;0\;0\;0\;1\;1 & 0\;0\;0\;1\;1\;1 & 0\;0\;1\;1\;1\;1 & \dots \\ 0\;0\;0\;0\;0\;1 & 0\;0\;0\;0\;1\;1 & 0\;0\;0\;1\;1\;1 & \dots \\ 0\;0\;0\;0\;0\;0 & 0\;0\;0\;0\;0\;1 & 0\;0\;0\;0\;1\;1 & \dots \\ 0\;0\;0\;0\;0\;0 & 0\;0\;0\;0\;0\;0 & 0\;0\;0\;0\;0\;1 & \dots \\ \cdots & \cdots & \cdots & \\ \cdots & \cdots & \cdots & \\ \cdots & \cdots & \cdots & \end{bmatrix}$$

Die Zeilen der Matrix A sind in der natürlichen Reihenfolge der Periodenzählung angeordnet. Die rechte untere Ecke der Produktionsmatrix A hat das in (8.3.5.) dargestellte Aussehen.

(8.3.5.)
$$A = \begin{bmatrix} & \cdots & \cdots & \cdots & \cdots & \cdots \\ & \cdots & \cdots & \cdots & \cdots & \cdots \\ & \cdots & \cdots & \cdots & \cdots & \cdots \\ \dots & 0\;0\;0\;0\;0\;0 & 0\;0\;0\;0\;0 & 0\;0\;0\;0 & 0\;0\;0 & 0\;0 \\ \dots & 0\;0\;0\;0\;0\;0 & 0\;0\;0\;0\;0 & 0\;0\;0\;0 & 0\;0\;0 & 0\;0 \\ \dots & -1\;1\;1\;1\;1\;1 & 0\;0\;0\;0\;0 & 0\;0\;0\;0 & 0\;0\;0 & 0\;0 \\ \dots & 0\;0\;1\;1\;1\;1 & -1\;1\;1\;1\;1 & 0\;0\;0\;0 & 0\;0\;0 & 0\;0 \\ \dots & 0\;0\;0\;1\;1\;1 & 0\;0\;1\;1\;1 & -1\;1\;1\;1 & 0\;0\;0 & 0\;0 \\ \dots & 0\;0\;0\;0\;1\;1 & 0\;0\;0\;1\;1 & 0\;0\;1\;1 & -1\;1\;1 & 0\;0 \\ \dots & 0\;0\;0\;0\;0\;1 & 0\;0\;0\;0\;1 & 0\;0\;0\;1 & 0\;0\;1 & -1\;1 \end{bmatrix}$$

Dabei sind von den Geldpapieranlagen, deren Laufzeiten über das Ende des Spiels hinausreichen, nur noch die zugelassen, deren Laufzeiten in der Periode $m + 1$ enden.

Um die Produktionsmatrix A zu einem linearen Produktionsplan eines Spielers i zu erweitern, müssen wir nach Definition 8.2.4. einen Intensitätsvektor

(8.3.6.)
$$x^i = (x_{i1}, {}_1x_{i1}, \dots, x_{it}, {}_1x_{it}, \dots, {}_{l_0}x_{it}, \dots, {}_{l_0}x_{im}) \geqq 0$$

definieren, der angibt, mit welcher Intensität ein Spieler i die Aktivitäten (8.3.1.) und (8.3.2.) durchführt.

Als nächstes bestimmen wir den Erlös einer jeden Aktivität, die auf dem Einheitsniveau betrieben wird, also den Vektor c aus der Definition 8.2.5. Der Kauf von Geldpapieren, also die Durchführung einer Aktivität ${}_la_t$, erbringt einem Spieler den Erlös

(8.3.7.)
$${}_lc_t = d\,(r_A\, l_0 - r_R\,(l_0 - l)) \qquad \text{für } l \leqq l_0$$
$${}_lc_t = d\,((r_A - r_R)\, l_0 + r_R\, l) \qquad \text{für } l \leqq l_0,$$

wie wir uns aus den Spielregeln leicht überlegen können. Dabei ist $r_A \geqq 0$ der Abgabesatz in % p.a., $r_R \geqq 0$ der Rücknahmesatz in % p.a. mit $r_R \geqq r_A$ und d ein Dimensionierungsfaktor, den wir so wählen, daß ${}_lc_t$ ein Zinsfaktor wird. Im Geldmarktspiel haben wir

$$d = \frac{10\,000}{360 \cdot 100} = \frac{5}{18}$$

gesetzt, wodurch dann der Erlös ${}_lc_{tl}x_{it}$ eines Spielers i, der die Aktivität ${}_la_t$ mit der Intensität ${}_lx_{it}$ durchführt, die Dimension Zinspunkte erhält. In (8.3.7.) hätten wir den Index t selbstverständlich weglassen können, da r_A und r_R von t unabhängig sind, jedoch haben wir ihn als Gedächtnisstütze hinzugefügt. Bei der Durchführung einer Aktivität a_t, also bei Unterschreiten des Mindestreservesolls, erhält ein Spieler einen Erlös von

(8.3.8.) $$c_t = -\,dr_S,$$

wobei $r_S \geqq 0$ der Strafzinssatz in % p.a. ist. In diesem Fall ist der Erlös c_tx_{it} eines Spielers i, der die Aktivität a_t mit der Intensität x_{it} durchführt, negativ, jedoch kann die Durchführung einer solchen Aktivität durchaus sinnvoll sein, da die hierdurch stattfindende Geldschöpfung wiederum die Durchführung der Aktivität (8.3.1.) ermöglicht.

Bis hierher haben wir nur die Größe der Erlöse der einzelnen Aktivitäten aufgezeigt, jedoch ist die Durchführung einer Aktivität auch mit Kosten verbunden, deren Größe wir uns durch die folgenden Überlegungen beschaffen können. Wir haben bisher außer acht gelassen, daß ein Spieler auch die Möglichkeit hat, durch Teilnahme am Handel in Geldkrediten Geld durch Ausleihen an andere Spieler verzinslich anzulegen. Nehmen wir an, es habe sich durch Verabredungen der Spieler ein Zinssatzsystem ergeben, das wir im folgenden als den Preisvektor, wobei d der Dimensionierungsfaktor ist,

(8.3.9.) $$p' = d \cdot (p_1, p_2, \ldots, p_t, \ldots, p_m) \geqq 0$$

bezeichnen wollen und wobei die Umstände, unter denen dieser Vektor p zustande gekommen ist, zunächst einmal dahingestellt sein sollen. Lediglich soll gesichert sein, daß jeder Spieler die Möglichkeit hat, in der Periode t zu dem für alle Spieler einheitlich verabredeten Preis p_t Geld zu leihen oder zu verleihen. Dann haben wir für die Bestimmung der der Durchführung einer Aktivität ${}_la_t$ zuzurechnenden Kosten zwei Fälle zu unterscheiden.

Leiht ein Spieler das zur Durchführung einer Aktivität ${}_la_t$ benötigte Geld beim Handel in Geldkrediten bei einem anderen Spieler aus, so entstehen ihm Ausgaben, also Kosten, in Höhe der an den anderen Spieler zu zahlenden Zinsen. Bei Durchführung der Aktivität ${}_la_t$ auf dem Einheitsniveau mit geliehenem Geld hat er Zinsen in Höhe von ${}^la^tp$ zu zahlen, denn die entliehenen Gelder, bewertet zu den ausgehandelten Preisen, ergibt gerade das obige Skalarprodukt. Subtrahieren wir diesen Betrag von den Zinsfaktoren (8.3.7.), so erhalten wir als Gewinn ${}_lG_{it}$ eines Spielers i, der bei den herrschenden Preisen p die Aktivität ${}_la_t$ mit der Intensität ${}_lx_{it}$ betreibt, den Ausdruck

(8.3.10.) $$ {}_lG_{it} = ({}_lc_t - {}^la^t p)\, {}_lx_{it} \, . $$

Nur wenig von den bisherigen Überlegungen verschieden sind die Überlegungen, die wir anstellen müssen, wenn sich ein Spieler zur Durchführung einer Aktivität ${}_la_t$ kein Geld leiht, sondern dieses den ihm zugeteilten Kassenbeständen b_{it} entnimmt. In diesem Fall sind die Kosten für die Durchführung der Aktivität gleichzusetzen dem Erlös, der dem Spieler dadurch entgeht, daß er das zur Durchführung der Aktivität benötigte Geld nicht gleichzeitig beim Handel in Geldkrediten verleihen kann. Wir rechnen in diesem Fall also der Aktivität ${}_la_t$ als Kosten den durch die Unterlassung einer alternativen Anlagemöglichkeit entgangenen Erlös zu. Diese Kosten bezeichnet man als alternative Kosten oder Opportunitätskosten[11]. Damit bleibt aber formal das Ergebnis (8.3.10.) für den Gewinn eines Spielers bei Durchführung einer Aktivität ${}_la_t$ mit der Intensität ${}_lx_{it}$ auch für diesen Fall erhalten. Für den Fall, daß ein Spieler sowohl Geld leiht als auch seinen Kassenbeständen entnimmt, um eine Aktivität durchzuführen, brauchen wir keine gesonderten Überlegungen anzustellen, da er sich durch Kombination der beiden geschilderten Fälle leicht ergibt.

Auch die Bestimmung der der Durchführung einer Aktivität a_t, also einer Geldschöpfung, zuzurechnenden Kosten gelingt leicht mit Hilfe des Begriffs der Opportunitätskosten. Führt ein Spieler i eine Aktivität a_t, die wegen (8.3.8.) einen negativen Erlös hat, auf dem Einheitsniveau durch, so sind auch die der Aktivität zuzurechnenden Opportunitätskosten wegen (8.3.2.) negativ. D. h., die Kosten sind in diesem Fall der Erlös, den der Spieler durch Ausleihen des neu geschöpften Geldes beim Handel in Geldkrediten erzielen kann. Analog zu (8.3.10.) erhalten wir nun für den Gewinn G_{it} eines Spielers i, der bei den herrschenden Preisen p die Aktivität a_t mit der Intensität x_{it} betreibt, den Ausdruck

(8.3.11.) $$ G_{it} = (c_t - a^t p)\, x_{it} \, . $$

---

[11] Vgl. E. *Kosiol:* Kostenrechnung, Wiesbaden 1964, S. 34.

Als Gesamtgewinn G_i eines Spielers i, der die verschiedenen Aktivitäten mit den Intensitäten $x_i \geqq 0$ betreibt, erhalten wir

$$G_i = \sum_{t=1}^{m} G_{it} + \sum_{t=1}^{m} \sum_{l=1}^{l_0} {}_lG_{it}$$

oder in Matrizenschreibweise

$$G_i = (c - A' p)' x_i \qquad (8.3.12.)$$

$$G_i = (c' - p' A) x_i .$$

Der Ausdruck (8.3.12.) ist nun nach den im Einführungsvortrag ausdrücklich genannten Zielsetzungen die Zielfunktion eines Spielers i, der diese bei festem p zu maximieren sucht. Dabei muß er allerdings folgende Nebenbedingungen berücksichtigen, die wir verbal zuerst einmal folgendermaßen darstellen können. Die Wahl eines Intensitätsvektors $x_i \geqq 0$ hat so zu geschehen, daß die von einem einzelnen Spieler i in den einzelnen Perioden verbrauchten Geldmengen zuzüglich der jeweiligen Geldschöpfung nicht größer sind als die Gesamtgeldmengen b_t in den einzelnen Perioden. Da der Spieler i in der Lage ist, beim Handel in Geldkrediten von anderen Spielern Geld zuzukaufen, so stehen ihm mehr als seine eigenen Kassenbestände b_{it}, jedoch nicht mehr als

$$b_t = \sum_{i=1}^{s} b_{it} \qquad \text{für } t = 1, 2, \ldots, m, \qquad (8.3.13.)$$

zuzüglich der Geldschöpfung in den einzelnen Perioden zur Anlage zur Verfügung. Bezeichnen wir mit

$$b' = (b_1, b_2, \ldots, b_t, \ldots, b_m) \qquad (8.3.14.)$$

den Vektor der Gesamtgeldmengen in den Spielperioden $i = 1, 2, \ldots, m$, so erhalten wir schließlich als das lineare Maximumprogramm des Spielers i, das dieser für das Geldmarktspiel zu lösen hat, die Ausdrücke (8.3.15.) bis (8.3.17.), wobei der Preisvektor p fest ist.

$$\max G_i = (c' - p' A)\, x_i \qquad (8.3.15.)$$

$$A x_i \leqq b \qquad (8.3.16.)$$

$$x_i \geqq 0 \qquad (8.3.17.)$$

8.4. Definition des totalen Konkurrenzgleichgewichts

Verhalten sich nun alle Spieler des Geldmarktspiels nach den in (8.3.15.) bis (8.3.17.) dargestellten Annahmen, so ist nicht zu erwarten, daß bei einem beliebigen Preisvektor p, über dessen Entstehung wir noch keine Aussagen gemacht haben, alle Intensitätsvektoren $x_i \geqq 0$ mit $i = 1, 2, \ldots, s$ miteinander verträglich sind. Das soll heißen, es kann trotz Erfüllung aller Restriktionen

(8.4.1.) $$Ax_i \leqq b \qquad \text{für } i = 1, 2, \ldots, s$$

die Restriktion

(8.4.2.) $$\sum_{i=1}^{s} Ax_i \leqq b\,,$$

der alle $x_i \geqq 0$ zusammen genügen müssen, nicht erfüllt sein. Es ist nämlich analog zu unseren Überlegungen für einen einzelnen Spieler i zu fordern, daß für alle Spieler zusammen ebenfalls die in den einzelnen Perioden insgesamt angelegten Geldmengen zuzüglich der Gesamtgeldschöpfung nicht größer sind als die jeweiligen Gesamtgeldmengen b_t für $t = 1, 2, \ldots, m$. Ist (8.4.2.) erfüllt, so ist selbstverständlich auch (8.4.1.) erfüllt, jedoch dürfen wir (8.4.2.) nicht anstelle von (8.3.16.) in das lineare Maximumprogramm eines Spielers i einsetzen, denn nach den Spielregeln soll jeder Spieler seinen Gewinn ohne Rücksicht auf die Gewinne der anderen Spieler maximieren.

Tritt nun der Fall ein, daß nach Festlegung der Intensität x_i die Nebenbedingung (8.4.2.) nicht erfüllt ist, so müssen die Spieler versuchen, durch Änderung der Komponenten des Preisvektors p mit anschließender Revision ihrer Pläne x_i die Bedingung (8.4.2.) zu erfüllen. Ein Preisvektor p, bei dem die Bedingung (8.4.2.) nach autonomer Festlegung der Intensitätsvektoren $x_i \geqq 0$ für $i = 1, 2, \ldots, s$ nicht erfüllt ist, ist so beschaffen, daß die bei den herrschenden Preisen nachgefragten Geldmengen in den einzelnen Perioden insgesamt größer oder kleiner sind als die verfügbaren Gesamtgeldmengen einschließlich der Geldschöpfung. Die Annahme von *L. Walras*[12] über das Verhalten der Spieler in einem solchen Fall und den einsetzenden Preisanpassungsprozeß besagt dann, daß sich der Preis für ein Gut erhöht, welches in einer größeren Menge als der verfügbaren Menge nachgefragt wird, während sich der Preis für ein Gut erniedrigt, welches in einer kleineren Menge als der verfügbaren Menge nachgefragt wird. Kann ein solcher Preisanpassungsprozeß genügend lange ohne Störungen ablaufen, so ist es ganz plausibel zu vermuten, daß sich schließlich ein Preisvektor p einstellen wird, bei dem nicht mehr als die vorhandenen Mengen nachgefragt werden. Die Existenz eines solchen Preisvektors werden wir für das Geldmarktspiel weiter unten beweisen, jedoch

[12] Vgl. *L. Walras:* Elements of Pure Economics or the Theory of Social Wealth, translated by *W. Jaffe,* London 1954, S. 106 und S. 180—181.

müssen wir zuvor eine Reihe von Annahmen schildern, unter denen der oben beschriebene Preisanpassungsprozeß ablaufen soll, damit das erwartete Ergebnis eintreten kann.

Für alle weiteren Überlegungen nehmen wir jetzt an, daß auf dem Geldmarkt, worunter wir speziell den Handel in Geldkrediten verstehen wollen, die Bedingungen der vollständigen Konkurrenz erfüllt sind. Zunächst geben wir eine formale Definition eines Marktes[13] mit vollständiger Konkurrenz[14] und untersuchen anschließend die sich daraus ergebenden Folgerungen für das Geldmarktspiel.

Definition 8.4.1. Auf einem Markt herrscht vollständige Konkurrenz, wenn die folgenden Annahmen erfüllt sind.

Annahme 8.4.1. (Homogenitätsbedingung[15]) Es gibt keine sachlichen, persönlichen, räumlichen und zeitlichen Präferenzen.

Annahme 8.4.2. Kein Wirtschaftssubjekt kann den Marktpreis eines Gutes verändern.

Annahme 8.4.3. Es herrscht vollständige Markttransparenz.

Annahme 8.4.4. Es besteht freier Marktzugang.

Die Homogenitätsbedingung erfordert, daß auf einem vollkommenen Markt[16] nur ein homogenes Gut gehandelt werden darf, ein Gut also, das alle Marktteilnehmer als gleich ansehen. Diese Forderung erfüllen wir bei dem Geldmarktspiel dadurch, daß wir den Geldmarkt in eine Anzahl von Elementarmärkten[17] zerlegen, auf denen jeweils nur das in einer Periode t verfügbare Geld gehandelt wird. Weiterhin fordert die Homogenitätsbedingung, daß zwischen den Marktteilnehmern keine Differenzierungen in persönlicher, räumlicher und zeitlicher Hinsicht bestehen dürfen. Es darf also einem Marktteilnehmer keine Vor- oder Nachteile bringen, wenn er mit einem speziellen anderen Marktteilnehmer ein Geschäft abschließt. Diese Bedingung ist auf dem Geldmarkt der Bundesrepublik Deutschland nicht erfüllt, da die Kreditinstitute aufgrund traditioneller Geschäftsverbindungen einander bevorzugen, jedoch ist in unserem Geldmarktspiel von vornherein keine starke persönliche Präferenzordnung der Versuchspersonen gegeben, da sie sich wegen fehlender eindeutiger gemeinsamer Interessen weder bevorzugen noch benachteiligen können. Eine feh-

---

[13] Zur Definition des Marktes vgl. *H. v. Stackelberg:* a.a.O., S. 18—19.

[14] Zur Definition der vollständigen Konkurrenz vgl. *H. Sauermann:* a.a.O., Band I, S. 94—98 und *J. M. Henderson/R. E. Quandt:* Microeconomic Theory, A Mathematical Approach, NewYork-Toronto-London 1958, S. 86—87. Deutsche Übersetzung von *W. Meissner*, Berlin-Frankfurt/M. 1967.

[15] Vgl. *E. Gutenberg:* Grundlagen der Betriebswirtschaftslehre, Zweiter Band, Der Absatz, Sechste Auflage, Berlin-Göttingen-Heidelberg 1963, S. 182.

[16] Vgl. *A. E. Ott:* Marktform und Verhaltensweise, Stuttgart 1959, S. 22—23.

[17] Vgl. *H. v. Stackelberg:* a.a.O., S. 221.

lende räumliche Differenzierung bedeutet, daß kein Marktteilnehmer aufgrund seines Standortes bevorzugt oder benachteiligt ist, während eine fehlende zeitliche Differenzierung die Gleichartigkeit von Liefer- und Zahlungsfristen sichert. Beide Forderungen sind beim Handel in Geldmarktkrediten der Kreditinstitute weitgehend erfüllt, denn die relativ geringen Informationskosten beim Geldhandel der Kreditinstitute und die Geschäftsusancen berechtigen kaum zu einer Differenzierung der Marktteilnehmer in räumlicher und zeitlicher Hinsicht. Daher war es auch berechtigt, den Handel in Geldkrediten des Geldmarktspiels als einen Punktmarkt[18] zu konzipieren, auf dem Abschluß und Erfüllung von Verträgen unmittelbar gleichzeitig erfolgen.

Durch die Annahme 8.4.2. wird sichergestellt, daß kein Marktteilnehmer auf einem Markt mit vollständiger Konkurrenz in der Lage sein darf, durch Anbieten oder Zurückhalten der ihm zur Verfügung stehenden Gütermenge den Marktpreis für dieses Gut zu beeinflussen. Dies kann dadurch erreicht werden, daß die Marktteilnehmer sehr zahlreich sind und daß die von jedem verfügbare Gütermenge nur sehr klein ist[19]. Für den Geldmarkt der Kreditinstitute als auch für das Geldmarktspiel ist diese Annahme nur bedingt richtig, denn in beiden Fällen ist die einem einzelnen Marktteilnehmer zur Verfügung stehende Geldmenge nicht in allen Fällen als sehr klein im Verhältnis zur Gesamtgeldmenge zu bezeichnen. Jedoch ist es ein Ziel unserer experimentellen Untersuchungen, die von der Theorie der vollständigen Konkurrenz vorhergesagten Werte mit den aus den Versuchen tatsächlich erhaltenen Daten zu vergleichen und die auftretenden Abweichungen aufzuzeigen, die sowohl durch die Unvollkommenheit des Marktes als auch durch andere Gründe bedingt sein können.

Die Annahme 8.4.3. fordert, daß jeder Marktteilnehmer vollkommene Information über den herrschenden Preis und die vorhandene Gütermenge hat, was für den Geldmarkt als auch für das Geldmarktspiel wieder nur mit Einschränkungen erfüllt ist. Allgemein wird unter dieser Annahme noch subsummiert, daß die Marktteilnehmer aufgrund ihrer vollkommenen Information bestrebt sind, ihren Gewinn bei jeder sich bietenden Gelegenheit zu vergrößern, eine Annahme, die aufgrund der Spielregeln über die Spieler und aufgrund von Plausibilitätsüberlegungen über die Geldhändler[20] berechtigt ist.

Über die Notwendigkeit der letzten Annahme für die Definition eines Marktes mit vollständiger Konkurrenz besteht in der Literatur keine

---

18 Vgl. *H. v. Stackelberg:* a.a.O., S. 220.
19 Vgl. *J. M. Henderson/R. E. Quandt:* a.a.O., S. 86.
20 Vgl. *E. Brehmer:* a.a.O., S. 141 und S. 149.

einhellige Auffassung[21]. Sie fordert, daß für ein Wirtschaftssubjekt keinerlei Hemmnisse für die Teilnahme oder Nichtteilnahme am Markt bestehen dürfen. Schränken wir nun die Teilnahmemöglichkeit am Markt auf die Wirtschaftssubjekte ein, die über die technischen und administrative Voraussetzungen für eine Marktteilnahme verfügen, also z. B. über Zentralbankgeld und Geldmarktpapiere verfügen können[22], so erfüllen sowohl der Geldmarkt als auch das Geldmarktspiel diese Annahme.

Wir kehren nun zur Beschreibung des Preisanpassungsprozesses zurück, der einen Preisvektor p liefert, so daß die aufgrund der linearen Maximumprogramme (8.3.15.) bis (8.3.17.) von den Spielern gewählten Intensitätsvektoren x_i für $i = 1, 2, \ldots, s$ die Nebenbedingung (8.4.2.) erfüllen. Dazu nehmen wir an, daß in jeder Periode beim Handel in Geldkrediten die Bedingungen der vollständigen Konkurrenz erfüllt sind, daß es sich also um Elementarmärkte handelt.

Wir stellen uns vor, daß die Spieler gleichzeitig über die Preise aller Perioden verhandeln, wobei sie zuerst einmal probeweise einen Preisvektor p festlegen. Dann berechnen sie anhand ihrer linearen Maximumprogramme ihre Intensitätsvektoren x_i und vergleichen die hiernach erforderlichen Geldmengen mit den in den einzelnen Perioden verfügbaren Geldmengen. Ist in einer Periode t die zum festgelegten Zinssatz nachgefragte Menge größer als die vorhandene Menge, so wird durch probeweises Erhöhen des Zinssatzes mit jeweiliger Revision der Pläne x_i der Zinssatz gesucht, bei dem die nachgefragte Menge gleich der angebotenen Menge ist. Andererseits wird durch probeweises Senken des Zinssatzes derjenige Zinssatz gesucht, bei dem die nachgefragte Menge höchstens gleich der angebotenen Menge ist, wenn sich bei der Überprüfung herausgestellt haben sollte, daß bei dem Probezinssatz die angebotene Menge größer als die nachgefragte Menge war. Dieses schrittweise Herantasten an einen nichtnegativen Gleichgewichtspreis, bei dem die nachgefragten Mengen höchstens gleich den angebotenen Mengen sind, nennen wir in Anlehnung an *L. Walras* das „tâtonnement“[23]. Ebenso können wir uns aber auch vorstellen, daß die Spieler Verträge über die in den einzelnen Perioden zu liefernden Mengen mit den zugehörigen Zinssätzen abschließen, die jedoch erst nach einer Bedenkzeit rechtskräftig werden. Wird in dieser Zeit von irgendeinem Marktteilnehmer Einspruch erhoben, sei es, daß er noch Geld anzubieten hat oder daß er noch Geld leihen möchte, so müssen die Verträge rückgängig gemacht und neu ausgehandelt werden. Die-

---

21 Vgl. *A. E. Ott:* a.a.O., S. 23.
22 Vgl. *O. Hahn:* a.a.O., S. 11.
23 Vgl. *L. Walras:* a.a.O., S. 170.

sen Prozeß nennen wir in Anlehnung an *F. Y. Edgeworth* das „recontracting“[24].

Hat sich nun durch einen der kurz beschriebenen Verhandlungsprozesse auf einem Elementarmarkt ein Gleichgewichtspreis herausgebildet, bei dem die nachgefragte Geldmenge höchstens gleich der verfügbaren Geldmenge ist, so sagen wir, der Geldmarkt befindet sich im partiellen Gleichgewicht, da sich nur ein Elementarmarkt im Gleichgewicht befindet, während die übrigen Elementarmärkte durchaus noch im Ungleichgewicht sein können. In diesem Fall aber werden zwischen den Spielern dann Verhandlungen über die Zinssätze in den anderen Perioden stattfinden, bis schließlich ein Preisvektor p bestimmt ist, bei dem auf allen Elementarmärkten die nachgefragte Geldmenge nicht größer als die angebotene Geldmenge ist. Diesen Fall bezeichnen wir als das totale Konkurrenzgleichgewicht des Geldmarktspiels und den zugehörigen Preisvektor p als das Konkurrenzpreissystem.

Bevor wir nun das totale Konkurrenzgleichgewicht für das Geldmarktspiel formal definieren, wollen wir noch erklären, warum sich im allgemeinen kein Preisvektor $p \geqq 0$ finden läßt, bei dem auf jedem Elementarmarkt die nachgefragten gleich den angebotenen Mengen sind[25]. Da der Zinssatz in einer Periode nichtnegativ sein muß[26], weil das Halten von Kassenbeständen keine Ausgaben verursacht, ist es möglich, daß die zum Zinssatz von Null nachgefragte Geldmenge kleiner ist als die in derselben Periode vorhandene Geldmenge, so daß also wegen der Unmöglichkeit einer weiteren Senkung des Zinssatzes nachgefragte und angebotene Menge nicht aneinander angepaßt werden können. In diesem Fall handelt es sich bei dem auf dem Markt angebotenen Gut um ein sogenanntes freies Gut, für das kein positiver Preis existiert.

Definition 8.4.2. Die $s + 1$ Vektoren $x_i \geqq 0$ mit $i = 1,2, \ldots, s$ und $p \geqq 0$ erzeugen ein totales Konkurrenzgleichgewicht der beschriebenen abstrakten Wirtschaft, wenn sie die linearen Maximumprogramme der Spieler

(8.3.15.) $$\max G_i = (c' - p' A) x_i$$

(8.4.1.) $$A x_i \leqq b$$

---

[24] Vgl. zu tâtonnement und recontracting *D. Patinkin:* Money, Interest, and Prices, An Integration of Monetary and Value Theory, Second Edition, New York 1965, S. 38—43 und *G. B. Richardson:* Information and Investment, A Study in the Working of the Competitive Economy, Oxford 1960, S. 12—13.

[25] Vgl. auch das Beispiel bei *D. Gale:* a.a.O., S. 89.

[26] Vgl. auch *J. M. Henderson/R. E. Quandt:* a.a.O., S. 139 Fußnote 2.

unter der Nebenbedingung

(8.4.2.) $$\sum_{i=1}^{s} Ax_i \leqq b$$

lösen und wenn im Falle

(8.4.3.) $$\sum_{i=1}^{s} e^t Ax_i < b_t$$

$p_t = 0$ gilt, wobei e_t der *t-te* Einheitsvektor ist. Der Vektor $p' = d \cdot (p_1, p_2, \ldots, p_t, \ldots, p_m)$ heißt Konkurrenzpreisvektor oder Konkurrenzpreissystem[27].

Die Existenz eines solchen totalen Konkurrenzgleichgewichts werden wir im folgenden für unser Geldmarktspiel beweisen, denn die Glaubwürdigkeit der genannten Preisanpassungsprozesse setzt die Existenz eines Konkurrenzpreissystems voraus.

8.5. Fundamentaler Dualitätssatz der linearen Programmierung

Zur Vorbereitung des fundamentalen Dualitätssatzes der linearen Programmierung müssen wir einige Hilfssätze und Sätze vorausschicken, wobei wir zuerst ein Kriterium für die Optimalität einer zulässigen Lösung beweisen werden[28].

Lemma 8.5.1. Ist x eine zulässige Lösung eines linearen Maximumprogramms und y eine zulässige Lösung des zugehörigen dualen Programms, so gilt

$$c' x \leqq b' y.$$

Beweis: Aus (8.2.2.) $Ax \leqq b$ und (8.2.4.) $A' y \geqq c$ folgt durch Linksmultiplikation mit y' bzw. x'

$$y' Ax \leqq y' b$$
$$x' A' y \geqq c' x.$$

Da $(y' Ax)' = x' A' y$ und $(y' b)' = b' y$ bzw. $(x' c)' = c' x$ ist, so gilt $c' x \leqq y' Ax \leqq y' b$, woraus sofort die Behauptung folgt.

Mit Hilfe dieses Hilfssatzes können wir nun das folgende Kriterium beweisen.

---

27 Vgl. *R. Richter:* a.a.O., S. 124.
28 Vgl. zu den beiden folgenden Sätzen *D. Gale:* a.a.O., S. 10—11.

Satz 8.5.1. (Optimalitätskriterium)

Sind x_0 eine zulässige Lösung eines linearen Maximumprogramms und y_0 eine zulässige Lösung des zugehörigen dualen Programms, so sind die zulässigen Lösungen optimale Lösungen der jeweiligen Programme, wenn gilt

$$c' x_0 = b' y_0 . \tag{8.5.1.}$$

Beweis: Es sei x eine andere zulässige Lösung des linearen Maximumprogramms. Dann folgt aus Lemma 8.5.1. und (8.5.1.) sofort

$$c' x \leqq b' y_0 = c' x_0 ,$$

was die Optimalität von x_0 beweist. Analog schließen wir für y_0.

Bezeichnen wir mit z^0 und w^0 die Werte eines linearen Maximumprogramms und seines Duals, so sagt das Optimalitätskriterium, daß die optimalen Lösungen beider Programme $z^0 = w^0$ liefern. Die Umkehrung des Optimalitätskriteriums liefert den fundamentalen Dualitätssatz der linearen Programmierung, den wir zunächst nur formulieren wollen.

Satz 8.5.2. (Fundamentaler Dualitätssatz der linearen Programmierung von *Gale-Kuhn-Tucker*)[29]

Haben ein lineares Maximumprogramm und dessen Dual beide eine zulässige Lösung, so haben beide optimale Lösungen und ihre Werte sind gleich. Hat ein Programm keine zulässige Lösung, so hat keines von ihnen eine optimale Lösung.

Zum Beweis des Dualitätssatzes benötigen wir eine Reihe anderer Sätze. Wir beginnen mit einem Satz aus der linearen Algebra über die Lösbarkeit linearer Gleichungssysteme[30].

Satz 8.5.3. (Lösbarkeit linearer Gleichungssysteme)

Es gilt genau eine der beiden folgenden Behauptungen.

Entweder

a) hat das lineare (m, n)-Gleichungssystem

$$Ax = b \tag{8.5.2.}$$

eine Lösung x,

---

[29] Vgl. *T. C. Koopmans*, ed.: Activity Analysis of Production and Allocation, New York-London 1951, S. 321—322 und *E. Burger:* Einführung in die Theorie der Spiele, Berlin 1959, S. 97—101 und zum Beweis besonders *D. Gale:* a.a.O., S. 12 und S. 78.

[30] Vgl. *D. Gale:* a.a.O., S. 41.

oder

b) das lineare Gleichungssystem

(8.5.3.) $$A' y = 0$$

(8.5.4.) $$b' y = -1$$

hat eine Lösung y.

Beweis: a) und b) können nicht gleichzeitig gelten. Angenommen, x und y erfüllen (8.5.2.) bzw. (8.5.3.) und (8.5.4.), so folgt durch Linksmultiplikation mit y' bzw. x'

$$y' A x = y' b \quad \text{und}$$

$$x' A' y = 0 .$$

Daraus folgt aber sofort $b' y = 0$, was im Widerspruch zu (8.5.4.) steht.

Ist nun a) nicht erfüllt, so haben wir zu zeigen, daß dann b) gilt. Es sei $a_1, a_2, \ldots, a_r$ eine Basis von A. Dann sind die Vektoren $a_1, a_2, \ldots, a_r, b$ linear unabhängig, denn sonst wäre b eine Linearkombination der Basisvektoren von A und (8.5.2.) hätte im Widerspruch zur Annahme eine Lösung. Es gibt nun einen Vektor y so, daß

(8.5.5.) $$a^i y = 0 \qquad \text{für } i = 1, 2, \ldots, r \quad \text{und}$$

(8.5.6.) $$b' y = -1$$

ist[31]. Da aber für a^j mit $j > r$ gilt

$$a^j = \sum_{i=1}^{r} \lambda_i a^i ,$$

so ist $a^i y = 0$ für alle i erfüllt, womit der Satz bewiesen ist.

Als nächstes beweisen wir den Satz von *Farkas* über nichtnegative Lösungen linearer Gleichungssysteme, wobei wir allerdings nicht die Originalfassung, sondern die etwas modifizierte Version von *A. W. Tucker* des Satzes[32] darstellen werden.

Satz 8.5.4. (Satz über nichtnegative Lösungen linearer Gleichungssysteme von *Farkas*)

Es gilt genau eine der beiden folgenden Behauptungen.

---

[31] Zur Definition der Basis vgl. *G. Hadley:* a.a.O., S. 39—45 und zu der allgemein als Korollar zur Rangregel formulierten Behauptung (8.5.5.) und (8.5.6.) ebenda, S. 143.

[32] Vgl. *R. Dorfman/P. A. Samuelson/R. M. Solow:* Linear Programming and Economic Analysis, New York-Toronto-London 1958, S. 503—504.

Entweder

a) hat das lineare (m, n)-Gleichungssystem

(8.5.7.) $$Ax = b$$

eine nichtnegative Lösung $x \geqq 0$,

oder

b) das lineare Ungleichssystem

(8.5.8.) $$A' y \geqq 0$$

(8.5.9.) $$b' y < 0$$

hat eine Lösung y.

Beweis: a) und b) können nicht gleichzeitig gelten. Angenommen, $x \geqq 0$ und y erfüllen (8.5.7.) bzw. (8.5.8.) und (8.5.9.), so folgt durch Linksmultiplikation mit y' bzw. x'

$$y' Ax = y' b \quad \text{und}$$

$$x' A' y \geqq 0 .$$

Daraus folgt aber sofort $b' y \geqq 0$, was im Widerspruch zu (8.5.9.) steht.

Ist nun a) nicht erfüllt, so haben wir zu zeigen, daß dann b) gilt. Angenommen, (8.5.7.) hat überhaupt keine Lösung x. *Dann* gibt es nach Satz 8.5.3. einen Vektor y so, daß

$$A' y = 0 \quad \text{und}$$

$$b' y = -1$$

ist, d. h. y erfüllt (8.5.8.) und (8.5.9.). Nehmen wir weiterhin an, (8.5.7.) habe zwar eine Lösung, jedoch keine nichtnegative Lösung, so gilt auch b), was wir durch vollständige Induktion nach n, der Anzahl der Spalten von A beweisen können.

Verankerung: Die Behauptung gilt für $n = 1$.

Für $n = 1$ wird (8.5.7.) zu

(8.5.10.) $$a_1 \xi_1 = b ,$$

wobei nach Annahme eine Lösung $\xi_1 < 0$ existiert. Setzen wir nun $y = -b$ und beachten wir, daß

$$b' y = -(b^2) < 0$$

ist und daß durch Linksmultiplikation mit y' aus (8.5.10.)

$$a^1 y = \frac{b' y}{\xi_1} = \frac{-(b^2)}{\xi_1} > 0$$

folgt, so sehen wir, daß y (8.5.8.) und (8.5.9.) erfüllt.

Induktionsannahme: Angenommen, die Behauptung gilt für $n-1$.

Induktionsschritt: Dann gilt die Behauptung auch für n.

Hat (8.5.7.) keine nichtnegative Lösung, d. h. hat

$$\sum_{i=1}^{n-1} \xi_i a_i = b$$

mit $x' = (\xi_1, \xi_2, \ldots, \xi_{n-1})$ keine nichtnegative Lösung, so gibt es nach der Induktionsannahme einen Vektor y_1 so, daß

$$a^i y_1 \geqq 0 \qquad \text{für } i = 1, 2, \ldots, n-1 \quad \text{und}$$

$$b' y_1 < 0$$

ist. Können wir nun zeigen, daß auch $a^n y_1 \geqq 0$ ist, so ist der Satz bewiesen. Angenommen, es sei $a^n y_1 < 0$, so setzen wir

(8.5.11.) $$\bar{a}_i = (a^i y_1)\, a_n - (a^n y_1)\, a_i \quad \text{für } i = 1, 2, \ldots, n-1 \quad \text{und}$$

(8.5.12.) $$\bar{b} = (b' y_1)\, a_n - (a^n y_1)\, b\,.$$

Dann hat aber auch

(8.5.13.) $$\sum_{i=1}^{n-1} \bar{\xi}_i \bar{a}_i = \bar{b}$$

keine nichtnegative Lösung, denn setzen wir (8.5.11.) und (8.5.12.) in (8.5.13.) ein, so erhalten wir

$$\sum_{i=1}^{n-1} \bar{\xi}_i \left[(a^i y_1)\, a_n - (a^n y_1)\, a_i\right] = (b' y_1)\, a_n - (a^n y_1)\, b$$

und daraus durch Umformung

(8.5.14.) $$-\frac{1}{a^n y_1} \left[\sum_{i=1}^{n-1} \bar{\xi}_i (a^i y_1) - (b' y_1)\right] a_n + \sum_{i=1}^{n-1} \bar{\xi}_i a_i = b\,.$$

(8.5.14.) kann aber nur dann eine nichtnegative Lösung haben, wenn auch (8.5.7.) im Widerspruch zur Annahme eine nichtnegative Lösung hat. Damit können wir die Induktionsannahme auch auf (8.5.13.) anwenden, d. h. es gibt einen Vektor $\bar{y}$ so, daß

$$\bar{a}^i \bar{y} \geqq 0 \qquad \text{für } i = 1, 2, \ldots, n-1 \quad \text{und}$$

$$\bar{b}' \bar{y} < 0$$

ist. Setzen wir nun weiter

(8.5.15.) $$y = (a^n \bar{y})\, y_1 - (a^n y_1)\, \bar{y} \; ,$$

so erhalten wir durch Linksmultiplikation mit a^i bzw. b' aus (8.5.15.)

$$a^i y = a^i \left[(a^n \bar{y})\, y_1 - (a^n y_1)\, \bar{y}\right]$$

$$= (a^i y_1)(a^n \bar{y}) - (a^n y_1)(a^i \bar{y})$$

$$= \bar{a}^i \bar{y}$$

(8.5.16.) $$a^i y \geqq 0 \qquad \text{für } i = 1, 2, \ldots, n-1 \quad \text{und}$$

$$b' y = b' \left[(a^n \bar{y})\, y_1 - (a^n y_1)\, \bar{y}\right]$$

$$= (b' y_1)(a^n \bar{y}) - (a^n y_1)(b' \bar{y})$$

$$= \bar{b}' \bar{y}$$

(8.5.17.) $$b' y < 0 \; .$$

Durch Linksmultiplikation mit a^n erhalten wir schließlich aus (8.5.15.)

$$a^n y = a^n \left[(a^n \bar{y})\, y_1 - (a^n y_1)\, \bar{y}\right]$$

$$= (a^n y_1)(a^n \bar{y}) - (a^n y_1)(a^n \bar{y})$$

(8.5.18.) $$a^n y = 0 \; .$$

Aus (8.5.16.), (8.5.17.) und (8.5.18.) erkennen wir nun, daß y (8.5.8.) und (8.5.9.) erfüllt, womit der Satz bewiesen ist.

Mit Hilfe des Satzes von *Farkas* sind wir nun in der Lage, den wichtigen Satz über nichtnegative Lösungen linearer Ungleichungssysteme zu beweisen.

Satz 8.5.5. (Nichtnegative Lösungen linearer Ungleichssysteme)[33]
Es gilt genau eine der beiden folgenden Behauptungen.
Entweder

a) hat das lineare (m, n)-Ungleichungssystem

(8.5.19.) $$Ax \leqq b$$

eine nichtnegative Lösung $x \geqq 0$,

oder

---

[33] Vgl. *D. Gale:* a.a.O., S. 47—48.

b) das lineare Ungleichungssystem

(8.5.20.) $$A'y \geqq 0$$

(8.5.21.) $$b'y < 0$$

hat eine nichtnegative Lösung $y \geqq 0$.

Beweis: a) und b) können nicht gleichzeitig gelten. Angenommen, $x \geqq 0$ und $y \geqq 0$ erfüllen (8.5.19.) bzw. (8.5.20.) und (8.5.21.), so folgt durch Linksmultiplikation mit y' bzw. x'

$$y'Ax \geqq y'b \quad \text{und}$$

$$x'A'y \geqq 0 \; .$$

Daraus folgt aber sofort $b'y \geqq 0$, was im Widerspruch zu (8.5.21.) steht.

Ist nun a) nicht erfüllt, so haben wir zu zeigen, daß dann b) gilt. Angenommen, (8.5.19.) hat keine nichtnegative Lösung, d. h.[34]

$$\sum_{j=1}^{n} \xi_j a_j + \sum_{i=1}^{m} \lambda_i e_i = b$$

hat keine nichtnegative Lösung $\xi_j \geqq 0$ $(j = 1, 2, \ldots, m)$ und $\lambda_i \geqq 0$ $(i = 1, 2, \ldots, m)$, wobei e_i der i-te Einheitsvektor ist. Dann gibt es nach dem Satz von *Farkas* (Satz 8.5.4.) einen Vektor y so, daß

(8.5.22.) $$a^j y \geqq 0 \qquad \text{für } j = 1, 2, \ldots, n,$$

(8.5.23.) $$e^i y \geqq 0 \qquad \text{für } i = 1, 2, \ldots, m \quad \text{und}$$

(8.5.24.) $$b'y < 0$$

ist. Wegen (8.5.23.) ist $y \geqq 0$ und erfüllt wegen (8.5.22.) und (8.5.24.) die Behauptung b), womit der Satz bewiesen ist.

Jetzt endlich sind wir in der Lage, den Beweis des Dualitätssatzes durchzuführen.

Beweis des Dualitätssatzes der linearen Programmierung:

Angenommen, es gibt zulässige Lösungen $x \geqq 0$ und $y \geqq 0$ des linearen Maximumprogramms und seines Duals, d. h. es gilt

(8.5.25.) $$Ax \leqq b \quad \text{und}$$

(8.5.26.) $$A'y \geqq c \; .$$

---

[34] Zur Umwandlung von Ungleichungssystemen in Gleichungssysteme vgl. *R. Dorfman/P. A. Samuelson/R. M. Solow:* a.a.O., S. 67—68.

Aus dem Lemma 8.5.1. folgt dann, daß

$$c' x - b' y \leqq 0$$

ist. Können wir nun zeigen, daß auch

(8.5.27.) $$c' x - b' y \geqq 0$$

ist, so folgt aus dem Optimalitätskriterium (Satz 8.5.1.), daß $x \geqq 0$ und $y \geqq 0$ optimale Lösungen sind.

Nehmen wir an, daß (8.5.25.), (8.5.26.) und (8.5.27.) bzw.

(8.5.28.) $$Ax \leqq b$$

(8.5.29.) $$(-A)' y \leqq -c$$

(8.5.30.) $$b' y - c' x \leqq 0$$

keine nichtnegative Lösung hat, so folgt aus Satz 8.5.5., daß dann das lineare Ungleichungssystem

$$A' z \geqq 0$$

$$(-A) w \geqq 0$$

(8.5.31) $$b' z - c' w < 0$$

eine nichtnegative Lösung $z \geqq 0$ und $w \geqq 0$ hat. Nun können wir sicherlich eine Zahl $\vartheta \geqq 0$ so wählen, daß

(8.5.32.) $$A' z \geqq \vartheta c$$

(8.5.33.) $$Aw \leqq \vartheta b$$

$$b' z - c' w < 0$$

ist. Dann muß aber $\vartheta \neq 0$ sein, denn sonst folgt aus (8.5.25.) und (8.5.32.) durch Linksmultiplikation mit z' bzw. x'

$$z' Ax \leqq z' b \quad \text{und}$$

$$x' A' z \geqq 0\,,$$

woraus

(8.5.34.) $$b' z \geqq 0$$

folgt. Analog folgt aus (8.5.26.) und (8.5.33.) durch Linksmultiplikation mit w' bzw. y'

$$w' A' y \geqq w' c \quad \text{und}$$

$$y' Aw \leqq 0\,,$$

woraus

$$c'w \leqq 0 \tag{8.5.35.}$$

folgt. Aus (8.5.34.) und (8.5.35.) folgt dann aber im Widerspruch zu (8.5.31.)

$$b'z - c'w \geqq 0 \ .$$

Also muß $\vartheta \neq 0$ sein.

Da nun $\vartheta > 0$ ist, so sind $\vartheta^{-1} w$ und $\vartheta^{-1} z$ zulässige Lösungen von (8.5.25.) bzw. (8.5.26.) und nach Lemma 8.5.1. gilt

$$\vartheta^{-1} c'w \leqq \vartheta^{-1} b'z \qquad \text{oder}$$

$$b'z - c'w \geqq 0 \ ,$$

was aber ebenfalls (8.5.31.) widerspricht. Daraus folgt dann aber sofort, daß das Ungleichungssystem (8.5.28.), (8.5.29.) und (8.5.30.) eine nichtnegative Lösung $x \geqq 0$, $y \geqq 0$ haben muß, die die optimalen Lösungen des linearen Maximumprogramms und seines Duals sind.

Nehmen wir nun schließlich an, daß (8.5.25.) keine zulässige Lösung hat, dann gibt es nach Satz 8.5.5. einen Vektor $z \geqq 0$ so, daß

$$\begin{aligned} A'z &\geqq 0 \quad \text{und} \\ b'z &< 0 \end{aligned} \tag{8.5.36.}$$

ist. Hat dann aber (8.5.26.) eine zulässige Lösung $y \geqq 0$ so, daß

$$A'y \geqq c \tag{8.5.37.}$$

ist, so ist wegen (8.5.36.) auch $y + \lambda z$ mit $\lambda \geqq 0$ eine zulässige Lösung von (8.5.37.). Da nun aber $b'z < 0$ ist, so können wir den Ausdruck $b'(y + \lambda z)$ beliebig klein machen, d. h. es existiert kein Minimum der Zielfunktion des Duals, womit der Satz bewiesen ist.

Nach dem Beweis des Dualitätssatzes wollen wir nun eine ökonomische Interpretation des zu einem linearen Maximumprogramm dualen Programms geben[35]. Erinnern wir uns zuerst einmal wieder an die ökonomische Bedeutung des linearen Maximumprogramms

$$\begin{aligned} \max x &= c'x \\ Ax &\leqq b \\ x &\geqq 0 \ . \end{aligned} \tag{8.5.38.}$$

---

[35] Vgl. *D. Gale:* a.a.O., S. 12—13.

In unserem Geldmarktspiel haben die Komponenten ${}_tc_t$ des Vektors c die Dimension Geldeinheiten (GE), denn erinnern wir uns des zweiten, der Definition eines linearen Maximumprogramms vorausgehenden Beispiels, so war c_j der Erlös, der bei Durchführung der Aktivität j auf dem Einheitsniveau erzielt wurde. Die Intensitäten x_j, also die Komponenten des Vektors x, sind unbenannte Zahlen, womit dann auch z die Dimension GE hat. Die Elemente a_{tj} der Produktionsmatrix A haben die Dimension Mengeneinheiten (ME), denn sie geben an, welche Mengen bei der Durchführung einer Aktivität j von den Gütern t verbraucht bzw. erzeugt werden. Ebenso haben dann die Komponenten b_t des Vektors b die Dimension ME. Das lineare Maximumprogramm besteht nun im Aufsuchen eines Vektors $x \geqq 0$, der entsprechend dem ökonomischen Prinzip[36] den Erlös z unter den bestehenden Einschränkungen maximiert.

Schreiben wir nun noch einmal die formale Definition des zugehörigen dualen Programms

$$\min w = b'\,y$$

$$A'\,y \geqq c \qquad (8.5.39.)$$

$$y \geqq 0$$

nieder, so sehen wir sofort, daß die Komponenten p_t des gesuchten Vektors y die Dimension GE/ME haben, daß es sich also um Preise handelt, die den einzelnen Gütern t zugerechnet werden. Damit besteht die Lösung des Duals darin, einen Preisvektor $y \geqq 0$ zu suchen, so daß der Gesamtwert der vorhandenen Güter oder Ressourcen minimiert wird, jedoch so, daß die Kosten, die mit der Durchführung der Aktivität verbunden sind, nicht kleiner als der mit der Durchführung der Aktivität erzielbare Erlös sind, wie wir aus $A'\,y \geqq c$ leicht erkennen. Anders ausgedrückt, die Preise p_t der Güter müssen so beschaffen sein, daß keine Aktivität einen positiven Gewinn macht.

Im Anschluß an diese Interpretationen wollen wir einen Satz beweisen, der uns eine notwendige und hinreichende Bedingung für die Optimalität zulässiger Lösungen eines linearen Maximumprogramms und seines Duals liefert.

Satz 8.5.6. (Gleichgewichtssatz)[37]

Die zulässigen Lösungen $x \geqq 0$ und $y \geqq 0$ eines linearen Maximumprogramms und seines Duals sind genau dann optimale Lösungen, wenn

---

[36] Vgl. *H. Sauermann:* a.a.O., Band I, S. 29.
[37] Vgl. *D. Gale:* a.a.O., S. 19—21.

(8.5.40.) $\mathfrak{p}_t = 0$ für $u^t Ax < \mathfrak{b}_t$ mit $t = 1, 2, \ldots, m$ und

(8.5.41.) $x_j = 0$ für $v^j A' y > \mathfrak{c}_j$ mit $j = 1, 2, \ldots, n$

ist, wobei u_t der t-te und v_j der j-te Einheitsvektor sind.

Beweis: Angenommen, die zulässigen Lösungen $x \geqq 0$ und $y \geqq 0$ erfüllen (8.5.40.) und (8.5.41.). Dann folgt durch Linksmultiplikation mit y' aus (8.5.38.)

$$y' Ax \leqq y' \mathfrak{b}$$

und durch Anwendung von (8.5.40.)

(8.5.42.) $$\mathfrak{b}' y = x' A' y \ .$$

Analog folgt aus (8.5.39.) durch Linksmultiplikation mit x'

$$x' A' y \geqq x' \mathfrak{c}$$

und durch Anwendung von (8.5.41.)

(8.5.43.) $$\mathfrak{c}' x = x' A' y \ .$$

Aus (8.5.42.) und (8.5.43.) folgt aber wegen Satz 8.5.1. (Optimalitätskriterium) sofort die Optimalität von $x \geqq 0$ und $y \geqq 0$.

Sind nun andererseits $x \geqq 0$ und $y \geqq 0$ optimale Lösungen des linearen Maximumprogramms und seines Duals, so folgt aus dem Dualitätssatz (Satz 8.5.2.), daß

(8.5.44.) $$\mathfrak{c}' x = x' A' y = y' Ax = \mathfrak{b}' y$$

ist. Aus der linken Hälfte von (8.5.44.) folgt

$$x' \mathfrak{c} - x' A' y = 0 \qquad \text{und}$$

(8.5.45.) $$x' (\mathfrak{c} - A' y) = 0 \ .$$

Wegen der Zulässigkeit der optimalen Lösung von $y \geqq 0$ folgt aus (8.5.39.), daß

(8.5.46.) $$(\mathfrak{c} - A' y) \leqq 0$$

ist. Aus (8.5.45.) und (8.5.46.) folgt dann aber sofort die Gültigkeit von (8.5.41.).

Genauso können wir die Richtigkeit von (8.5.40.) beweisen, was wir jedoch nicht tun wollen, womit dann der Satz bewiesen ist.

In Anlehnung an unsere oben geführte Interpretation des linearen Maximumprogramms und seines Duals können wir nun eine ökonomische Interpretation von (8.5.40.) und (8.5.41.) geben. (8.5.40.) besagt, daß der Preis p_t eines Gutes t, welches im Optimum nicht gänzlich verbraucht wird, sondern im Überschuß vorhanden ist, gleich Null ist. Dies entspricht der ökonomischen Definition eines freien Gutes. Andererseits besagt (8.5.41.), daß eine Aktivität nicht durchgeführt wird, wenn die mit der Durchführung der Aktivität verbundenen Kosten höher sind als der mit der Durchführung erzielbare Erlös.

Zur Rechtfertigung des Namens Gleichgewichtssatz wollen wir noch darlegen, in welcher Weise sich (8.5.39.) und (8.5.41.) einerseits und (8.5.38.) und (8.5.40.) andererseits als Stabilitätsbedingungen interpretieren lassen. Betrachten wir zuerst $A' y \geqq c$ und (8.5.41.). Erfüllt ein $x_1 \geqq 0$ die beiden Bedingungen, so besteht kein Anlaß, ein anderes $x_2 \geqq 0$ zu wählen, da z nicht weiter vergrößert werden kann. Erfüllt dagegen ein $x_3 \geqq 0$ die Bedingungen $A' y \geqq c$ und (8.5.41.) nicht, so ist Veranlassung gegeben, ein anderes $x_4 \geqq 0$ zu wählen, das beide Bedingungen erfüllt, da hierdurch der Erlös z noch vergrößert werden kann. Betrachten wir schließlich noch $Ax \leqq b$ und (8.5.40.), so sehen wir, daß die Bedingung $Ax \leqq b$ eine technologische Anforderung ist, denn es können nicht mehr Güter verbraucht werden als vorhanden sind, während die Bedingung (8.5.40.) besagt, daß der Preis eines überhaupt mehr verfügbaren als nachgefragten Gutes durch den Konkurrenzprozeß auf Null fallen muß.

9. Existenz und PARETO-Optimalität des totalen Konkurrenzgleichgewichts

9.1. Der Existenzsatz

Nach den Vorbereitungen des vorhergehenden Punktes können wir nun den Beweis der Existenz eines totalen Konkurrenzgleichgewichtes in unserem Geldmarktspiel, das wir in Definition 8.4.2. formal definiert haben, durchführen. Dazu benötigen wir allerdings noch eine Annahme über den Gesamterlös des Spiels, also den Erlös, den alle Spieler zusammen erzielen können, die ökonomisch jedoch sinnvoll, wenn nicht sogar unabdinglich ist.

In 8.3. haben wir das lineare Programmierungsproblem

$$\max G_i = (c' - p' A)\, x_i$$
$$Ax_i \leqq b \qquad (9.1.1.)$$
$$x_i \geqq 0$$

eines Spielers $i = 1, 2, \ldots, s$ beschrieben. Hierbei ist G_i der Gewinn des Spielers i, den wir wie üblich als Differenz zwischen Erlös und

Kosten definiert haben. Der Erlös E_i des Spielers i ist bei dem Intensitätsvektor x_i offensichtlich

$$E_i = c' x_i \ ,$$

und die zuzurechnenden Kosten K_i sind offensichtlich

$$K_i = p' A x_i \ .$$

Dann beträgt der Gesamterlös E des Spiels, wenn jeder Spieler i einen Vektor $x_i \geqq 0$ wählt

$$E = \sum_{i=1}^{s} c' x_i \ .$$

Die Annahme, die wir über E für den Existenzbeweis machen müssen, lautet

Annahme 9.1.1. Der Gesamterlös E des Spiels ist nach oben beschränkt.

Ökonomisch ist diese Annahme unmittelbar plausibel, jedoch müssen wir überprüfen, ob diese Annahme in unserem Spiel auch tatsächlich erfüllt ist. Daß dies der Fall ist, erkennen wir leicht aus der Nebenbedingung (9.1.1.), der ja das x_i eines Spielers i genügen muß, und aus der Nebenbedingung (8.4.2.)

$$\sum_{i=1}^{s} A x_i = b \ ,$$

der die x_i aller Spieler zusammen genügen müssen.

Nehmen wir an, ein Spieler i hat ein x_i so gewählt, daß von ihm die in den Perioden t insgesamt zur Verfügung stehenden Geldmengen b_t bei der Zentralbank angelegt werden, wobei er einen Erlös

$$E_i = c' x_i < \infty$$

erzielt. Will er nun seinen Erlös vergrößern, so kann er dies nur dadurch erreichen, daß er sich durch Geldschöpfung zusätzliches Geld besorgt und bei der Zentralbank anlegt. Legt er z. B. in der Periode t zusätzlich 1 GE für $l \leqq l_0$ Perioden an, die er sich durch Unterschreitung des Mindestreservesolls in den Perioden $t, t+1, \ldots, t+l-1$ beschafft, so erhält er daraus wegen (8.3.7.) und (8.3.8.) einen Erlös von

$$\overline{E} = d\,((r_A - r_R)\, l_0 + r_R\, l) - d l r_S$$
$$\overline{E} = d\,((r_A - r_R)\, l_0 + (r_R - r_S)\, l) \ .$$

Da in unserem Spiel $r_A < r_R$ und $r_R < r_S$ ist, so ist sicherlich $\overline{E} < 0$; d. h. durch zusätzliche Anlage von durch Geldschöpfung beschafftem Geld wird der Erlös eines Spielers verkleinert. Damit ist dann aber wegen (8.4.2.) die Annahme 9.1.1.

$$E = c' x_i < \infty$$

für unser Spiel erfüllt.

Satz 9.1.1. (Existenz eines totalen Konkurrenzgleichgewichtes)[1] Ist der Gesamterlös E des Spiels nach oben beschränkt, so existiert ein totales Konkurrenzgleichgewicht.

Beweis: Da der Gesamterlös E nach oben beschränkt ist, so hat das lineare Maximumprogramm

$$\max E = \sum_{i=1}^{s} c' x_i$$

(9.1.2.) $$A x_i \leqq b$$

(9.1.3.) $$\sum_{i=1}^{s} A x_i \leqq b$$

$$x_i \geqq 0$$

eine optimale Lösung x_{i0} mit $i = 1, 2, \ldots, s$. Dann hat nach dem Dualitätssatz (Satz 8.5.2.) aber auch das zugehörige duale Programm

$$\min K = \sum_{i=1}^{s} b' y_i + b' p$$

$$A' y_i + A' p \geqq c$$

$$y_i \geqq 0$$

$$p \geqq 0$$

eine optimale Lösung y_{i0}, p_0 mit $i = 1, 2, \ldots, s$; d. h. es gilt, weil beide Programme denselben Wert haben,

(9.1.4.) $$E^0 = \sum_{i=1}^{s} c' x_{i0} = K^0 = \sum_{i=1}^{s} b' y_{i0} + b' p_0$$

(9.1.5.) $$A' y_{i0} + A' p_0 \geqq c \,.$$

Wir haben nun zu zeigen, daß die x_{i0}, p_0 ein totales Konkurrenzgleichgewicht liefern. Nach Definition 8.4.2. müssen die x_{i0} dann also die optimalen Lösungen der linearen Maximumprogramme

---

[1] Vgl. *D. Gale:* a.a.O., S. 91—92.

$$\max G_i = (c' - p^0 A)\, x_i \tag{9.1.6.}$$

$$A x_i \leqq b \tag{9.1.7.}$$

$$x_i \geqq 0 \tag{9.1.8.}$$

der Spieler $i = 1, 2, \ldots, s$ sein.

Wegen (9.1.2.) sind die x_{i0} sicherlich zulässige Lösungen von (9.1.7.). Ebenso sind die y_{i0} wegen (9.1.5.) zulässige Lösungen des zu (9.1.6.) dualen Programms

$$\begin{aligned} &\min K_i = b'\, y_i \\ &A'\, y_i \geqq (c' - p^0 A)' \\ &y_i \geqq 0\ , \end{aligned} \tag{9.1.9.}$$

denn aus (9.1.9.) folgt

$$A'\, y_i + A'\, p_0 \geqq c\ .$$

Nach Lemma 8.5.1. ist dann aber

$$(c' - p^0 A)\, x_{i0} \leqq b'\, y_{i0} \tag{9.1.10.}$$

$$0 \leqq b'\, y_{i0} - c'\, x_{i0} + p^0 A x_{i0}\ . \tag{9.1.11.}$$

Summieren wir nun (9.1.11.) über alle i, so erhalten wir

$$0 \leqq \sum_{i=1}^{s} b'\, y_{i0} - \sum_{i=1}^{s} c'\, x_{i0} + \sum_{i=1}^{s} p^0 A x_{i0}\ .$$

Nun ist aber wegen (9.1.3.) und (9.1.4.)

$$0 \leqq \sum_{i=1}^{s} b'\, y_{i0} - \sum_{i=1}^{s} b'\, y_{i0} - b'\, p_0 + p^0\, b\ ,$$

so daß in (9.1.10.) das Gleichheitszeichen gilt, womit nach dem Optimalitätskriterium (Satz 8.5.1.) die x_{i0} tatsächlich die optimalen Lösungen von (9.1.6.) bis (9.1.8.) bei dem Konkurrenzpreissystem p_0 sind.

Schließlich erwähnen wir noch, daß auch (8.4.3.) durch x_{i0} und p_0 erfüllt wird, denn (8.4.3.) ist nichts anderes als die Aussage (8.5.40.) des Gleichgewichtssatzes (Satz 8.5.6.) angewandt auf (9.1.3.), womit dann der Satz bewiesen ist.

9.2. *PARETO-Optimalität des totalen Konkurrenzgleichgewichts*

Nehmen wir an, die Spieler haben aufgrund irgendwelcher Entscheidungen eine Menge $X = (x_1, x_2, \ldots, x_s)$ zulässiger Intensitätsvektoren

$x_i \geqq 0$ gewählt. Dann erzielt ein Spieler i einen Erlös

$$E_i = c' x_i$$

und der Gesamterlös des Spiels beträgt

$$E = \sum_{i=1}^{s} c' x_i \ .$$

Ändert nun ein Spieler i seinen Intensitätsvektor $x_i \geqq 0$, so wird im allgemeinen mindestens noch ein zweiter Spieler j wegen der Nebenbedingung

$$\sum_{i=1}^{s} A x_i \leqq b$$

seinen Intensitätsvektor $x_j \geqq 0$ ändern müssen. Durch diese Veränderungen erzielen die beteiligten Spieler dann aber auch andere Erlöse, die größer, gleich oder kleiner als ihre Erlöse vor der Veränderung sein können, worüber wir allgemein jedoch keine Aussage machen können.

Von allen Mengen $X = (x_1, x_2, \ldots, x_s)$ zulässiger Intensitätsvektoren $x_i \geqq 0$ sind nun die Mengen $X_0 = (x_{10}, x_{20}, \ldots, x_{s0})$ ausgezeichnet, die eine solche Verteilung der Erlöse erzeugen, daß durch Änderung seines Intensitätsvektors kein Spieler einen höheren Erlös erzielen kann, ohne daß mindestens ein anderer Spieler einen kleineren Erlös erhält, wobei wir stillschweigend voraussetzen, daß solche Mengen existieren. In Anlehnung an *P. A. Samuelson*[2], *T. C. Koopmans*[3] und *R. Richter*[4] wollen wir nun diese speziellen Erlösverteilungen formal definieren.

Definition 9.2.1. (*Pareto*-Optimum)

Eine Menge $X_0 = (x_{10}, x_{20}, \ldots, x_{s0})$ von zulässigen Intensitätsvektoren, die also

$$\sum_{i=1}^{s} A x_i \leqq b, \qquad x_i \geqq 0$$

erfüllen, erzeugt ein *Pareto*-Optimum des Spiels, wenn es keine andere Menge X von zulässigen Intensitätsvektoren gibt, bei der mindestens ein Spieler einen größeren Erlös und kein Spieler einen kleineren Erlös erzielt.

---

[2] Vgl. *P. A. Samuelson:* Foundations of Economic Analysis, Third Printing, Cambridge, Massachusetts 1953, S. 212.
[3] Vgl. *T. C. Koopmans:* a.a.O., S. 46.
[4] Vgl. *R. Richter:* a.a.O., S. 138.

Wir können nun einen Satz beweisen, daß die im totalen Konkurrenzgleichgewicht erreichte Erlösverteilung unseres Spiels *Pareto*-optimal ist. Dieser Satz ist eine spezielle Form des in allgemeinerer Form von *G. Debreu*[5] und *R. Richter*[6] bewiesenen ersten Hauptsatzes der Wohlfahrtstheorie.

Satz 9.2.1. (Erster Hauptsatz der Wohlfahrtstheorie)[7]

Erzeugt $X_E = (x_{10}, x_{20}, \ldots, x_{s0}, p_0)$ ein totales Konkurrenzgleichgewicht, so erzeugt $X_0 = (x_{10}, x_{20}, \ldots, x_{s0})$ ein *Pareto*-Optimum des Spiels.

Beweis: Wir werden zeigen, daß die x_{i0} mit $i = 1, 2, \ldots, s$ den Gesamterlös des Spiels maximieren, woraus dann sofort die *Pareto*-Optimalität der Erlösverteilung im totalen Konkurrenzgleichgewicht folgt.

Es seien $x_i \geqq 0$ mit $i = 1, 2, \ldots, s$ irgendwelche Intensitätsvektoren, die

$$\sum_{i=1}^{s} A x_i \leqq b \tag{9.2.1.}$$

erfüllen. Dann folgt aus dem linearen Maximumprogramm eines Spieler i, daß

$$(c' - p^0 A)\, x_{i0} \geqq (c' - p^0 A)\, x_i \tag{9.2.2.}$$

ist. Summieren wir (9.2.2.) über alle i, so erhalten wir

$$\sum_{i=1}^{s} c' x_{i0} - \sum_{i=1}^{s} c' x_i \geqq \sum_{i=1}^{s} p^0 A x_{i0} - \sum_{i=1}^{s} p^0 A x_i \; . \tag{9.2.3.}$$

Aus (9.2.1.) folgt nun durch Linksmultiplikation mit p_0

$$\sum_{i=1}^{s} p^0 A x_{i0} \leqq p^0 b \; ,$$

jedoch ist wegen (8.5.40.) des Gleichgewichtssatzes (Satz 8.5.6.)

$$\sum_{i=1}^{s} p^0 A x_{i0} = p^0 b \; .$$

Damit ist die rechte Seite von (9.2.3.) nichtnegativ und es folgt

$$\sum_{i=1}^{s} c' x_{i0} = \sum_{i=1}^{s} c' x_i \; .$$

---

[5] Vgl. *G. Debreu:* a.a.O., S. 94—95.
[6] Vgl. *R. Richter:* a.a.O., S. 139—140.
[7] Zum Beweis vgl. *D. Gale:* a.a.O., S. 90.

Da nun nach Annahme 9.1.1. der Gesamterlös des Spiels nach oben beschränkt ist, so ist der Satz bewiesen.

Zum Abschluß wollen wir noch den zweiten Hauptsatz der Wohlfahrtstheorie[8] für unser Spiel formulieren, der die Umkehrung des ersten Hauptsatzes der Wohlfahrtstheorie ist[9].

Satz 9.2.2. (Zweiter Hauptsatz der Wohlfahrtstheorie)

Erzeugt $X_0 = (x_{10}, x_{20}, \ldots, x_{s0})$ eine *Pareto*-optimale Erlösverteilung des Spiels, so kann X_0 durch Hinzunahme eines Preisvektors p_0 zu einem totalen Konkurrenzgleichgewicht $X_E = (x_{10}, x_{20}, \ldots, x_{s0}, p_0)$ ergänzt werden.

Den Beweis dieses Satzes brauchen wir nicht mehr durchzuführen, da er dem bereits bewiesenen Existenzsatz (Satz 9.1.1.) entspricht.

9.3. Eindeutigkeit des Konkurrenzpreissystems

Aus den vorhergehenden Überlegungen wissen wir, daß ein totales Konkurrenzgleichgewicht $X_E = (x_1, x_2, \ldots, x_s, p)$ existiert, jedoch wissen wir nicht, ob es genau ein Gleichgewicht oder mehrere Gleichgewichte gibt. Zuerst werden wir nun beweisen, daß bei einem Konkurrenzpreissystem p die Intensitätsvektoren $x_i \geqq 0$ für $i = 1, 2, \ldots, s$ nicht eindeutig bestimmt sind, um dann zu zeigen, daß dagegen das Konkurrenzpreissystem p eindeutig ist.

Satz 9.3.1. Im totalen Konkurrenzgleichgewicht sind die Intensitätsvektoren x_i nicht eindeutig bestimmt.

Beweis: Es sei $X_E = (x_1, x_2, \ldots, x_s, p)$ ein totales Konkurrenzgleichgewicht. Dann folgt aus dem Gleichgewichtssatz (Satz 8.5.6.) für den Gewinn G_i eines Spielers i

$$G_i = (c' - p' A)\, x_i = 0 \ .$$

Legt nun der Spieler i statt der Geldmengen

$$y_i = A x_i$$

die Geldmengen

$$\bar{y}_i = A \bar{x}_i$$

bei der Zentralbank an, und leiht oder verleiht er die Differenz

$$y_i - \bar{y}_i = A\,(x_i - \bar{x}_i)$$

---

[8] Vgl. *R. Richter:* a.a.O., S. 143.
[9] Vgl. *G. Debreu:* a.a.O., S. 95—96.

von einem bzw. an einen Spieler k, so erzielt er den Gewinn $\bar{G}_i$

$$\bar{G}_i = c' \bar{x}_i - p' A x_i + p' A (x_i - \bar{x}_i)$$

$$\bar{G}_i = (c' - p' A) \bar{x}_i \ . \tag{9.3.1.}$$

Der Spieler k, der vor den Verträgen mit Spieler i einen Gewinn G_k

$$G_k = (c' - p' A) x_k = 0$$

erhält, erzielt nach den Verträgen einen Gewinn $\bar{G}_k$ von

$$\bar{G}_k = (c' - p' A) x_k + c' (x_i - \bar{x}_i) - p' A (x_i - \bar{x}_i)$$

$$\bar{G}_k = (c' - p' A) (x_k + x_i - \bar{x}_i) \ .$$

Wir sehen sofort, daß

$$\begin{aligned} \bar{G}_i + \bar{G}_k &= (c' - p' A) (x_i + x_k) \\ &= G_i + G_k \\ &= 0 \end{aligned}$$

ist. Um zu zeigen, daß

$$\bar{G}_i = \bar{G}_k = 0$$

ist, schreiben wir

$$\bar{x}_i = D x_i \ ,$$

wobei D eine (n, n)-Diagonalmatrix mit den Elementen

$$d_{jj} \geqq 0$$

ist. Aus (9.3.1.) folgt dann sofort

$$\bar{G}_i = (c' - p' A) D x_i \ ,$$

woraus mit Hilfe des Gleichgewichtssatzes (Satz 8.5.6.) sofort $\bar{G}_i = 0$ folgt, womit der Satz bewiesen ist.

Dieser Satz besagt also mit anderen Worten, daß die von den einzelnen Spielern $i = 1, 2, \ldots, s$ im totalen Konkurrenzgleichgewicht gehaltenen Geldpapierbestände nicht eindeutig bestimmt sind, da es für einen einzelnen Spieler i gleichgültig ist, ob er die ihm zur Verfügung stehenden Geldmengen bei der Zentralbank oder auf dem Markt verzinslich anlegt. Damit sind dann aber auch die in den einzelnen Perioden gehandelten Geldmengen unbestimmt, wobei wir allerdings noch einmal darauf hinweisen wollen, daß die x_i der Nebenbedingung

$$\sum_{i=1}^{s} A x_i \leqq b$$

genügen müssen, was zur Folge hat, daß der Spieler i seine Ankaufs- bzw. Verkaufsmengen so festlegen muß, daß der Saldo der von den übrigen $s - 1$ Spielern vorgenommenen Käufe und Verkäufe ausgeglichen wird.

Im Anschluß hieran können wir auch den Erlös E_i eines Spielers i im totalen Konkurrenzgleichgewicht ermitteln. Bezeichnen wir die den einzelnen Spielern in den Perioden t zur Verfügung stehenden Geldmengen mit $b_i = (b_{i1}, b_{i2}, \ldots, b_{im})$, wobei selbstverständlich

$$\sum_{i=1}^{s} b_i = b$$

ist, und ist $\bar{x}_i \geqq 0$ ein Intensitätsvektor so, daß

$$A \bar{x}_i = b_i$$

ist, was in unserem Spiel, wie wir uns aus (8.3.3.) leicht überlegen können, erfüllbar ist, so erhalten wir für den Erlös E_i bei dem optimalen Intensitätsvektor $x_i \geqq 0$ und dem Konkurrenzpreissystem p offensichtlich

$$E_i = c' x_i - p' A (x_i - \bar{x}_i)$$

$$= (c' - p' A) x_i + p' A \bar{x}_i$$

$$E_i = p' b_i \,. \tag{9.3.2.}$$

Das Ergebnis (9.3.2.) ist die bekannte Forderung[10], daß der Wert der Anfangsausstattung mit Gütern eines Wirtschaftssubjektes im totalen Konkurrenzgleichgewicht gleich dem Wert der Endausstattung desselben Wirtschaftssubjektes ist, wenn in der betrachteten Wirtschaft nur reiner Tausch möglich ist.

Zum Abschluß dieses Punktes wollen wir nun die Eindeutigkeit des Konkurrenzpreissystems beweisen.

Satz 9.3.2. (Eindeutigkeit des Konkurrenzpreissystems)

Das Konkurrenzpreissystem p des Spiels ist eindeutig.

Beweis: Angenommen, es gibt zwei Konkurrenzpreissysteme p und $\bar{p}$.

---

[10] Vgl. *J. M. Henderson/R. E. Quandt:* a.a.O., S. 128—129.

Dann folgt aus dem ersten Hauptsatz der Wohlfahrtstheorie, daß der Gesamterlös E^0 des Spiels

$$E^0 = p' b = \bar{p}' b \tag{9.3.3.}$$

ist.

Es seien nun T_1 die Menge der Indizes t, für die

$$\bar{p}_t < p_t \ ,$$

T_2 die Menge der Indizes t, für die

$$\bar{p}_t > p_t$$

und T_3 die Menge der Indizes, für die

$$\bar{p}_t = p_t$$

gilt.

Angenommen, es ist $p \neq \bar{p}$, dann muß wegen $p \geqq 0, \bar{p} \geqq 0, b \geqq 0$ und (9.3.3.) $T_1 \neq \emptyset$ und $T_2 \neq \emptyset$ sein. Ist $T_1 = \emptyset$, so muß auch $T_2 = \emptyset$ sein, und es folgt $p = \bar{p}$. Ebenso folgt aus $T_2 = \emptyset$, daß $T_1 = \emptyset$ und $p = \bar{p}$ ist.

Aus dem Existenzsatz (Satz 9.1.1.) und dem Gleichgewichtssatz (Satz 8.5.6.) folgt aber, daß für

$$x_{ij} > 0 \quad \text{bzw.} \quad \bar{x}_{ij} > 0$$

$$c_j - v^j A' p = 0 \quad \text{bzw.} \quad c_j - v^j A' \bar{p} = 0$$

gilt, woraus sofort $T_1 = \emptyset$ folgt, womit der Satz bewiesen ist.

9.4. Die numerischen Konkurrenzgleichgewichtswerte des Geldmarktspiels

Aus dem ersten Hauptsatz der Wohlfahrtstheorie (Satz 9.2.1.) folgt, daß der Gesamtgewinn G^0 des Spiels im totalen Konkurrenzgleichgewicht

$$G^0 = (c' - p' A) x = 0 \tag{9.4.1.}$$

ist, wobei wir

$$x = \sum_{i=1}^{s} x_i = (\xi_1, \xi_2, \ldots, \xi_j, \ \ldots, \xi_n)$$

gesetzt haben. Aus dem Gleichgewichtssatz (Satz 8.5.6.) folgt, daß

(9.4.2.) $\xi_j = 0$ für $v^j A' p > c_j$ mit $j = 1, 2, \ldots, n$

ist. Dann folgt aus (6.9.1.), daß

(9.4.3.) $v^j A' p = c_j$ für $\xi_j > 0$ mit $j = 1, 2, \ldots, n$

ist, wenn nicht für alle $t = 1, 2, \ldots, m$

(9.4.4.) $u^t A x < b_t$

gilt. Wir können nun, indem wir (9.4.1.) Zeile für Zeile untersuchen, mit Hilfe von (9.4.2.), (9.4.3.) und (9.4.4.) das Konkurrenzpreissystem p und die im Gleichgewicht mit der Intensität $\xi_j > 0$ betriebenen Aktivitäten bestimmen.

Zunächst berechnen wir die c_j, also die Koeffizienten der Zielfunktion unseres Spiels. Dabei benutzen wir wieder die schon in 8.3. verwandte Schreibweise, wobei der Index t die Aktivität „Geldschöpfung in der Periode t" und der Index lt die Aktivität „Kauf von Geldpapieren in der Periode t mit l Perioden Laufzeit" kennzeichnen. Aus (8.3.7.) und (8.3.8.) erhalten wir dann, wenn wir wie in den Spielregeln angegeben $r_A = 5\,\%$, $r_R = 7\,\%$, $r_S = 10\,\%$ und $l_0 =$ Perioden setzen,

$$c_t = -10d, \qquad {}_1c_t = -3d, \qquad {}_2c_t = 4d,$$
$$_3c_t = 11d, \qquad {}_4c_t = 18d, \qquad {}_5c_t = 25d.$$

Selbstverständlich muß nun der Preis p_t für durch Geldschöpfung beschafftes Geld gleich dem Konkurrenzpreis p sein. Ist nun der Konkurrenzpreis $p_t < r_S$, so folgt aus (9.4.2.), daß $\xi_t = 0$ ist, d. h. bei Konkurrenzpreisen, die kleiner als der Strafsatz r_S des Spiels sind, findet keine Geldschöpfung statt.

Wir erhalten nun aus $p_1 \geqq 0$, ${}_1c_1 = -3d$ und $b_1 > b_2$, daß $p_1 = 0\,\%$ sein muß. Da die Gesamtgeldmenge der 1. Periode größer als die Gesamtgeldmenge der 2. Periode und die Anlage von Geld bei der Zentralbank für nun eine Periode mit einem Verlust verbunden ist, so folgt sofort aus (8.5.40.) das Ergebnis $p_1 = 0\,\%$.

Aus unserer Produktionsmatrix A, die wir in (8.3.3.) und (8.3.5.) teilweise dargestellt haben, erhalten wir nun weiter das Gleichungssystem

(9.4.5.) $\sum_{t=1}^{l} d \cdot p_t = {}_lc_t$ mit $l = 2, 3, 4, 5,$

woraus sofort $p_2 = 4\,\%$, $p_3 = p_4 = p_5 = 7\,\%$ folgt. Damit haben wir alle Aktivitäten der 1. Periode untersucht und festgestellt, daß $\xi_1 = {}_1\xi_1 = 0$ und ${}_l\xi_1 > 0$ mit $l = 2, \ldots, 5$ sind.

Nun ist weiterhin klar, das wegen $p_2 = 4\,\%$ auch $\xi_2 = 0$ ist und daß wegen derselben Überlegungen wie wir sie oben angestellt haben auch $_1\xi_2 = 0$ ist. Bilden wir nun analog zu (9.4.5.) das Gleichungssystem

$$\sum_{t=2}^{l+1} d \cdot p_t = {}_l c_2 \qquad \text{mit } l = 2, 3, 4, 5, \tag{9.4.6.}$$

so sehen wir sofort, daß für $l = 2, 3, 4$ aus (9.4.5.)

$$\sum_{t=2}^{l+1} d \cdot p_t > {}_l c_2$$

folgt, so daß wegen (9.4.2.) $_l\xi_2 = 0$ mit $l = 2, 3, 4$ sein muß. Für $l = 5$ erhalten wir aus (9.4.5.) und (9.4.6.)

$$\sum_{t=2}^{6} d \cdot p_t = {}_5 c_2 ,$$

woraus $_5\xi_2 > 0$ und $p_6 = 0\,\%$ folgt.

Setzen wir dieses Verfahren fort, so erhalten wir nacheinander alle p_t und können entscheiden, ob $_l\xi_t = 0$ oder $_l\xi_t > 0$ im totalen Konkurrenzgleichgewicht sein kann. Die Ergebnisse haben wir in Tabelle 9.4.1. zusammengestellt, wobei wir zur Vermeidung von Schlußeffekten angenommen haben, daß das Spiel länger als die vorgesehenen 20 Perioden durchgeführt wird. Dieses Vorgehen ist ganz berechtigt, denn den Spielern wird der wirkliche Schluß des Spiels nicht mitgeteilt, so daß sie sich auf das Ende des Spiels nicht gesondert vorbereiten können.

Mit Hilfe von (9.3.2.) und den Tabellen 5.3.2. und 5.3.4. können wir nun leicht die Erlöse der Spieler im totalen Konkurrenzgleichgewicht berechnen. Es ist unmittelbar klar, daß aufgrund der Konstruktion der Kassenbestände b_{it} mit $i = 1, 2, \ldots, s$ und $t = 1, 2, \ldots, m$ die Spieler einer Größenklasse im totalen Konkurrenzgleigewicht dieselben Erlöse erzielen, da die Gleichgewichtszinssätze, wie wir aus Tabelle 9.4.1. entnehmen können, einen stationären Zyklus durchlaufen. In Tabelle 9.4.2. haben wir die Erlöse aller Spieler und die Gesamterlöse des Spiels für neun bis zwölf Spieler zusammengefaßt.

Aus den Tabellen 5.3.3. und 5.3.5. können wir die effektiven Gesamtgeldmengen der vier Fälle des Spiels entnehmen, mit deren Hilfe wir die durchschnittliche Verzinsung des den Spielern zur Verfügung stehenden Geldes berechnen können. Wir erhalten hierfür

$$\bar{p}_{12\ \text{Spieler}} = 4.660\,\%, \quad \bar{p}_{11\ \text{Spieler}} = 4.646\,\%,$$

$$\bar{p}_{10\ \text{Spieler}} = 4.631\,\%, \quad \bar{p}_{9\ \text{Spieler}} = 4.614\,\%.$$

Tabelle 9.4.1.

Konkurrenzpreissystem $p' = d \cdot (p_1, p_2, \ldots, p_{20})$ und die im totalen Konkurrenzgleichgewicht durchführbaren (+) Aktivitäten ${}_l a_t$: „Kauf von Geldpapieren in der Periode t mit l Perioden Laufzeit“

Per. t	p_t 0/0	Laufz. l Per.	Per. t	p_t 0/0	Laufz. l Per.	Per. t	p_t 0/0	Laufz. l Per.	Per. t	p_t 0/0	Laufz. l Per.
		1			1			1			1
		2 +			2 +			2 +			2 +
1	0	3 +	6	0	3 +	11	0	3 +	16	0	3 +
		4 +			4 +			4 +			4 +
		5 +			5 +			5 +			5 +
		1			1			1			1
		2			2			2			2
2	4	3	7	4	3	12	4	3	17	4	3
		4			4			4			4
		5 +			5 +			5 +			5 +
		1			1			1			1
		2			2			2			2
3	7	3	8	7	3	13	7	3	18	7	3
		4			4			4			4
		5 +			5 +			5 +			5 +
		1			1			1			1
		2			2			2			2
4	7	3	9	7	3	14	7	3	19	7	3
		4 +			4 +			4 +			4 +
		5 +			5 +			5 +			5 +
		1			1			1			1
		2			2			2			2
5	7	3 +	10	7	3 +	15	7	3 +	20	7	3 +
		4 +			4 +			4 +			4 +
		5 +			5 +			5 +			5 +

Tabelle 9.4.2.

Erlöse der Spieler *i* und Gesamterlös des Spiels im totalen Konkurrenzgleichgewicht in Zinspunkten

Spieler *i*	12 Spieler	11 Spieler Fall A	10 Spieler Fall B	9 Spieler Fall C
1	2 588,89	2 588,89	2 588,89	2 588,89
2	2 588,89	2 588,89	2 588,89	2 588,89
3	2 588,89	2 588,89	2 588,89	2 588,89
4	2 588,89	2 588,89	2 588,89	2 588,89
5	1 941,67	1 941,67	1 941,67	—
6	1 941,67	1 241,67	—	—
7	1 941,67	1 941,67	1 941,67	1 941 67
8	1 941,67	—	—	—
9	1 294,44	—	—	—
10	1 294,44	1 294,44	1 294,44	1 294,44
11	1 294,44	1 294,44	—	—
12	1 294,44	1 294,44	1 294,44	—
8A	—	2 236,11	2 236,11	2 236,11
6B	—	—	2 236,11	2 236,11
5C	—	—	—	2 236,11
Gesamt-erlös	23 300,00	22 300,00	21 300,00	20 300,00

Vierter Teil

Untersuchungen der experimentellen Wirtschaftsforschung

10. Vorbemerkungen

Wir geben im folgenden einen kurzen Überblick über andere mit unserem Geldmarktspiel eng verwandte Untersuchungen der experimentellen Wirtschaftsforschung, um dadurch die Unterschiede unseres Spiels zu den bereits bekannten experimentell untersuchten Spielen anderer Autoren aufzuzeigen. Dabei verzichten wir von vornherein auf eine Rechtfertigung der experimentellen Methode in der Wirtschaftsforschung und auf eine Darstellung ihrer historischen Entwicklung, da wir hierzu auf zwei Veröffentlichungen von *H. Sauermann*[1] bzw. *H. Sauermann/R. Selten*[2] verweisen können.

Unter einem Experiment in der Wirtschaftsforschung wollen wir hier die Untersuchung einer wirtschaftswissenschaftlichen Fragestellung durch Beobachtung des tatsächlichen Verhaltens von Versuchspersonen in den der Fragestellung zugrunde liegenden Entscheidungssituationen verstehen. Die Versuchspersonen werden hierzu in eine aufgrund wirtschaftstheoretischer Hypothesen und Theorien entwickelte Konfliktsituation gebracht, in der sie zur Durchsetzung gewisser Zielvorstellungen Entscheidungen über ökonomische Variablen zu fällen haben. Im Gegensatz zur Untersuchung ökonomischer Konfliktsituationen durch Beobachtung des Verhaltens von Versuchspersonen wollen wir die Untersuchung solcher Situationen mit Hilfe von elektronischen Rechenanlagen, die aufgrund von Hypothesen über das Verhalten von in die zu untersuchende Situation gebrachten Wirtschaftssubjekten Entscheidungen fällen, als Simulation von Entscheidungsprozessen bezeichnen. Solche Simulationen stellen wir hier nicht dar, doch verweisen wir zur Orientierung auf ein sehr schönes Beispiel in der neueren Literatur von *F. T. Sparrow*[3].

---

[1] *H. Sauermann:* Experimentelle Wirtschaftsforschung, Jahrbücher für Nationalökonomie und Statistik 180 (1967), S. 299—312.

[2] *H. Sauermann/R. Selten:* Zur Entwicklung der experimentellen Wirtschaftsforschung, in: *H. Sauermann,* Hg.: Beiträge zu experimentellen Wirtschaftsforschung, Tübingen 1967, S. 1—8.

[3] *F. T. Sparrow:* Some Experiments with a Queueing Theory Model of Market Equilibrium, International Economic Review 6 (1965), S. 47—64.

Aus der Fülle der nach Aussonderung der Simulationen noch verbleibenden experimentellen Untersuchungen wirtschaftswissenschaftlicher Konfliktsituationen, eine Bibliographie[4] nennt hierfür bis zum Ende des Jahres 1966 schon 115 Veröffentlichungen, müssen wir noch eine Auswahl treffen. Hierzu lassen wir in unserem Überblick alle Experimente weg, die zur Klärung spieltheoretischer Fragestellungen durchgeführt worden sind. Zwar hat die Spieltheorie durch das Werk von *J. v. Neumann/O. Morgenstern:* Theory of Games and Economic Behavior[5] eine große Bedeutung für die Wirtschaftswissenschaften erlangt, denn als Spieltheorie bezeichnen wir allgemein eine „Methode zur Untersuchung von Entscheidungen in Konfliktsituationen"[6], doch lassen sich die spieltheoretischen Experimente nicht nur als Untersuchungen wirtschaftswissenschaftlicher, sondern auch allgemein soziologischer Konfliktsituationen interpretieren. Auch sind diese Experimente zumeist mit dem Ziel der Entwicklung neuen spieltheoretischen Instrumentariums und nicht zur Untersuchung ökonomischer Probleme durchgeführt worden. Einen Überblick über die bis zum Jahre 1962 durchgeführten spieltheoretischen Experimente und die damit untersuchten spieltheoretischen Lösungsansätze der Frage, wieviel ein an einem bestimmten Spiel teilnehmender Spieler von der an alle Spieler geleisteten Nutzenauszahlung des Spiels für sich selbst erzielen kann, geben *A. Rapoport/C. Orwant*[7]. Schließlich weisen wir zur Orientierung über die speziellen Versuchsanordnungen und Auswertungen des aus den Experimenten erhaltenen Datenmaterials auf die Veröffentlichung von *J. J. Stone*[8] und diejenige von *M. Maschler*[9] hin.

Zur Vervollständigung des Überblicks über die unter spieltheoretischen Aspekten entwickelten Spiele müssen wir hier jedoch noch auf Arbeiten hinweisen, in denen ökonomische Fragestellungen mit Hilfe der formalen Begriffe der Spieltheorie als Spiele konzipiert wurden,

---

[4] *V. Häselbarth:* Literaturhinweise zur experimentellen Wirtschaftsforschung, in: *H. Sauermann,* Hg.: Beiträge zur experimentellen ..., a.a.O., S. 267 bis 273.

[5] *J. v. Neumann/O. Morgenstern:* Theory of Games and Economic Behavior, Princeton 1944. — Deutsche Übersetzung nach der 3. Auflage von 1953 von *M. Leppig* unter Mitwirkung von *F. Docquier:* Spieltheorie und wirtschaftliches Verhalten, Würzburg 1961.

[6] *M. Shubik,* ed.: Game Theory and Related Approaches to Social Behavior. Selections. New York-London-Sydney 1964, S. 8. Deutsche Übersetzung von *E. Selten* unter Mitarbeit von *R. Selten:* Spieltheorie und Sozialwissenschaft, Frankfurt/M. 1965.

[7] *A. Rapoport/C. Orwant:* Experimental Games: A. Review, Behavioral Science 7 (1962), S. 1—37.

[8] *J. J. Stone:* An Experiment in Bargaining Games, Econometrica 26 (1958), S. 286—296.

[9] *M. Maschler:* Playing an *n*-Person Game. An Experiment, Econometric Research Program, Research Memorandum No. 73, Princeton University, Princeton/N. J. 1965.

um dann spieltheoretische Eigenschaften der zugrunde liegenden ökonomischen Situation zu beweisen. So haben z. B. *G. Debreu/H. Scarf*[10] gezeigt, daß das Konzept des totalen Konkurrenzgleichgewichts eng mit dem in der Spieltheorie entwickelten Konzept des Kerns verwandt ist. Allerdings sind alle diese Arbeiten, wobei wir auch noch auf die Arbeiten von *L. S. Shapley*[11], *M. Shubik*[12], *K. Vind*[13] und *R. J. Aumann*[14] hinweisen müssen, nur zu theoretischen und nicht zu experimentellen Untersuchungen verwandt worden, obwohl sich die Ergebnisse wenigstens teilweise durch Wahl geeigneter Versuchsanordnungen experimentell überprüfen lassen könnten.

Weiterhin lassen wir aus unserem Überblick alle Nutzenexperimente weg, da diese ihren Ursprung in psychologischen Fragestellungen haben, wie die Arbeit von *L. L. Thurstone*[15] beweist. Zwar befassen sich neuere Arbeiten wie z. B. von *F. Mosteller/P. Nogee*[16] mit der experimentellen Bestimmung des *Neumann-Morgenstern*-Nutzens, der ein bedeutendes wirtschaftstheoretisches Instrument geworden ist, jedoch glauben wir, daß die Nutzenexperimente zu sehr im Grenzgebiet zwischen den Wirtschaftswissenschaften und der Psychologie liegen, so daß sie hier nicht von Interesse sind.

11. Einfache Marktspiele

11.1. Die Experimente von E. H. Chamberlin[1]

Der Autor hat im Rahmen seiner einführenden Vorlesungen über Wirtschaftstheorie zur Demonstration des Funktionierens eines unvoll-

---

10 *G. Debreu/H. Scarf:* A Limit Theorem on the Core of an Economy, International Economic Review 4 (1963), S. 235—246.

11 *L. S. Shapley:* Markets as Cooperative Games, The RAND Corporation P 629, Santa Monica/Cal. 1955.

L. S. Shapley: The Solutions of a Symmetric Market Game, The RAND Corporation P 1392, Santa Monica/Cal. 1958.

L. S. Shapley: Values of Large Market Games: Status of the Problem, The RAND Corporation RM 3957 PR, Santa Monica/Cal. 1964.

12 *M. Shubik:* Edgeworth Market Games, in: *A. W. Tucker/R. D. Luce*, eds.: Contributions to the Theory of Games IV, Annals of Mathematical Studies No. 40, Princeton/N. J. 1959.

13 *K. Vind:* Edgeworth-Allocation in an Exchange Economy with Many Traders, International Economic Review 5 (1964), S. 165—177.

14 *R. J. Aumann:* Markets with a Continuum of Traders, Econometrica 32 (1964), S. 39—50.

R. J. Aumann: Existence of Competitive Equilibria in Markets with a Continuum of Traders, Econometrica 34 (1966), S. 1—17.

15 *L. L. Thurstone:* The Indifference Function, Journal of Social Psychology 2 (1931), S. 139—167.

16 *F. Mosteller/P. Nogee:* An Experimental Measurement of Utility, Journal of Political Economy 59 (1951), S. 371—404.

1 *E. H. Chamberlin:* An Experimental Imperfect Market, Journal of Political Economy 56 (1948), S. 95—108.

kommenen Marktes in den dreißiger Jahren das folgende Spiel entwickelt und von den Hörern seiner Vorlesung spielen lassen. Das Spiel und die einfachen Untersuchungen der Versuchsergebnisse sind dann in der zitierten Arbeit veröffentlicht worden, die heute als Pionierarbeit auf dem Gebiet der experimentellen Wirtschaftsforschung gilt.

An die etwa 50 Spieler werden von der Spielleitung Karten ausgegeben, auf denen entweder ein maximaler Kaufpreis oder ein minimaler Verkaufspreis verzeichnet sind, die jeweils nur den betreffenden Spielern bekannt sind. Es gibt genauso viele Käufer wie Verkäufer, denen mit der Übergabe der Spielkarte eine Einheit eines fiktiven, homogenen Gutes zur Verfügung steht, die sie zu einem möglichst hohen Preis, der aber nicht unter ihrem minimalen Verkaufspreis liegen darf, an einen Käufer verkaufen sollen. Jeder Käufer wiederum kann nur eine Einheit des Gutes kaufen und darf nicht mehr als seinen maximalen Kaufpreis zahlen. Der Gewinn jedes Spielers bestimmt sich aus der positiven Differenz zwischen dem Kontraktpreis und seinem extremalen Preis. Nach der Austeilung der Spielkarten gehen die Spieler in einem Verhandlungsraum umher und versuchen, durch Herumfragen einen Vertragspartner zu finden. Es dürfen von den Spielern keine Preise ausgerufen werden, jedoch werden von der Spielleitung in unregelmäßigen Abständen Kontraktpreise an eine Tafel geschrieben. Nach einem Kontrakt, der durch einfache Verabredung geschlossen wird, verlassen die Kontrahenten den Verhandlungsraum, da ihre Kapazität erschöpft ist. Das Spiel wird nur eine Periode gespielt, vor deren Ende von der Spielleitung ein Signal gegeben wird, damit kein Spieler vom Spielende überrascht wird.

Aus den für das Spiel insgesamt vorbereiteten Spielkarten lassen sich leicht eine lineare Gesamtangebots- und eine lineare Gesamtnachfragekurve, beide mit betraglich gleicher Steigung, konstruieren. Unter den Annahmen der vollständigen Konkurrenz lassen sich dann leicht der Gleichgewichtspreis $\bar{p}$ und die Gleichgewichtsmenge $\bar{x}$ berechnen[2]. Da das Spiel nicht immer mit der gleichen Anzahl Spieler durchgeführt wurde, wobei dann einfach einige zufällig ausgewählte Spielkarten nicht ausgegeben wurden, ergaben sich für die einzelnen Versuche unterschiedliche Gleichgewichtspreise und Gleichgewichtsmengen. In diesen Fällen sind die Angebots- und Nachfragekurve nur noch stückweise linear, was jedoch prinzipiell nichts an dem Konzept des Spiels ändert. Nach dem Ausscheiden zweier Kontrahenten kann sich auch der Gleichgewichtspreis des „Restspiels“ ändern, so daß es sich bei dem Gleichgewichtspunkt des Spiels im Zeitablauf um ein „moving equilibrium“ handelt.

---

[2] Vgl. hierzu *H. Sauermann:* Einführung in die Volkswirtschaftslehre, Band II, Wiesbaden 1964, S. 132—136.

In den insgesamt 46 Versuchen sind in 39 Fällen durchschnittliche Kontraktpreise festgestellt worden, die unter dem jeweiligen Gleichgewichtspreis des Spiels lagen, und nur in 7 Fällen lagen die durchschnittlichen Kontraktpreise über den Gleichgewichtspreisen. Dagegen wurden in 42 Fällen Gesamtabsatzmengen beobachtet, die größer als die Gleichgewichtsmengen waren, und nur in 4 Fällen waren die Gesamtabsatzmengen gleich den Gleichgewichtsmengen. Auch im Zeitablauf der Spielperiode ergaben sich keine offensichtlichen Bewegungen der Kontraktpreise zum Gleichgewichtspreis oder zum „moving equilibrium", welches durch das Ausscheiden der Kontrahenten entsteht. Weitere statistische Untersuchungen der Ergebnisse sind nicht durchgeführt worden.

11.2. Die Experimente von V. L. Smith[3]

Durch Abänderung des Marktspiels von *E. H. Chamberlin* hat der Autor eine Reihe ebenfalls einfacher Marktspiele entwickelt, die in einer Zahl von Versuchen experimentell untersucht und deren Ergebnisse weiter als bei *E. H. Chamberlin* statistisch ausgewertet worden sind.

Den Spielern werden ebenfalls Spielkarten mit maximalem Kauf- bzw. minimalem Verkaufspreis ausgehändigt, und jeder Verkäufer kann wieder jedem Käufer eine Einheit eines fiktiven, homogenen Gutes verkaufen. Auch bilden alle ausgeteilten Karten wieder lineare Angebots- bzw. lineare Nachfragekurven, wobei die Kurven diesmal aber in verschiedenen Spielen verschiedene Steigungen haben und auch in demselben Spiel nicht von betraglich gleicher Steigung sind. Es werden allerdings auch einige Spiele beschrieben, in denen die Spieler mehrmals eine Gutseinheit kaufen bzw. verkaufen können.

Grundsätzlich anders als bei *E. H. Chamberlin* werden die Verhandlungen über die Preise zwischen den Spielern durchgeführt. Bei einer Gruppe von Spielen dürfen sowohl Käufer als auch Verkäufer durch Handheben und Ausrufen ein Vertragsangebot machen, während bei zwei anderen Gruppen von Spielen einmal nur die Verkäufer und einmal nur die Käufer Angebote ausrufen dürfen. Verträge kommen dadurch zustande, daß ein anderer Spieler ein ausgerufenes Angebot annimmt.

Die Experimente wurden während einer Vorlesungsstunde ausgeführt, wobei ein Experiment über 5 bis 7 Perioden je nach der Dauer

---

[3] *V. L. Smith:* An Experimental Study of Competitive Market Behavior, Journal of Political Economy 70 (1962), S. 111—137.
V. L. Smith: Effect of Market Organizations on Competitive Equilibrium, Quarterly Journal of Economics 78 (1964), S. 181—201.

einer Periode, die an die Bedürfnisse der Spieler angepaßt wurde, erstreckt wurde. Dabei zeigte sich dann, daß die Kontraktpreise innerhalb der Perioden und in der Aufeinanderfolge der Perioden dem statischen Gleichgewichtspreis deutlich zustrebten. Auch bei den Experimenten, bei denen von einer Periode zur anderen eine Angebots- oder Nachfrageveränderung durch Austauschen von Spielkarten erzeugt wurde, zeigte sich eine Anpassung des durchschnittlichen Kontraktpreisniveaus an den neuen Gleichgewichtspreis, wobei jedoch nach der Veränderung die Kontraktpreise stark erratischen Charakter hatten. Durch statistische Tests konnte nachgewiesen werden, daß der mittlere Kontraktpreis bei Experimenten, in denen nur die Verkäufer Angebote ausrufen durften, tendenziell kleiner ist als der mittlere Kontraktpreis bei Experimenten, in denen beide Marktparteien öffentliche Angebote machen durften und daß dieser mittlere Kontraktpreis wiederum tendenziell kleiner ist als der mittlere Kontraktpreis bei Experimenten, in denen nur die Käufer Angebote unterbreiten durften. Dieses Ergebnis ist ganz plausibel, denn wir vermuten, daß die Verkäufer in ihrer Besorgnis, nichts verkaufen zu können, wenn sie zu hohe Preise ausrufen, schneller bereit sind, ihre Preise immer wieder zu senken, wenn die Käufer sich mit ihren Kontraktzusagen zurückhalten.

Weiterhin sind vom Autor noch Hypothesen entwickelt und mit den experimentell gewonnenen Daten statistisch verglichen worden, die Aussagen über die Stärke des Preisanpassungsprozesses an den Gleichgewichtspreis bei den verschiedenen Marktspielen liefern. Wir wollen hier jedoch nicht weiter darüber referieren, sondern nur auf die entsprechenden Stellen in den Veröffentlichungen hinweisen.

12. Unternehmensspiele

12.1. Vorbemerkung

Neben den zu Forschungszwecken entwickelten Marktspielen wurden Mitte der fünfziger Jahre zur Ausbildung von Führungskräften der Wirtschaft die sogenannten Unternehmensspiele (business games oder management games) entwickelt. Durch möglichst realistische Darstellung von Entscheidungssituationen versucht man insbesondere den Führungsnachwuchs von Unternehmen auf ihre zukünftigen Aufgaben vorzubereiten. Aus der Fülle der hierüber existierenden Literatur verweisen wir zur Orientierung nur auf zwei Veröffentlichungen von *J. M. Kibbee/C. J. Craft/B. Nanus*[1] und *K. Bleicher*[2]. In unserem Überblick werden wir jedoch nur exemplarisch auf ein Unternehmensspiel

---

[1] *M. Kibbee/C. J. Craft/B. Nanus:* Management Games, New York 1961.

[2] *K. Bleicher:* Entscheidungsprozesse in Unternehmensspielen, Baden-Baden 1965.

hinweisen, das zu Forschungs- und nicht zu Trainingszwecken entwickelt worden ist, um die Unterschiede zwischen Markt- und Unternehmensspiel aufzuzeigen, ohne jedoch von beiden eine vollständige, zufriedenstellende Definition geben zu wollen.

12.2. Das Unternehmensspiel von A. C. Hoggatt[3]

Dieses Spiel ist mit das erste, das zu Forschungszwecken entwickelt und experimentell erprobt wurde.

Drei Unternehmen, die jede von einem Spieler geleitet werden, stellen ein einziges homogenes Produkt her. Am Beginn jeder Periode treffen die Spieler Entscheidungen über die Größe ihrer Produktion, die sie in der beginnenden Periode gänzlich absetzen müssen, denn Läger können nicht gehalten werden. Diese Produktion ist mit Kosten verbunden, wobei die drei Unternehmen zwar verschiedene Gesamtkostenfunktionen haben, die jedoch immer den ertragsgesetzmäßigen Verlauf[4] aufweisen. Die Spieler kennen hierbei ihre eigene Gesamtkostenfunktion genau und die funktionale Form der Gesamtkostenfunktionen ihrer Konkurrenten, wobei sie allerdings die genaue Anzahl ihrer Konkurrenten und die Anzahl der Spielperioden nicht kennen. Haben alle drei Unternehmen ihre Produktionsmengen festgelegt, so wird von der Spielleitung mittels einer Marktpreisfunktion der Gleichgewichtspreis berechnet, bei dem die fiktiven, nicht am Spiel teilnehmenden Nachfrager gerade die Gesamtangebotsmenge abnehmen. Dabei ist der Preis in der Periode t um so kleiner je größer die in der periode t angebotene und in den Perioden $t-1$ und $t-2$ abgesetzten Gesamtmengen sind. Interpretiert man das von den Unternehmen produzierte Gut als dauerhaftes Konsumgut, so wird diese Eigenschaft der Marktpreisfunktion leicht verständlich. Am Ende jeder Periode werden den Spielern der Marktpreis und die Gesamtangebotsmenge von der Spielleitung mitgeteilt, so daß sie ihren Gewinn als Differenz zwischen Erlös und Kosten berechnen und sich auf die nächste Periode vorbereiten können.

In Anlehnung an *A. Cournot*[5] werden für jedes Unternehmen im Spiel zwei Gleichgewichtsausbringungsmengen, eine kurzfristige und eine langfristige, berechnet und mit den experimentellen Ergebnissen

---

[3] *A. C. Hoggatt:* An Experimental Business Game, Behavioral Science 4 (1959), S. 192—203.

[4] Vgl. *E. Gutenberg:* Grundlagen der Betriebswirtschaftslehre, Erster Band, Die Produktion, 12. Auflage, Berlin-Heidelberg-New York 1966, S. 346—349.

[5] *A. Cournot:* Recherches sur les Principes Mathématiques de la Théorie des Richesses, Paris 1838. Deutsche Übersetzung von *W. G. Waffenschmidt:* Untersuchungen über die mathematischen Grundlagen der Theorie des Reichtums, Jena 1924.

verglichen. Dabei zeigte sich, daß die mittleren Ausbringungsmengen der drei Unternehmen näher am kurzfristigen als am langfristigen Gleichgewichtswert lagen, jedoch so stark schwankten, daß keine Aussage darüber möglich war, ob bei länger dauerndem Spiel, es wurden zwischen 13 und 20 Perioden gespielt, die Produktionsmengen weiter zu einem der Gleichgewichtswerte tendieren werden oder nicht. Abschließend werden noch eine Reihe von Faktoren aufgezählt, von denen die Ergebnisse bestimmt sein könnten, die aber noch einer Klärung bedürfen.

12.3. Marktspiel und Unternehmensspiel

Der auffälligste Unterschied zwischen den Spielen von *E. H. Chamberlin* und *V. L. Smith* einerseits und dem Spiel von *A. C. Hoggatt* andererseits ist die Tatsache, daß die Versuchspersonen der Marktspiele in direkten Kontakt zueinander traten, während den Versuchspersonen des Unternehmensspiels eine Kommunikation unmöglich war. Konnten die Spieler bei den Marktspielen ihre Entscheidungen immer wieder während einer Periode revidieren, wenn sie mit einer Forderung keinen Erfolg erzielten, so waren die Spieler des Unternehmensspiels an ihre Produktionsentscheidung gebunden, auch wenn ihnen der berechnete Marktpreis nicht angemessen erschien. Selbstverständlich können wir nicht die vorhandene bzw. fehlende Kommunikationsmöglichkeit zwischen den Spielern als Unterscheidungsmerkmal zwischen Markt- und Unternehmensspiel ansehen, denn wir können uns auch vorstellen, daß im Spiel von *A. C. Hoggatt* Absprachen zwischen den Unternehmern zugelassen kein können.

Ohne einen Anspruch auf eine allgemein befriedigende Definition zu erheben, wollen wir als charakteristisches Merkmal eines Marktspiels das Auftreten von Käufern und Verkäufern im Spiel hervorheben, wobei diese beiden Gruppen in Verhandlungen über Preis und Menge etc. eines zwischen den Verhandlungspartnern zu tauschenden Gutes eintreten. Wichtig ist dabei, daß jeder Verhandlungspartner vor der Rechtskräftigkeit eines Vertrages seine Zusage widerrufen kann, wenn ihm die Abmachungen nicht angemessen erscheinen. Es muß also einem Verkäufer möglich sein, Gütermengen zurückzuhalten oder zu vernichten etc., wenn die Entwicklung der Preise seinen Ansprüchen zuwiderläuft.

Unternehmensspiele sind im Gegensatz dazu meistens so konzipiert, daß die Manager der Spielunternehmen Entscheidungen über Preise und Mengen etc. zu fällen haben, ohne auf dem Markt, auf dem die Käufer dann ihre Kaufentscheidungen fällen, selbst auftreten zu können. Damit ist ihnen dann die Möglichkeit der Verhandlungen über die Konditionen, zu denen die Ware geliefert werden soll, genommen. Die Spieler in Unternehmensspielen fällen Entscheidungen bezüglich eines anonymen Marktes, dessen Reaktionen sie erst aufgrund ihres Erfolges oder Mißerfolges erforschen können, während sich die Spieler von Marktspielen schon durch Befragen von Mitgliedern der anderen Marktpartei Informationen beschaffen können.

13. Oligopolspiele

Der von uns oben dargelegte Versuch einer Klassifizierung der in der experimentellen Wirtschaftsforschung entwickelten Spiele in Markt- und Unternehmensspiele ist bei weitem nicht geeignet, alle vorhandenen Spiele zu klassifizieren. Ein großer Teil von ihnen, die wir hier recht summarisch als Oligopolspiele bezeichnen wollen, ist schwerlich in eine der beiden Gruppen einzuordnen. Es handelt sich hierbei um Spiele, die zur experimentellen Erforschung von Monopol-, Duopol- und Tripolsituationen entwickelt worden sind. Dabei ist ein Teil von ihnen, wie z. B. einige der Beiträge in der Veröffentlichung von *H. Sauermann*[1], so in ein ökonomisches Gewand gekleidet, daß wir diese Spiele durchaus zu den Unternehmensspielen rechnen können, während ein anderer Teil von ihnen soweit des ökonomischen Rahmens entkleidet ist, daß diese Spiele sehr den in der experimentellen Spieltheorie entwickelten Spielen ähneln.

Die ersten Oligopolspiele der letzten Art sind von *S. Siegel* und *L. E. Fouraker* teilweise in Zusammenarbeit mit *D. L. Harnett* entwickelt und in umfangreichen Versuchsserien experimentell untersucht worden. Das Ziel dieser Untersuchungen ist die experimentelle Überprüfung von zahlreichen in der ökonomischen Literatur bekanntgewordenen Theorien über Preis- und Mengenfestsetzungen im bilateralen Monopol, im Duopol und im Tripol. Die erste Veröffentlichung von *S. Siegel/L. E. Fouraker*[2] behandelt Experimente über das bilaterale Monopol. In diesen Experimenten erhalten der einzige Verkäufer und der einzige Käufer jeder eine Gewinntabelle, aus der sie sofort ihren Gewinn für beliebige Preis- und Mengenkombinationen eines zwischen ihnen gehandelten Gutes ablesen können. Die Spieler sind also durch diese Versuchsanordnung völlig von nebensächlichen Entscheidungen und Rechnungen befreit und können sich gänzlich dem Aushandeln einer beide Seiten zufriedenstellenden Mengen- und Preiskombination

---

[1] *H. Sauermann*, Hg.: Beiträge zur experimentellen ..., a.a.O.

[2] *S. Siegel/L. E. Fouraker:* Bargaining and Group Decision Making, New York-Toronto-London 1960.

widmen. In dieser Arbeit befinden sich sowohl Spiele, in denen kein Spieler einen strukturellen Vorteil gegenüber seinem Kontrahenten hat, als auch Spiele, in denen ein Spieler dem anderen von vornherein in seinen Gewinnaussichten überlegen ist. Die zweite umfangreiche Veröffentlichung von *L. E. Fouraker/S. Siegel*[3] umfaßt sowohl Experimente über das bilateriale Monopol, als auch das Duopol und das Tripol. Dabei war die Konzeption der Experimente dieselbe wie in der ersten Veröffentlichung; die Spieler erhalten Gewinntabellen, aus denen sie sofort ihren Gewinn bei unterschiedlichen Preis- und Mengenkombinationen ablesen können. Dabei gab es Experimente, in denen den Spielern auch die Gewinntabellen ihres oder ihrer Mitspieler gegeben wurde, wie auch Experimente, in denen die Spieler nur ihre eigenen Tabellen erhielten, um den Einfluß von vollkommener und unvollkommener Information auf den Spielausgang zu untersuchen. Zwei weitere Veröffentlichungen von *L. E. Fouraker/S. Siegel/D. L. Harnett*[4] und *S. Siegel/D. L. Harnett*[5] behandeln einzelne speziellere Fragen im Zusammenhang mit den durchgeführten Experimenten. Die Experimente von *S. Siegel* und *L. E. Fouraker* sind in jüngster Zeit von *H. L. Johnson/A. M. Cohen*[6] mit Versuchspersonen verschiedener Fachrichtungen zum Teil wieder durchgeführt worden, um einen Einfluß der sozio-kulturellen Haltung der Versuchspersonen auf die Versuchsergebnisse nachzuweisen. Eine Untersuchung, die ebenfalls den Einfluß von Variablen der Umwelt eines Experiments über ein bilaterales Monopol aufzeigt, ist von *M. L. Joseph/R. H. Willis*[7] veröffentlicht worden.

Zwei Veröffentlichungen mit gänzlich anderer Zielsetzung als bei den bisher genannten, sind von *P. Suppes/J. M. Carlsmith*[8] und *J. W. Friedman*[9] herausgegeben worden. Sind die zuerst genannten Experimente im wesentlichen zur Überprüfung vorhandener Theorien verwandt worden, so sind die beiden zuletzt genannten Arbeiten Ansätze

---

[3] *L. E. Fouraker/S. Siegel:* Bargaining Behavior, New York-San Francisco-Toronto-London 1963.

[4] *L. E. Fouraker/S. Siegel/D. L. Harnett:* An Experimental Disposition of Alternative Bilateral Monopoly Models under Conditions of Price Leadership, Operations Research 10 (1962), S. 41—50.

[5] *S. Siegel/D. L. Harnett:* Bargaining Behavior: A Comparison between Mature Industrial Personnel and College Students, Operations Research 12 (1964), S. 334—343.

[6] *H. L. Johnson/A. M. Cohen:* Experiments in Behavioral Economics: Siegel and Fouraker Revisited, Behavioral Science 12 (1967), S. 353—372.

[7] *M. L. Joseph/R. H. Willis:* An Experimental Analog to Two-Party Bargaining, Behavioral Science 8 (1963), S. 117—127.

[8] *P. Suppes/J. M. Carlsmith:* Experimental Analysis of a Duopoly Situation from the Standpoint of Mathematical Learning Theory, International Economic Review 3 (1962), S. 60—78.

[9] *J. W. Friedman:* Individual Behavior in Oligopolistic Markets: An Experimental Study, Yale Economic Essays 3 (1963), S. 359—417.

zur Entwicklung einer behavioristischen Theorie. Es wird versucht, aus dem beobachteten Verhalten der Versuchspersonen eine Theorie über das tatsächliche Verhalten herzuleiten. Nicht im Vordergrund steht hierbei die Frage, was man in einer den Versuchen zugrunde liegenden Konfliktsituation vernünftigerweise tun sollte, sondern die Frage, an welchen Zwischenergebnissen orientieren sich die Versuchspersonen und wie verändern sie aufgrund des im Versuch Erlernten ihre Entscheidungen.

Zum Abschluß weisen wir noch auf zwei sehr neue Veröffentlichungen über Oligopolexperimente hin. Eine Veröffentlichung von *A. C. Hoggatt*[10] untersucht das Verhalten von Versuchspersonen in einem Oligopolspiel, in dem die den Versuchspersonen nicht bekannten Mitspieler speziell programmierte elektronische Rechenanlagen waren, die während des ganzen Experiments immer dasselbe kooperative oder nichtkooperative Verhalten zeigten. Eine Veröffentlichung von *D. H. Stern*[11] untersucht eine Reihe von Theorien über spezielle Oligopolspiele, an denen in den Experimenten bis zu neun Versuchspersonen teilgenommen haben.

14. Das Marktspiel von R. SELTEN

Neben den von uns erwähnten wichtigen Markt-, Unternehmens- und Oligopolspielen müssen wir noch auf ein sehr komplexes Marktspiel von *R. Selten*[1] hinweisen.

Auf einem Markt für ein homogenes Gut stehen vier Produzenten neun bis zwölf Einkäufern gegenüber. Die Produzenten haben Kostenfunktionen, deren Grenzkosten mit wachsender Ausbringungsmenge zunehmen und die den Produzenten in tabellarischer Form vorliegen. Die Einkäufer haben sogenannte Verwendungswertfunktionen in tabellarischer Form vorliegen, wobei der Verwendungswert eine mit abnehmenden Zuwächsen zunehmende Funktion der von dem betreffenden Einkäufer insgesamt eingekauften Menge ist. Das Spiel erstreckt sich über zehn Perioden, in denen die Produzenten den Einkäufern zu beliebig ausgehandelten Preisen ihre vor Beginn der Periode festgelegte Produktionsmenge zu verkaufen suchen, wobei eine Lagerhaltung von einer zur anderen Periode nicht möglich ist. Der Gewinn eines Produzenten ergibt sich als Differenz zwischen seinen Produktionskosten und

---

10 *A. C. Hoggatt:* Measuring the Cooperativeness of Behavior in Quantity Variation Duopoly Games, Behavioral Science 12 (1967), S. 109—121.

11 *D. H. Stern:* Some Notes on Oligopoly Theory and Experiments, in: *M. Shubik*, ed.: Essays in Mathematical Economics, In Honor of *O. Morgenstern*, Princeton/N. J. 1967, S. 255—281.

1 *R. Selten:* Ein Marktexperiment, in: *H. Sauermann*, Hg.: Beiträge zur experimentellen Wirtschaftsforschung, Zweiter Band, Tübingen 1970, S. 33—98.

seinem Erlös und der Gewinn eines Einkäufers sich als Differenz zwischen seinem Verwendungswert und seinen Ausgaben.

Der untersuchte Markt ist ein unvollkommener Markt, denn es ist möglich, daß nicht nur die Preise der Produzenten voneinander abweichen, sondern auch daß ein Produzent an verschiedene Einkäufer zu verschiedenen Preisen verkauft. Allerdings handelt es sich nicht um ein Angebotsoligopol, da auch die Zahl der Nachfrager nicht sehr groß ist.

Die aus einer Versuchsreihe von zehn Experimenten erhaltenen Daten sind mit den aus der Theorie der vollständigen Konkurrenz vorhergesagten Gleichgewichtswerten von Menge und Preis verglichen worden. Dabei zeigte sich, daß trotz der Unvollkommenheit des Marktes die über alle zehn Versuche erstreckten Mittelwerte für den Preis und den mengenmäßigen Umsatz überraschend gut mit den Gleichgewichtswerten übereinstimmten, obwohl die einzelnen Versuche keine deutliche Tendenz zu einer Annäherung an die theoretischen Werte zeigten.

Außer der im Einführungsvortrag ausdrücklich genannten Möglichkeiten des Handels zwischen den beiden Marktparteien wurden die Spieler nicht auf weitere Verabredungsmöglichkeiten hingewiesen. Wollten jedoch Spieler eine organisatorische „Innovation" einführen, so konnten sie dies nach Genehmigung durch die Spielleitung tun. Die wichtigste nicht im Einführungsvortrag erwähnte Innovation war die der Terminverträge. In der Periode t wurden Verabredungen über Menge und Preis der in der Periode $t + r$ mit $r = 1, 2, \ldots$ zu liefernden Ware getroffen. Weiterhin wurde Arbitrage betrieben, d. h. ein Einkäufer kaufte mehr als nach seinem Verwendungswert für ihn optimal war und verkaufte den Überschuß, wenn möglich, günstiger an andere Einkäufer weiter. Schließlich wurde noch von der Möglichkeit, Koalitionen zu bilden, Gebrauch gemacht, d. h. ein Vertreter einer kleinen Gruppe von Spielern kaufte auf dem Markt für alle Koalitionspartner ein und verteilte schließlich die erstandene Menge nach einem Schlüssel an seine Partner.

15. Das Geldmarktspiel

Zum Abschluß unseres Überblicks wollen wir einige Punkte hervorheben, in denen sich das von uns entwickelte Geldmarktspiel von den bis jetzt veröffentlichten anderen experimentellen Untersuchungen unterscheidet.

Unser Spiel ist aus den institutionellen Gegebenheiten eines Marktes der realen Volkswirtschaft entwickelt worden. Zwar mußten wir, um die Spielbarkeit zu erreichen, eine Reihe von vereinfachenden Abstraktionen vornehmen, jedoch sind die charakteristischen Eigenschaften des Geldmarktes erhalten geblieben.

In unserem Geldmarktspiel findet aufgrund der Spielregeln keine eindeutige Trennung der Spieler in Käufer und Verkäufer statt, sondern die Spieler müssen sich aufgrund ihrer in vergangenen Perioden getroffenen Entscheidungen in jeder Periode neu entscheiden, ob sie beim Handel in Geldkrediten als Anbieter oder Nachfrager auftreten wollen. Auch ist der Erfolg einer Entscheidung eines Spielers in einer Periode nicht sofort bestimmbar, denn beim Kauf von Geldpapieren z. B. zeigt sich erst bei der Rückgabe der Papiere, ob diese Geldanlage ein Erfolg oder Mißerfolg war. Auch der Erfolg des Verleihens von Geld läßt sich erst nach einigen Perioden beurteilen, denn es hätte besser sein können, wegen niedriger Zinssätze, Papiere zu kaufen. Die Entscheidungen der Spieler in den einzelnen Perioden sind also miteinander verknüpft. Im Gegensatz zu den bis jetzt bekannten Marktspielen, bei denen die Entscheidungen einer Periode nicht mehr auf die folgenden Perioden nachwirken, müssen sich die Spieler unseres Geldmarktspiels eine subjektive Einschätzung der Auswirkungen ihrer Entscheidungen auf die nächsten Perioden beschaffen. Sie stehen hierbei vor einem echten Unsicherheitsproblem, das sich wohl am besten mit einem Investitionsproblem vergleichen läßt. Hierbei stehen die Spieler vor der Alternative, einen Geldbetrag entweder auf dem Markt oder bei der Zentralbank zu investieren, wobei ihnen die Kosten für die Durchführung der Investition in den nächsten Perioden nicht bekannt sind, und sie daher auch die optimale Investitionsdauer nicht vorherbestimmen können. Zwar gibt es Unternehmensspiele, die von den Spielern auch Investitionsentscheidungen erfordern[1], jedoch nicht in solch impliziter Form, wie sie in unserem Geldmarktspiel vorliegt.

---

[1] Vgl. z. B. *R. Selten:* Investitionsverhalten im Oligopolexperiment, in: *H. Sauermann*, Hg.: Beiträge zur experimentellen ..., a.a.O., S. 60—102.

Fünfter Teil

Die Geldmarktexperimente

16. Die Versuche

Mit unserem Geldmarktspiel haben wir in der Zeit vom 27. Juni 1966 bis 13. Februar 1967 insgesamt elf Versuche durchgeführt. Jeder Versuch erstreckte sich über zwei Sitzungen von jeweils 4 h bis 4½ h Dauer an zwei Nachmittagen einer Woche. In der ersten Sitzung wurde der Einführungsvortrag gehalten, der je nach der Anzahl der Zwischenfragen zwischen 45 min und 60 min dauerte, und es wurden zwischen sieben und zehn Spielperioden ausgeführt. Die zweite Sitzung enthielt dann die restlichen vorgesehenen Spielperioden, in sieben Versuchen haben wir sogar bis zur 22. Periode spielen lassen, und eine Schlußdiskussion von ½ h bis 1 h Dauer, um den Versuchspersonen Gelegenheit zu Fragen über das Spiel und zu rechtfertigenden Äußerungen über ihr Spielverhalten zu geben. Diese Äußerungen konnten wir leider nicht protokollieren, um sie einer Auswertung des subjektiven Spielerverhaltens zugänglich zu machen.

Für die Dauer der Verhandlungszeit in den einzelnen Perioden hatten wir für die beiden ersten Perioden je 10 min, für die dritte 9 min, für die vierte 8 min und für alle folenden Perioden je 7 min vorgesehen. Jedoch konnten wir diesen Zeitplan nicht immer einhalten, da die Geschäftstätigkeit in den einzelnen Versuchen und Perioden sehr unterschiedlich war. Bei reger Verhandlungstätigkeit haben wir die Periodenlänge vergrößert, um den Verhandlungsfluß nicht abrupt abzubrechen, während wir bei völlig erlahmter Verhandlungstätigkeit, wenn von den Versuchspersonen trotz Ermunterungen von seiten der Spielleitung keine Verträge mehr abgeschlossen werden wollten, die Perioden mit Zustimmung aller Versuchspersonen vorzeitig beendet haben. Die Länge der Kontrollzeit der einzelnen Perioden konnten wir von vornherein nicht planen, denn sie mußte von Fall zu Fall an die Bedürfnisse der Versuchspersonen angepaßt werden. Während der Versuche selbst zeigte sich dann, daß die Dauer der Kontrollzeit im wesentlichen durch die Anzahl der Buchungsfehler bestimmt wurde, die die einzelnen Gruppen von Versuchspersonen machten.

Tabelle 16.1.

Mittlere Verhandlungs- und Kontrollzeiten und mittlere Periodenlängen in den einzelnen Perioden

Periode	Verhandlungszeit min.	Kontrollzeit min.	Periodenlänge min.
1	10	13–15	23–25
2	9	13–15	22–24
3	8	13–15	21–23
4	8	8–11	16–19
5– 8	7	8–11	15–18
9–12	6	8–11	14–17
13–20	6	7– 9	13–15

Wurde bei der Kontrollrechnung ein Fehler entdeckt, so wurden von den Mitgliedern der Spielleitung alle Buchungsbögen durchgesehen, bis schließlich alle Fehler beseitigt waren. Besonders in den ersten Perioden tauchten verständlicherweise viele Fehler auf. In Tabelle 16.1. haben wir die mittleren beobachteten Verhandlungs- und Kontrollzeiten und die mittleren Periodenlängen zusammengestellt, wobei wir noch hinzufügen wollen, daß für die längste Kontrollzeit 25 min und für die kürzeste 5 min benötigt wurden.

Für acht der elf von uns durchgeführten Versuche standen uns Studenten der wirtschafts- und sozialwissenschaftlichen Fakultät der Universität Frankfurt zur Verfügung, die sich in Vorlesungen und Übungen freiwillig zur Verfügung gestellt hatten. Wir haben die Versuche I, V bis VII und IX und X im wesentlichen mit Studenten unterer und mittlerer Semester durchgeführt, jedoch nahmen an diesen Versuchen auch vereinzelt Assistenten und Hilfsassistenten als Versuchspersonen teil. Einen Versuch nur mit Assistenten und Hilfsassistenten durchzuführen gelang uns jedoch nicht. Der Versuch VIII, den wir ursprünglich auch mit Studenten mittlerer Semester durchgeführt hatten, mußten wir ein zweites Mal mit einer anderen Gruppe von Studenten durchführen, die sich aus einem Wiederholungskurs zur Examensvorbereitung zur Verfügung gestellt hatten. An dem ersten Versuch VIII nahm eine Versuchsperson aus einem mittleren Semester teil, die trotz mehrfacher individueller Beratung durch den Spielleiter die Regeln des Spiels nicht beherrschen lernte. Dabei war besonders auffällig, daß diese Versuchsperson in jeder Periode Geld zu Zinssätzen über 5 % ankaufte und in Geldpapieren anlegte, obwohl diese maximal nur 5 % einbringen. Den eingetretenen riesigen Verlust kaschierte diese Versuchsperson am Ende des Spiels dadurch, daß sie einfach einen kleinen positiven Betrag als ihre Zinspunktendsumme für die Notierung an der Tafel angab. Da sich auch die übrigen Spieler auf diese seltsame Verhaltensweise einstellten, kam ein wirklich entarteter Versuchsablauf zustande, so daß ein Ausscheiden des Versuchs und ein Nachspielen desselben u. E. gerechtfertigt war. Für die Versuche II und III stellten sich Hörer der Akademie der Arbeit in Frankfurt zur Verfügung, die wir durch Vermittlung des Leiters der Akademie gewinnen konnten. Schließlich haben wir noch den Versuch IV durch Vermittlung leitender Herren einer Großbank mit Lehrlingen des dritten Lehrjahres dieser Bank durchführen können, die fast alle Abitur oder Mittlere Reife als Schulabschluß aufwiesen.

Insgesamt nahmen an den zehn Versuchen, von denen wir sechs mit zwölf und die restlichen vier mit elf Versuchspersonen durchführen konnten und die wir in unsere Auswertung einbezogen haben, 116 Versuchspersonen teil, von denen keine das Spiel mehr als einmal gespielt hat.

17. Die Ergebnisse

17.1. Überblick über die Ergebnisse aller Versuche

Wir können hier wegen der Fülle des Datenmaterials, das aus den zehn in die Auswertung genommenen Versuchen angefallen ist, nur einige wichtige Kennzahlen angeben, die uns zur Charakterisierung der Versuchsergebnisse bedeutsam erscheinen. In Tabelle 17.1.1. haben wir die wichtigsten dieser Kennzahlen als eine Übersicht zusammengestellt.

Von den insgesamt 116 Versuchspersonen sind in den 200 Spielperioden 1 925 Verträge abgeschlossen und 1 318 Veränderungen der Geldpapierbestände vorgenommen worden. Es ist zu erwarten, daß in den Versuchen, die mit nur 11 Versuchspersonen durchgeführt wurden, tendenziell weniger Verträge abgeschlossen und Veränderungen der Geldpapierbestände vorgenommen wurden. Wenden wir den *Mann-Whitney*-U-Test[1] zur Überprüfung unserer Vermutung an, so widersprechen die Ergebnisse prinzipiell zwar nicht unserer Hypothese, jedoch sind die Signifikanzschranken mit 10 % für die erste Vermutung und 30 % für die zweite Vermutung indiskutabel hoch. Auch unsere

---

[1] Wir verweisen für die in unserer Untersuchung angewandten statistischen Tests auf *S. Siegel:* Nonparametric Statistics for the Behavioral Sciences, New York-Toronto-London 1956 und *G. A. Lienert:* Verteilungsfreie Methoden in der Biostatistik, Meisenheim am Glan 1962, ohne jeweils im einzelnen die spezielle Literaturstelle zu nennen. Die Anwendung verteilungsfreier statistischer Tests erscheint uns im Hinblick auf unsere Unkenntnis der den einzelnen Stichproben zugrunde liegenden Verteilungen angebracht zu sein.

Tabelle 17.1.1.: **Übersicht über die Ergebnisse aller zehn Versuche**

	I	II	III	IV	V	VI	VII	VIII	IX	X	Durchschn. p. Vers.
Anz. Spieler ..	11	11	12	12	11	12	11	12	12	12	
Anz. Verträge .	154	157	176	247	176	173	192	185	226	239	192,5
Anz. Veränd. Geldpapbest.	130	140	141	121	137	124	115	144	144	122	131,8
Fehlanlagensatz %	1,92	1,49	4,87	1,58	3,88	1,52	2,81	0,08	1,05	1,72	2,09
Überschußreservesatz % .	7,93	13,24	3,95	11,33	4,70	12,12	5,46	4,45	4,64	5,12	7,29
Mindresdefizitsatz %	0,19	—	0,06	—	—	—	0,01	0,17	0,03	—	0,05
Arb.Mengen GE	434	391	330	673	530	206	220	243	153	625	380,5
Gesumsatz GE	3 687	2 775	3 167	3 539	4 208	3 118	4 325	3 360	4 064	5 351	3 759,4
Zinsmarge % ..	0,15	0,17	0,67	0,18	0,31	0,53	0,15	0,60	0,99	0,34	0,41
Zuviel eingek. Mengen GE	727	691	322	712	447	600	410	321	288	482	500,0
Geserlös ZP	21 486,4	20 582,5	22 764,2	21 643,3	21 606,9	21 482,5	21 785,0	22 976,1	22 955,0	22 974,2	
Abweich. ZP	– 813,6	–1 717,5	– 535,8	–1 656,7	– 693,1	–1 817,5	– 515,0	– 323,9	– 345,0	– 325,8	– 874,4
Durchschnittszinssatz % ..	5,03	3,69	3,70	4,42	3,87	4,23	4,97	3,57	4,21	4,64	4,22

nächste Vermutung, daß bei einer großen Anzahl von Verträgen pro Versuchsperson die Anzahl der Veränderungen der Geldpapierbestände pro Versuchsperson tendenziell kleiner ist als bei einer kleinen Anzahl von Verträgen pro Versuchsperson, wird durch den Rangkorrelationskoeffizienten[2] $r_S = -0.48$ prinzipiell zwar nicht widerlegt, jedoch ist auch hier die Signifikanzschranke mit über 10 % sehr hoch. Bei der Aufstellung unserer letzten Hypothese waren wir von der Überlegung ausgegangen, daß bei reger Verhandlungs- und Vertragsabschlußtätigkeit die Versuchspersonen ihre Kassenbestände eher über den Handel in Geldkrediten als über den An- und Verkauf von Geldpapieren ihren Vorstellungen anpassen.

Zur Charakterisierung der einzelnen Versuche bezüglich der bei der Zentralbank in Geldpapieren angelegten Geldmengen haben wir drei Kennzahlen berechnet, die wir Fehlanlagensatz, Überschußreservesatz und Mindestreservedefizitsatz genannt haben. Die von allen Spielern während des Versuchs ohne Rücksicht auf die tatsächliche Laufzeit bei der Zentralbank angelegten Geldmengen, wobei die nach der Periode 16 angelegten Gelder wegen der über das Ende des Versuchs hinausreichenden Laufzeit nicht mitgezählt wurden, wollen wir als Zentralbankanlagen bezeichnen. Den prozentualen Anteil der Gelder, die für die Durchführung von Aktivitäten *lt* verwandt wurden, die in Tabelle 9.4.1. nicht als im totalen Konkurrenzgleichgewicht durchführbare Aktivitäten erscheinen, an den Zentralbankanlagen, bezeichnen wir als Fehlanlagensatz. Diese Fehlanlagensätze sind in den einzelnen Versuchen sehr unterschiedlich, doch sind sie niemals größer als 5 %. Im Durchschnitt ergibt sich pro Versuch ein Fehlanlagensatz von 2 %, was wir wohl mit Recht als kleinen, vernachlässigbaren Fehler ansehen können. Abbildung 17.1.1. zeigt den über alle Versuche gemittelten durchschnittlichen Geldpapierbestand eines Versuchs, aufgeschlüsselt nach Geldpapiersorte und beobachteter Anlagedauer in Perioden. Auch hier zeigt sich deutlich, daß nicht optimale Geldanlagen nur einen verschwindend kleinen Bruchteil der Gesamtanlagen ausmachen. Als Überschußreservesatz bezeichnen wir den prozentualen Anteil der Summe aller Kassenbestände am Ende der 20 Perioden an der effektiven Geldmenge, die nach Tabelle 5.3.3. bei den Versuchen mit 12 Spielern 18 000 GE und nach Tabelle 5.3.5. bei 11 Spielern 17 280 GE beträgt. Der durchschnittliche Überschußreservesatz beträgt etwa 7 %. Wie wir weiter unten noch sehen werden, ist der Überschußreservesatz hoch mit dem Gesamterlös eines Versuchs korreliert, denn mit wachsendem Überschußreservesatz nehmen die Zentralbankanlagen und da-

[2] Wir haben in dieser Untersuchung nur *Spearman*sche Rangkorrelationskoeffizienten berechnet, so daß als Rangkorrelationskoeffizient hier immer der *Spearman*sche zu verstehen ist.

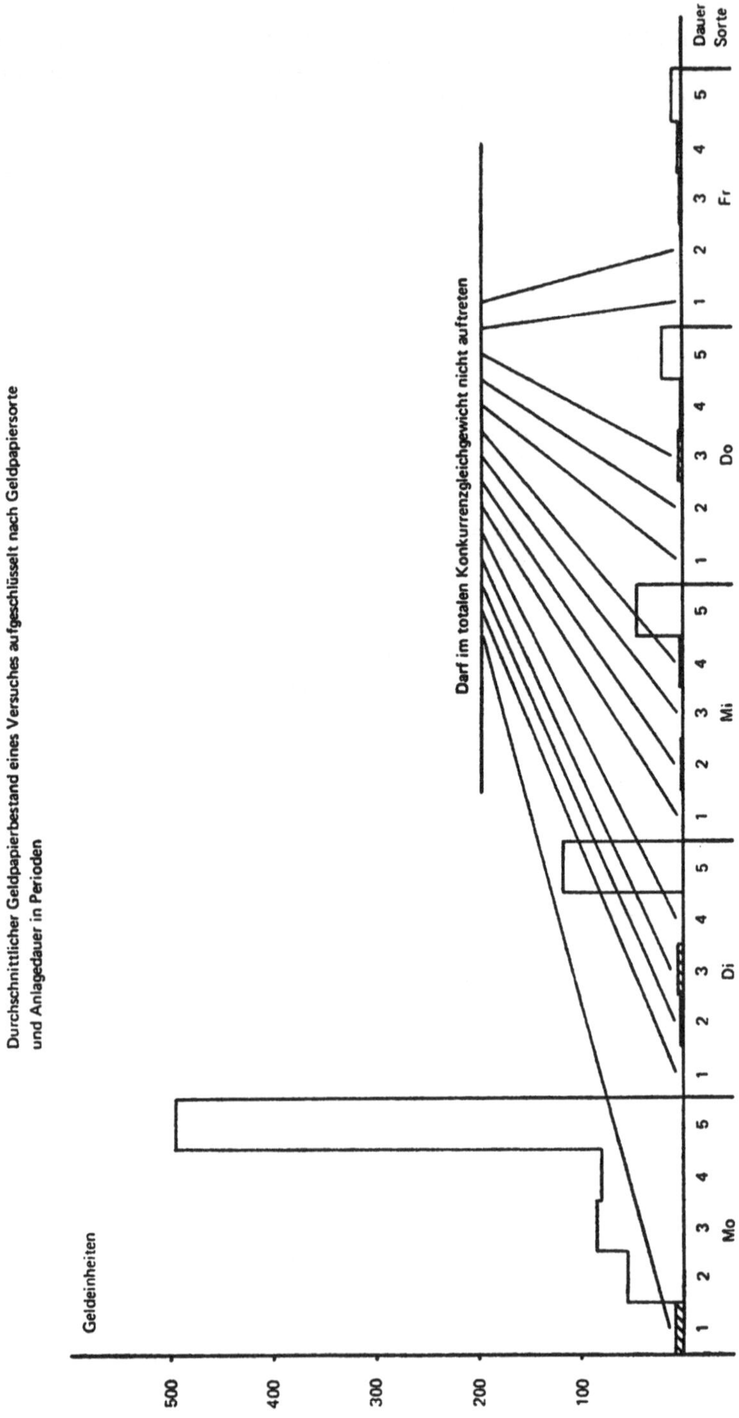

Abbildung 17.1.1.

mit die Erlöse ab. Analog zum Überschußreservesatz haben wir den Mindestreservedefizitsatz berechnet, der bei der Hälfte aller Versuche Null ist und im Durchschnitt pro Versuch mit 0.05 % verschwindend klein ausgefallen ist. Zusammenfassend können wir sagen, daß das von der Theorie für das totale Konkurrenzgleichgewicht vorhergesagte Nichtauftreten von Mindestreservedefiziten in hervorragender Weise von den Versuchen bestätigt wird und daß zur Durchführung von Aktivitäten, die im Gleichgewicht nicht benutzt werden dürfen, in den Versuchen durchschnittlich nur eine sehr kleine Geldmenge verwandt worden ist.

Das sehr bekannte Phänomen der Arbitrage[3] konnten wir auch in unseren Versuchen sehr deutlich beobachten, obwohl im Einführungsvortrag auf dieses Verfahren nicht hingewiesen wurde. Wir haben beobachtet, daß während einer Periode von Versuchspersonen sowohl Geld angekauft als auch verkauft wurde. Auch kamen Versuchspersonen zu Mitgliedern der Spielleitung, um zu erfragen, ob das Ankaufen von Geld und Verkaufen von Geld zu einem höheren Zinssatz erlaubt sei. Diese Anfragen wurden immer bejahend beantwortet, jedoch wurde von seiten der Spielleitung niemals auf die Arbitragemöglichkeit hingewiesen. Um einen Eindruck von der Intensität der Arbitrage zu gewinnen, haben wir die von einem Spieler während einer Periode sowohl eingekaufte als auch verkaufte Geldmenge bestimmt und über alle Spieler und alle Perioden summiert. Diese Summe bezeichnen wir als arbitrierte Geldmenge, und wir haben sie auch in Tabelle 17.1.1. für alle zehn Versuche wiedergegeben. Im Durchschnitt ergibt sich pro Versuch eine arbitrierte Geldmenge von 380.5 GE, was etwas mehr als 10 % des durchschnittlichen Gesamtumsatzes eines Versuchs ausmacht. Es ist also in nicht unerheblichem Umfange von der Arbitrage Gebrauch gemacht worden. Eine Angabe über die Anzahl der Verträge zu machen, die zu Arbitragezwecken abgeschlossen wurden, ist uns nicht möglich, denn die Versuchspersonen haben nur ganz selten eine speziell angekaufte Geldmenge zu höherem Zinssatz gänzlich weiterverkauft. Meistens sind die angekauften Beträge in anderen, größeren oder kleineren, Beträgen weiterverkauft worden. Neben der Intensität der Arbitrage spielt aber zur Charakterisierung dieses Phänomens auch der Erfolg der Arbitragegeschäfte eine Rolle. Die Bestimmung dieses Erfolges stößt aber auf prinzipielle Schwierigkeiten, und wir müssen uns daher mit einer Hilfsgröße zufrieden geben. Da nicht feststellbar ist, welche Verträge zu Arbitragezwecken abgeschlossen worden sind, ist auch nicht feststellbar, wie groß die erzielte Zinsdifferenz zwischen Verkaufszinssatz und

[3] Unter Arbitrage verstehen wir hier im Sinne von *H. Lipfert* die sogenannte Differenzarbitrage. Vgl. *H. Lipfert:* Internationaler ..., a.a.O., S. 47.

Ankaufszinssatz ist. Weiterhin ist im Regelfalle auch der größte Teil der von einem Spieler angekauften Geldmengen zur Abdeckung eines Kassendefizits bzw. zur Anlage in Geldpapieren benutzt worden, und nur der kleinere Teil des angekauften Geldes ist wieder weiterverkauft worden. Um wenigstens einen ungefähren Eindruck von dem Erfolg der Arbitrage zu gewinnen, haben wir die von einem Spieler in einer Periode angekauften Mengen und anschließend die in derselben Periode verkauften Mengen jeweils nach steigenden Zinssätzen geordnet und der arbitrierten Geldmenge die kleinste rechnerisch mögliche Zinssatzdifferenz zugeordnet. Hat z. B. ein Spieler die folgenden Verträge abgeschlossen

Ankauf:	5 GE zu 3.0 %	Verkauf:	10 GE zu 3.1 %
	20 GE zu 3.1 %		22 GE zu 3.4 %,
	15 GE zu 3.2 %		

so sind von ihm 32 GE arbitiert worden, davon 10 GE mit einer Zinssatzdifferenz von − 0.1 %, 5 GE mit einer Zinssatzdifferenz von + 0.2 % und 17 GE mit einer Zinssatzdifferenz von + 0.3 %, so daß sich als mittlere Zinssatzdifferenz oder Zinsmarge, wie wir sagen wollen, ein Wert von + 0.16 % ergibt. Die von uns so berechnete Zinsmarge ist also ein Maß für den Mindesterfolg, der bei der Arbitrage pro Geldeinheit erzielt worden ist. Wie wir aus unserer Tabelle 17.1.1. entnehmen können, ist diese Zinsmarge im allgemeinen recht klein, was auch in dem Durchschnitt pro Vertrag von 0.41 % zum Ausdruck kommt.

Im Anschluß an das Phänomen der Arbitrage müssen wir auf eine Erscheinung hinweisen, die uns als Maß für das vernünftige Verhalten der Versuchspersonen dienen kann. Wir addieren zu dem Kassenbestand eines Spielers in einer Periode nach der Rückzahlung der in der Vorperiode abgeschlossenen Verträge das in der betrachteten Periode angekaufte Geld und das durch Rückgabe von Geldpapieren von der Zentralbank zurückerhaltene Geld und subtrahieren dann das in der Periode verkaufte und in Geldpapieren neu angelegte Geld. Summieren wir dann die verbleibenden Geldbeträge über alle Spieler und alle Perioden eines Versuchs, so dient uns diese Summe, die wir die „zuviel eingekaufte Menge" nennen, als Maß für das vernünftige Handeln der Versuchspersonen. Aus unserer Tabelle 17.1.1. können wir entnehmen, daß diese zuviel eingekauften Mengen nicht unbeträchtlich sind, wovon ein Teil sicherlich auch mißglückten Arbitrageversuchen zuzurechnen ist, so daß nicht alles dem unüberlegten Handeln der Versuchspersonen zuzuschreiben ist.

Zur Rechtfertigung unseres Anspruchs, die zuviel eingekauften Mengen als Maß für das vernünftige Handeln der Versuchspersonen zu benutzen, ziehen wir den Gesamterlös der einzelnen Versuche heran.

Bei der Bestimmung des Gesamterlöses taucht die Schwierigkeit der gerechten Abrechnung der am Ende des Spiels noch vorhandenen Geldpapiere mit unterschiedlichen Restlaufzeiten auf. Die von uns nach dem Ende der Versuche vorgenommene Abrechnung zu 5 % p. a. pro abgelaufene Periode diente zur Verschleierung der Gleichgewichtszinssätze. Da im totalen Konkurrenzgleichgewicht die Hergabe von Geld für l-mal 1 Periode einen genauso hohen Ertrag einbringt wie die Anlage desselben Geldbetrages in Geldpapieren, so müssen wir am Ende eines Versuchs den verschiedenen Geldpapieren die in Tabelle 17.1.2. wiedergegebenen Abrechnungszinssätze zurechnen. Mit dieser Abrechnung ergeben sich dann die in Tabelle 17.1.1. dargestellten Gesamterlöse der einzelnen Versuche. Wie wir aus Tabelle 9.4.2. sofort entnehmen können, ist der maximale Gesamterlös eines Versuchs mit

Tabelle 17.1.2.

Abrechnungszinssätze der am Ende des Spiels noch vorhandenen Geldpapiere

Papiersorte	Abrechnungszinssatz
Mo	25 %
Di	25 %
Mi	21 %
Do	14 %
Fr	7 %

nur 11 Spielern um 1 000 Zinspunkte kleiner als der eines Versuchs mit 12 Spielern. Wir haben daher der besseren Übersichtlichkeit wegen auch noch die Differenz zwischen den experimentell beobachteten Gesamterlösen und dem Gleichgewichtsgesamterlös wiedergegeben. Selbstverständlich liegen wegen der *Pareto*-Optimalität die tatsächlichen Gesamterlöse niemals über dem Gleichgewichtsgesamterlös, so daß die Abweichung vom Gleichgewichtsgesamterlös immer negativ ist. Auf die Bestimmungsgründe für die Höhe der Erlöse auch für die einzelnen Spielertypen und Versuchspersonen werden wir weiter unten noch eingehen. Es ist jedoch zu vermuten, daß der Gesamterlös eines Versuchs um so höher ist, je weniger die Versuchspersonen während des Versuchs zuviel gekauft haben, da ja die Kasse unverzinslich ist. Der Rangkorrelationkoeffizient zwischen den Abweichungen vom Gleichgewichtserlös und den zuviel gekauften Mengen beträgt $r_S = -0.72$, was sehr gut mit unserer Hypothese übereinstimmt. Da dieser Rangkorrelationskoeffizient zudem mit einer einseitigen Signifikanz-

schranke von knapp über 1 % verbunden ist, so glauben wir durchaus berechtigt zu sein, die zuviel eingekauften Mengen als Maß für das vernünftige Verhalten der Versuchspersonen anzusehen.

Schließlich haben wir in unserer Tabelle 17.1.1. noch die Durchschnittszinssätze der zehn Versuche angegeben. Es handelt sich hierbei um die mit den Vertragsmengen gewichteten arithmetischen Mittel aller Zinssätze der in einem Versuch abgeschlossenen Verträge. Der Durchschnitt pro Versuch ist dann, so wie wir es auch bei den anderen Durchschnitten gemacht haben, das ungewichtete arithmetische Mittel der Durchschnittszinssätze aller zehn Versuche. Um ein Maß für die Größe der Abweichung vom Durchschnittszinssatz des totalen Konkurrenzgleichgewichts zu erhalten, müssen wir uns wieder einer Hilfsgröße bedienen, denn das gewichtete arithmetische Zinssatzmittel des totalen Konkurrenzgleichgewichts ist wegen des Fehlens von eindeutigen Gleichgewichtsumsätzen[4] nicht berechenbar. Wir verwenden daher als Ersatz die durchschnittliche Verzinsung der effektiven Geldmenge im Gleichgewicht, die wir oben schon berechnet hatten. Für 12 Spieler ergab sich ein Durchschnittszinssatz $\bar{p}_{12\ \text{Spieler}} = 4.660\ \%$ und für 11 Spieler einer von $\bar{p}_{11\ \text{Spieler}} = 4.646\ \%$. Bei sechs Versuchen mit 12 Spielern und vier Versuchen mit 11 Spielern würde sich dann also ein Durchschnitt pro Versuch von $\bar{p} = 4.654\ \%$ ergeben, so daß also der aus den zehn Versuchen experimentell bestimmte Durchschnittszinssatz pro Versuch von 4.23 % nicht allzu sehr von der theoretischen Voraussage nach unten abweicht. Allerdings liegt bei acht Versuchen der Durchschnittszinssatz unter der mittlerer Verzinsung der effektiven Geldmenge und nur bei zwei Versuchen liegt er darüber, so daß wir die Vermutung äußern könnten, der Durchschnittszinssatz weiche prinzipiell nach unten von der theoretischen Voraussage ab, da auch der biomische Test für diese beobachtete Verteilung unter der Gleichverteilungshypothese nur eine einseitige Wahrscheinlichkeit von 5,5 % liefert. Jedoch müssen wir hierbei bedenken, daß in den in der Tabelle 17.1.1. dargestellten Kennzahlen auch die Ergebnisse der Anfangsperioden der Versuche enthalten sind, in denen erwartungsgemäß wohl noch eine Reihe von Fehlern von den Versuchspersonen gemacht werden, da sie nach dem Einführungsvortrag noch nicht vollständig mit der Problematik des Spiels vertraut sein können und erst durch das Spielen einiger Perioden die nötige Fertigkeit und Übersicht für überlegte Entscheidungen erlangen. Aus diesem Grunde haben wir einige der Kennzahlen aus Tabelle 17.1.1. sowohl für die Spielwochen 1 und 2, also für die Perioden 1 bis 10, als auch für die Spielwochen 3 und 4, also für die Perioden 11 bis 20, gesondert noch einmal berechnet und in Tabelle 17.1.3. dargestellt.

---

[4] Vgl. Satz 9.3.1., S. 112.

Tabelle 17.1.3.: **Übersicht über die Ergebnisse der ersten Spielhälfte (1) und der zweiten Spielhälfte (2) aller zehn Versuche**

		I	II	III	IV	V	VI	VII	VIII	IX	X	Durchschn. p. Vers.
Anzahl	1	80	74	100	146	83	84	112	98	110	127	101,4
Verträge	2	74	83	76	101	93	89	80	87	116	112	91,1
Fehlanlagen-	1	2,38	0,05	1,42	—	1,16	—	3,25	—	—	3,86	1,21
satz %	2	—	3,08	8,41	1,88	6,24	2,24	1,82	—	0,65	—	2,43
Überschußre-	1	11,15	17,42	7,29	20,14	7,64	20,67	4,38	5,60	7,76	8,52	11,06
servesatz %	2	4,71	9,06	0,61	2,52	1,77	3,57	6,55	3,30	1,52	1,71	3,53
Mindestre-	1	0,38	—	0,12	—	—	—	—	—	0,06	—	0,06
servedefizits.	2	—	—	—	—	—	—	0,02	0,34	—	—	0,04
Arbitrierte	1	309	41	282	518	394	181	193	165	91	144	225,5
Mengen GE	2	125	350	48	155	136	88	27	78	62	481	155,0
Gesamt-	1	1 985	1 072	1 844	1 988	2 394	1 412	2 597	1 736	1 702	3 282	2 001,2
umsatz GE	2	1 702	1 703	1 323	1 551	1 814	1 706	1 728	1 624	2 362	2 069	1 758,2
Zinsmarge	1	0,10	0,27	0,73	0,17	0,31	0,51	0,12	0,68	1,26	0,78	0,49
%	2	0,27	0,16	0,33	0,20	0,31	0,56	0,33	0,42	0,59	0,21	0,34
Zuviel eingek.	1	525	518	302	613	302	477	151	164	262	395	370,8
Mengen GE	2	205	173	20	99	145	123	259	157	26	87	129,2
Abw. max.	1	– 647,3	–1 079,4	– 370,3	–1 530,8	– 673,6	–1 546,4	– 243,9	– 206,1	– 276,4	– 104,7	– 669,7
Erlös ZP	2	– 166,3	– 620,1	– 165,5	– 125,9	– 19,5	– 271,1	– 271,1	– 117,8	– 68,6	– 221,1	– 204,7
Durchschn.-	1	4,94	3,87	3,58	4,26	3,61	3,53	4,98	3,59	4,08	4,49	4,09
zinssatz %	2	5,13	3,57	3,88	4,63	4,21	4,82	4,95	3,55	4,30	4,87	4,39

Unsere Vermutung, daß das Verhalten der Versuchspersonen im Zeitablauf durch einen Lernprozeß vernünftiger wird und zu überlegterem Handeln führt, wird durch die auffällige Tatsache des scharfen Rückgangs der zuviel eingekauften Mengen in den zweiten Versuchshälften gegenüber den ersten Versuchshälften im Durchschnitt pro Versuch sehr gestützt. Die in den zweiten Versuchshälften zuviel eingekauften Mengen fallen auf durchschnittlich rund ein Drittel der in den ersten Versuchshälften zuviel eingekauften Mengen, wobei bei neun Versuchen ein Rückgang der in der zweiten Hälfte zuviel eingekauften Mengen gegenüber der ersten Hälfte und nur bei einem Versuch eine Steigerung zu beobachten war. Da der binomische Test für diese beobachtete Verteilung unter der Gleichverteilungshypothese eine einseitige Wahrscheinlichkeit von 1,1 % liefert, so glauben wir mit Recht sagen zu können, daß die Ergebnisse der zweiten Versuchshälften repräsentativer für die aus den experimentellen Untersuchungen unseres Geldmarktspiels zu erwartenden Daten sind als die Ergebnisse der ersten Versuchshälften. Auch bei der Anzahl der Verträge und bei dem Gesamtumsatz zeigt sich ein Rückgang der Zahlen der zweiten Versuchshälften gegenüber den Zahlen der ersten Versuchshälften, was auch gut mit den subjektiven Beobachtungen der Spielleitung übereinstimmt, wonach nach einer fast euphorischen Verhandlungstätigkeit, besonders in der ersten Spielwoche, unter den Versuchspersonen im weiteren Verlauf der Versuche eine überlegtere Verhandlungs- und Vertragsabschlußtätigkeit Platz griff.

Auch bei den Zahlen für den Überschußreservesatz und den Mindestreservedefizitsatz zeigt sich ein tendenzieller Rückgang der Zahlen der zweiten Hälften gegenüber den ersten Hälften und damit wieder eine Verbesserung des Spielerverhaltens, während der Fehlanlagensatz in den zweiten Hälften tendenziell gegenüber den ersten Hälften zu steigen scheint. Hierzu müssen wir anmerken, daß wir die Berechnung der Fehlanlagensätze für die ersten und zweiten Versuchshälften mit Hilfe der Zentralbankanlagen der Perioden 1 bis 6 bzw. 11 bis 16 durchgeführt haben, da eine Entscheidung über die Durchführung einer im Gleichgewicht durchführbaren Aktivität ${}_{l}a_{t}$ anhand der am Ende der Versuche noch gehaltenen Geldpapiere nicht möglich ist. Das Auslassen der Zentralbankanlagen der Perioden 7 bis 10 erfolgte deshalb, weil die Laufzeiten der in diesen Perioden gekauften Geldpapiere in die zweiten Versuchshälften hineinragen und eine Entscheidung über die Zugehörigkeit einer solchen Aktivität zur ersten oder zweiten Versuchshälfte schwierig ist. Eine Erklärung für das anscheinende Ansteigen des Fehlanlagensatzes in den zweiten Versuchshälften ist darin zu suchen, daß aufgrund der sich bei den Versuchspersonen allgemein durchsetzenden Erkenntnis, daß das Halten von Überschußreserven mit einem Zinsentgang verbunden ist, und es daher vorteilhafter ist, mehr Geldpapiere als bisher zu halten, zuviel Geldpapiere gekauft werden, von denen ein Teil wegen des zyklischen Verlaufs der Gesamtgeldmenge schon nach einer Periode wieder zurückgegeben werden muß. Entfallen von den in den ersten Spielhälften fehlangelegten Geldeinheiten durchschnittlich 10 % auf den Kauf von Geldpapieren, die nur eine Periode durchgehalten wurden, so steigt dieser Prozentsatz in den zweiten Spielhälften auf durchschnittlich 40 %, so daß also das übermäßige Kaufen von Geldpapieren in den zweiten Versuchshälften gut das Ansteigen des Fehlanlagensatzes erklärt.

Bei den arbitrierten Mengen und der Zinsmarge zeigt sich erwartungsgemäß ebenfalls ein tendenzielles Absinken der Zahlen der zweiten Versuchshälften gegenüber den ersten Versuchshälften. Aufgrund der sich im Laufe der Versuche verbessernden Verhandlungstechnik müßte die Arbitrage erschwert werden, was in einem Rückgang der arbitrierten Mengen und einem Kleinerwerden der Zinsmargen zum Ausdruck kommen müßte. Beide zu erwartenden Effekte beobachten wir tendenziell in unseren Versuchsergebnissen.

Besonders schön ist die Verbesserung der Versuchsergebnisse der zweiten Hälften gegenüber den ersten Hälften bei den Gesamterlösen und den Durchschnittszinssätzen zu beobachten. Bei der Berechnung der Gesamterlöse der ersten Versuchshälften haben wir die Geldpapiere, deren Laufzeiten in die zweiten Versuchshälften hineinragten, zu denselben Abrechnungssätzen wie die am Ende des Versuchs noch vorhandenen Geldpapiere, die wir in Tabelle 17.1.2. wiedergegeben haben, bewertet. Die Abweichungen vom Gleichgewichtserlös, der für einen Versuch mit 12 Spielern selbstverständlich 11 650 Zinspunkte und für einen mit 11 Spielern 11 150 Zinspunkte beträgt, haben wir in Tabelle 17.1.3. wiedergegeben, wobei die starke tendenzielle Verbesserung der Gesamterlöse der zweiten Hälften gegenüber den ersten Hälften stark ins Auge fällt. Auch bei den Durchschnittszinssätzen zeigt sich, daß der Durchschnitt pro Versuch der Durchschnittszinssätze der zweiten Versuchshälften mit 4,39 % näher am theoretisch vorhergesagten Wert von 4,65 % liegt als der Durchschnittszinssatz der ersten Versuchshälften. Dabei weisen in den zweiten Hälften nur noch sechs Versuche einen niedrigeren Durchschnittszinssatz als den vorhergesagten auf, während vier einen höheren Durchschnittssatz haben. Da der binomische Test für diese beobachtete Verteilung unter der Gleichgewichtshypothese eine einseitige Wahrscheinlichkeit von 37,7 % angibt, so können wir die beobachteten Abweichungen der Durchschnittszinssätze von den theoretisch vorhergesagten Werten als zufällig ansehen.

17.2. *Zeitliche Entwicklung der Zinssätze*

Unsere obigen Angaben über die Durchschnittszinssätze sagen, wenn wir die isoliert betrachten, nicht viel darüber aus, ob die theoretische Voraussage eines zyklisch veränderlichen Gleichgewichtszinssatzes von den Versuchsergebnissen bestätigt oder zumindest nicht widerlegt wird. Wir könnten vermuten, daß wegen der Prominenz des Abgabesatzes für Geldpapiere von 5 % die Zinssätze beim Handel in Geldkrediten nur stochastisch um diesen Satz schwanken, so daß im Mittel auch ein nahe am theoretisch vorhergesagten Durchschnittszinssatz liegender Wert experimentell gefunden wird. Zur Widerlegung dieser Vermutung haben wir in den Abbildungen 17.2.1. bis 17.2.10. die Durchschnittszinssätze der 20 Perioden aller 10 Versuche graphisch dargestellt. Zwar weisen die einzelnen Versuche sehr unterschiedliche zeitliche Verläufe der Periodendurchschnittszinssätze auf, die oft auch recht weit von dem theoretisch vorhergesagten Verlauf abweichen, jedoch zeigt sich, wenn wir für jede Periode den Durchschnitt des Periodendurchschnittszinssatzes pro Versuch berechnen und in ein Diagramm eintragen (Abbildung 17.2.11.), daß sich die Durchschnittszinssätze während der Versuche dem theoretischen Zinssatzverlauf annähern. Diese Annäherung ist zwar optisch nicht sehr deutlich sichtbar, besonders die Abweichungen vom vorhergesagten Zinssatz der Montage sind erheblich, doch können wir unsere Behauptung der Annäherung der Zinssätze an die theoretisch vorhergesagten Werte durch folgende Untersuchung stützen.

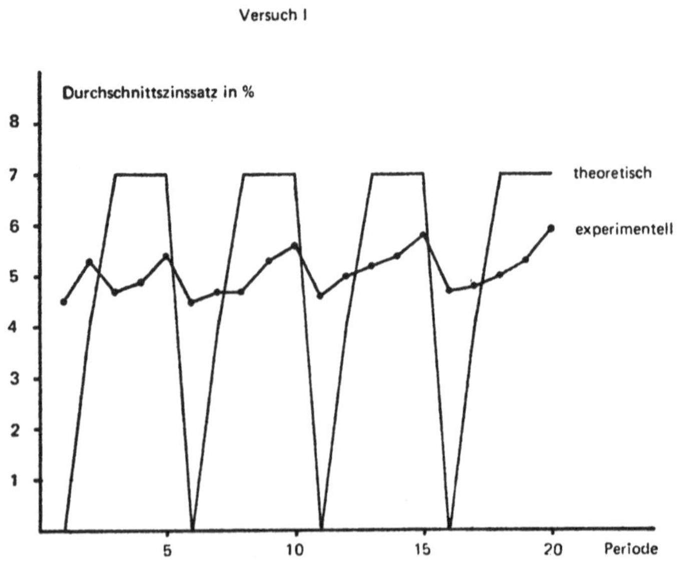

Abbildung 17.2.1.

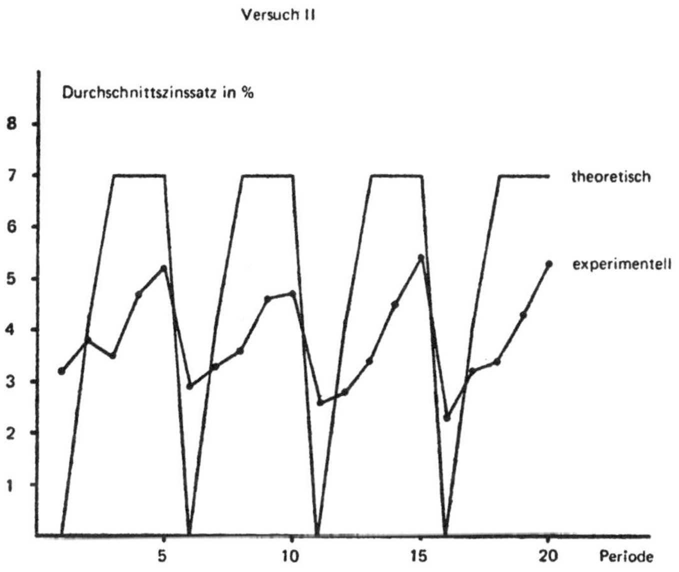

Abbildung 17.2.2.

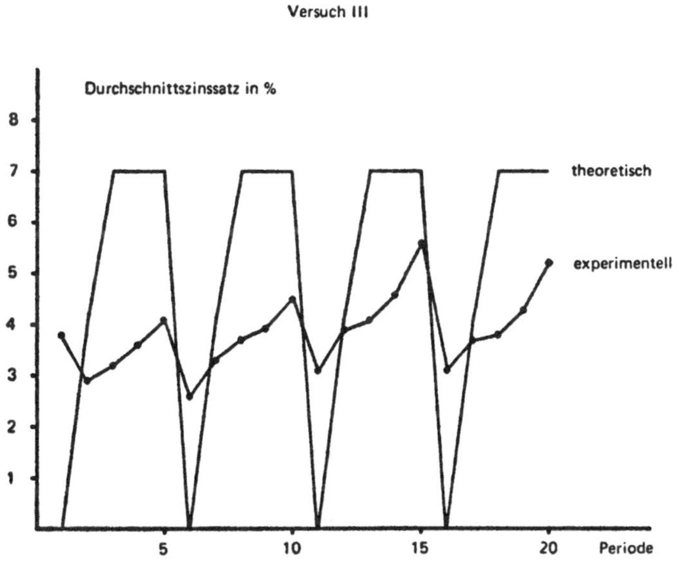

Abbildung 17.2.3.

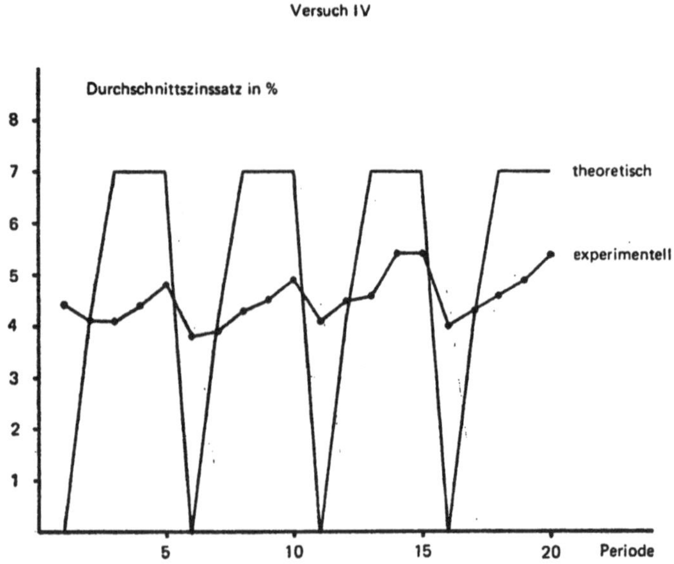

Abbildung 17.2.4.

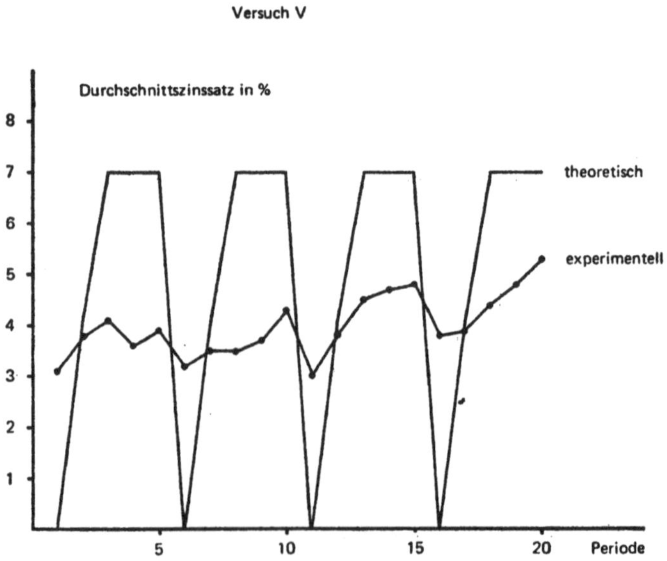

Abbildung 17.2.5.

Versuch VI

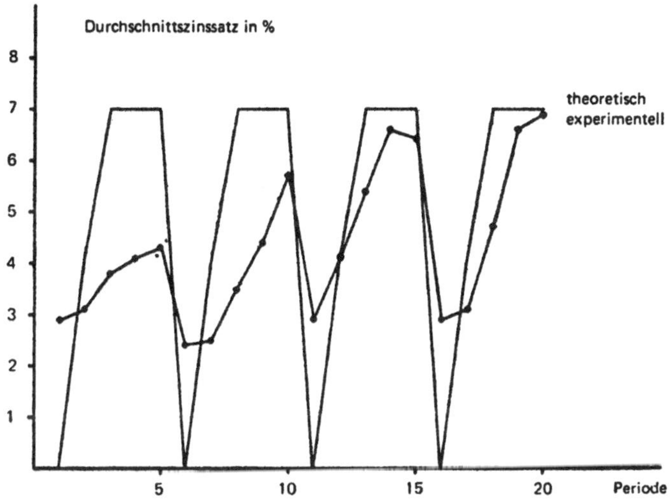

Abbildung 17.2.6.

Versuch VII

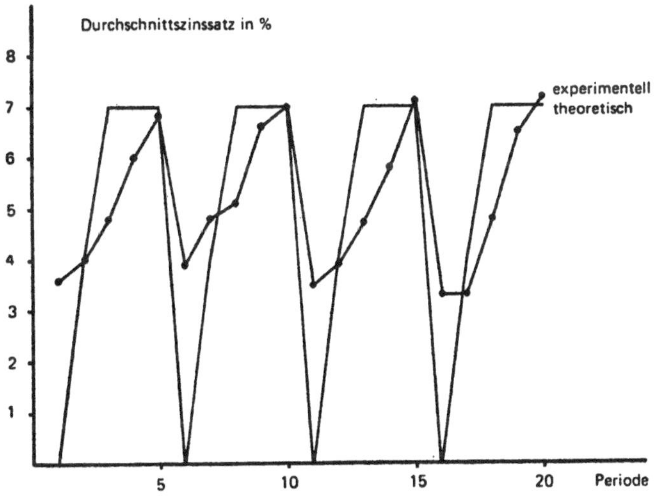

Abbildung 17.2.7.

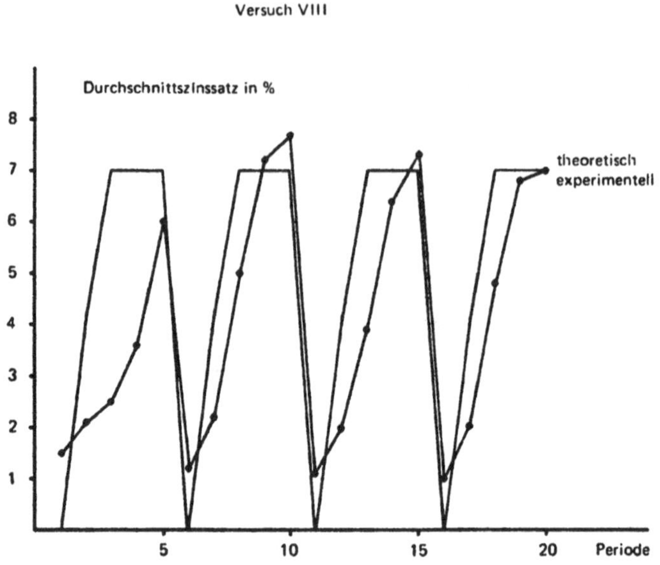

Abbildung 17.2.8.

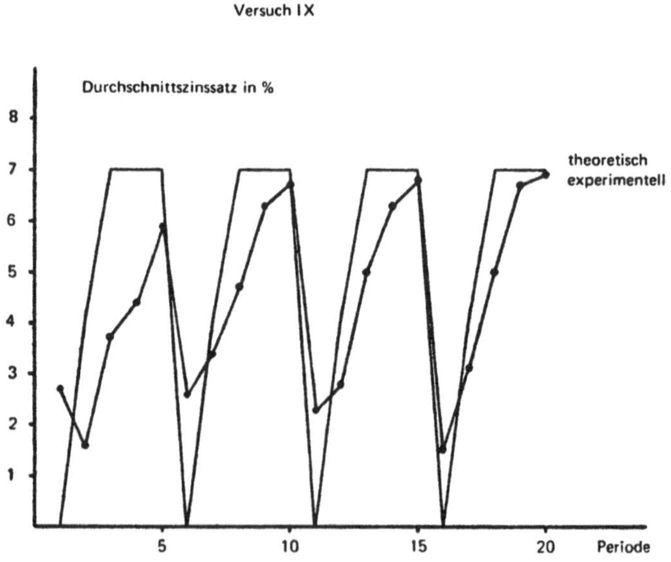

Abbildung 17.2.9.

Versuch X

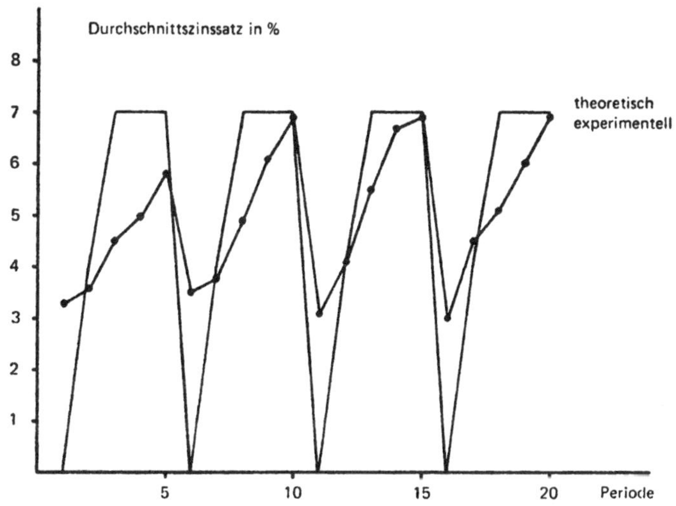

Abbildung 17.2.10.

Durchschnitt aller Versuche

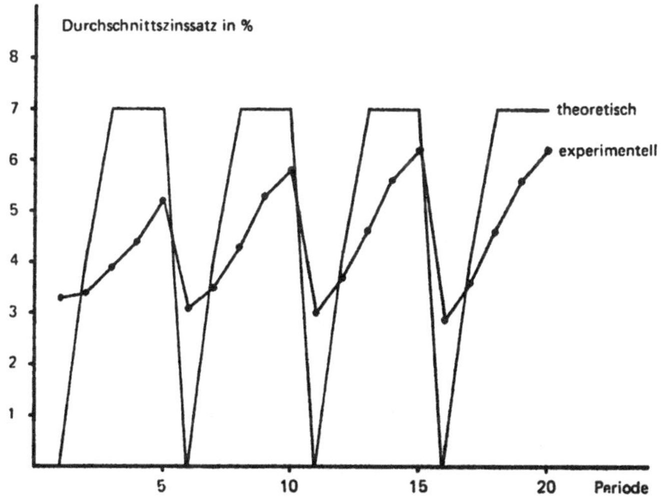

Abbildung 17.2.11.

Wir ordnen die Verträge innerhalb einer Periode nach der zeitlichen Reihenfolge ihres Abschlusses, was wir leicht anhand der Numerierung der Verträge vornehmen können, und berechnen die ungewichteten Zinssatzmittel der zur gleichen Zeit abgeschlossenen Verträge aller Versuche. Die Nummer eines Vertrags innerhalb einer Periode nennen wir die Ordnungsnummer des Vertrags. Die Zinssatzmittel für gleiche Ordnungsnummern haben wir für die ersten 10 Verträge einer jeden Periode in Tabelle 17.2.1. wiedergegeben und in Abbildung 17.2.12. graphisch dargestellt.

Tabelle 17.2.1.

Zinssatzdurchschnitte der Verträge mit gleicher Abschlußzeit innerhalb der Perioden t

t \ Ordnungs-Nr.	1	2	3	4	5	6	7	8	9	10
1	3,77	3,41	3,57	3,28	3,27	3,41	3,25	3,10	3,13	2,69
2	3,42	3,64	3,66	3,36	3,40	3,25	3,50	3,50	3,14	3,14
3	3,89	4,08	3,94	3,94	3,68	3,68	3,81	3,96	4,10	3,52
4	4,43	4,07	4,37	4,26	4,67	4,16	4,25	4,39	4,80	4,47
5	5,02	4,92	5,12	5,50	5,35	5,28	5,44	5,44	5,70	5,00
6	3,31	3,19	3,06	3,11	3,03	2,99	3,08	3,02	2,83	3,30
7	3,40	3,51	3,52	3,52	3,36	3,40	3,38	3,49	3,58	3,19
8	3,99	3,97	4,05	4,11	4,06	4,22	4,41	4,58	4,70	4,97
9	4,61	4,80	5,07	5,23	5,28	5,19	5,68	5,47	5,73	6,30
10	5,77	5,52	5,74	5,76	5,79	5,86	6,34	6,84	6,73	6,75
11	3,29	3,11	3,22	3,16	3,13	2,82	2,61	2,74	2,53	2,00
12	3,69	3,49	3,61	3,62	3,62	3,47	3,91	3,74	3,66	3,40
13	4,39	4,36	4,51	4,64	4,62	4,43	4,78	4,94	5,19	5,15
14	5,23	5,50	5,35	5,93	5,72	6,10	6,21	6,40	6,39	6,55
15	6,02	5,98	6,27	5,64	6,15	6,17	6,33	6,38	6,90	7,00
16	3,23	3,06	3,10	2,97	2,98	2,85	3,00	2,86	2,66	2,22
17	3,70	3,47	3,57	3,54	3,55	3,61	3,60	3,28	3,68	4,34
18	4,16	4,38	4,27	4,47	4,34	4,38	4,69	5,04	5,28	5,00
19	5,20	5,38	5,69	5,73	5,81	5,58	5,69	5,66	5,60	5,90
20	6,00	6,03	6,13	6,04	6,34	5,98	5,77	5,77	5,77	5,20

Wir haben uns deshalb auf die ersten zehn Verträge beschränkt, da nicht in allen Versuchen in einander entsprechenden Perioden dieselbe Anzahl Verträge abgeschlossen wurde und bei zu geringer Besetzungszahl der einzelnen Ordnungsnummern die Zinssatzniveauunterschiede der einzelnen Versuche zu stark sichtbar würden. Aus der Abbildung

17.2.12. ist nun zu entnehmen, daß die Zinssätze innerhalb einer Periode tendenziell fallen, wenn der Zinssatz des ersten Vertrags oberhalb des Gleichgewichtszinssatzes liegt und daß die Zinssätze innerhalb einer Periode tendenziell steigen, wenn der Anfangszinssatz unter dem Gleichgewichtszinssatz liegt. Um diese Annäherung an die Gleichgewichtszinssätze besser hervortreten zu lassen, haben wir für gleiche Ordnungsnummern und gleiche Perioden der Spielwochen 3 und 4 noch einmal die Mittelwerte der Zinssätze berechnet und in Tabelle 17.2.2. und Abbildung 17.2.13. wiedergegeben.

Tabelle 17.2.2.

Zinssatzdurchschnitte der Verträge mit gleicher Abschlußzeit in entsprechenden Perioden der Spielwochen 3 und 4

Wochentag / Ordnungsnr.	Mo	Di	Mi	Do	Fr
1	3,26	3,70	4,28	5,22	6,01
2	3,09	3,48	4,37	5,44	6,01
3	3,16	3,59	4,39	5,52	6,20
4	3,07	3,58	4,56	5,83	5,84
5	3,06	3,59	4,48	5,77	6,25
6	2,84	3,54	4,41	5,84	6,18
7	2,81	3,75	4,74	5,95	6,05
8	2,80	3,51	4,99	6,03	6,08
9	2,60	3,67	5,24	6,00	6,34
10	2,11	3,87	5,10	6,23	6,10
11	2,23	3,80	5,30	6,43	6,00
12	2,13	3,43	5,88	7,10	—
13	1,82	3,75	6,05	6,90	—
14	1,60	3,90	5,40	7,10	—
15	1,50	—	—	—	—

Hierbei haben wir aber alle aufgetretenen Verträge berücksichtigt, um uns nicht dem Vorwurf der Verzerrung der Versuchsergebnisse auszusetzen. Für die in Tabelle 17.2.2. dargestellten Werte haben wir lineare Regressionskoeffizienten berechnet, wobei die einzelnen Ordnungsnummern mit der Anzahl ihres Auftretens in den zehn Versuchen gewichtet wurden, und die zugehörigen Regressionsgeraden in Abbildung 17.2.13. zusätzlich eingezeichnet. Die Regressionskoeffizienten lauten für die Wochentage Montag bis Freitag:

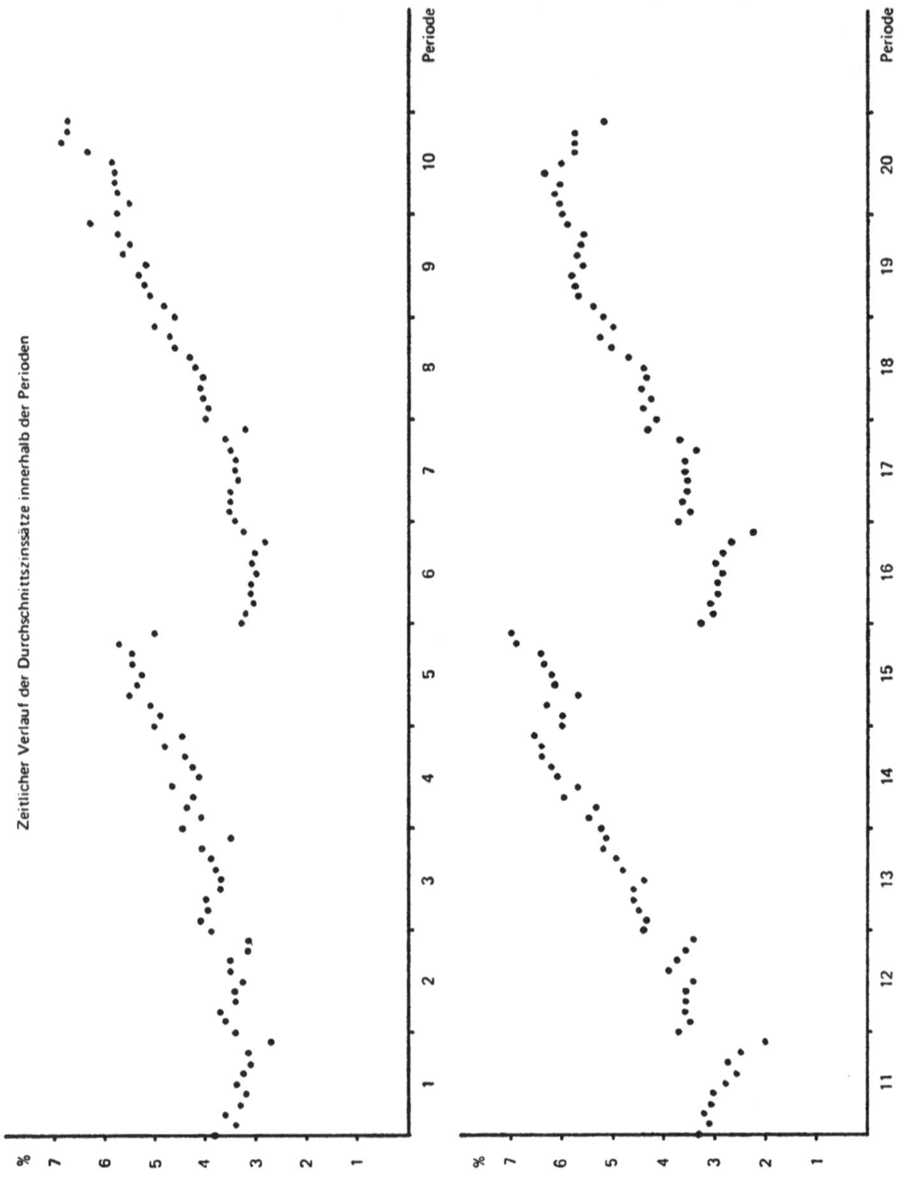

Abbildung 17.2.12

Zinssatzdurchschnitte von Verträgen mit gleicher Abschlußzeit in entsprechenden Perioden der Spielwochen 3 und 4

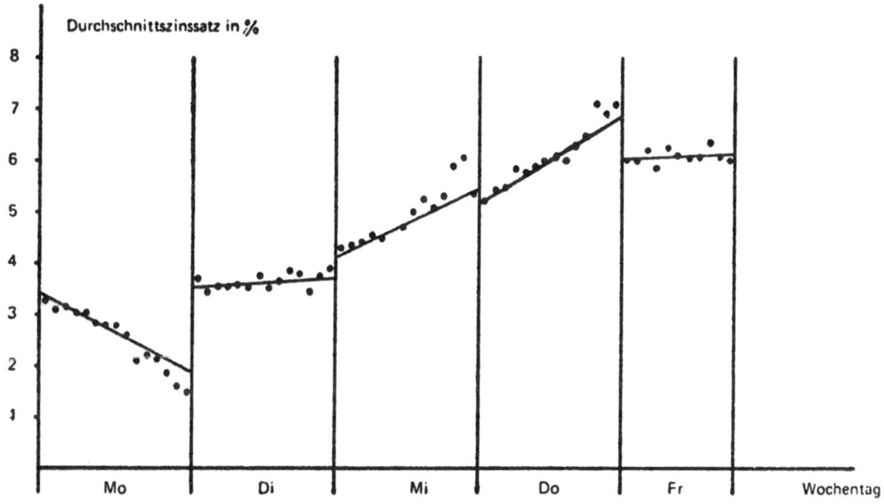

Abbildung 17.2.13.

$$c_{Mo} = -0{,}10, \quad c_{Di} = +0{,}01, \quad c_{Mi} = +0{,}09,$$
$$c_{Do} = +0{,}11, \quad c_{Fr} = +0{,}01.$$

Um zu überprüfen, welche der Regressionskoeffizienten durch Zufall entstanden sein könnten; denn zwei von ihnen sind relativ zu den übrigen sehr klein, doch haben alle die mit unserer Vorhersage übereinstimmenden Vorzeichen, berechnen wir für die Werte von Tabelle 17.2.2. die Rangkorrelationskoeffizienten der Durchschnittszinssätze mit den Ordnungsnummern, wobei wir folgende Werte mit den zugehörigen Signifikanzschranken in Klammern erhalten:

$$r_{S,\,Mo} = -0{,}98 \quad (\alpha < 0{,}01), \qquad r_{S,\,Di} = +0{,}43 \quad (\alpha < 0{,}10),$$
$$r_{S,\,Mi} = +0{,}96 \quad (\alpha < 0{,}01), \qquad r_{S,\,Do} = +0{,}98 \quad (\alpha < 0{,}01),$$
$$r_{S,\,Fr} = +0{,}16 \quad (\alpha > 0{,}10).$$

Diese Ergebnisse legen uns nun die Vermutung nahe, daß die Tendenz zur Annäherung an den Gleichgewichtszinssatz um so stärker ist, je mehr der Zinssatz des ersten Vertrages einer Periode vom Gleichgewichtswert abweicht. Die obigen Rangkorrelationskoeffizienten für

Dienstag und Freitag haben nämlich auffällig von den anderen Signifikanzschranken abweichende Signifikanzschranken, jedoch sind, wie wir aus Tabelle 17.2.2. entnehmen können, auch die Anfangszinssatzabweichungen vom Gleichgewichtswert kleiner als bei den anderen Perioden. Zur Überprüfung unserer Hypothese berechnen wir die Rangkorrelationskoeffizienten der Durchschnittszinssätze mit den Ordnungsnummern der Verträge für die Perioden 11 bis 20, wobei wir diesmal wieder im Gegensatz zur Darstellung in Tabelle 17.2.1. alle aufgetretenen Verträge berücksichtigt haben. Die erhaltenen Werte sind in Tabelle 17.2.3. zusammengestellt.

Tabelle 17.2.3.

Rangkorrelationskoeffizienten der Zinssatzdurchschnitte der Verträge mit gleicher Abschlußzeit innerhalb der Perioden mit der Ordnungsnummer

Periode	r_S
11	− 0,96
12	− 0,19
13	+ 0,92
14	+ 0,97
15	+ 0,85

Periode	r_S
16	− 0,92
17	+ 0,32
18	+ 0,94
19	+ 0,61
20	− 0,56

Nun berechnen wir den Rangkorrelationskoeffizienten der Werte von Tabelle 17.2.3. mit den Abweichungen der mittleren Anfangszinssätze der Perioden, die wir aus Tabelle 17.2.1. entnehmen können. Es ergibt sich ein $r_S = -0.86$, was mit einer Sicherheitsschranke von weit unter 1 % verbunden ist. Wir fassen unser Ergebnis noch einmal zusammen. Die beobachteten Durchschnittszinssätze weichen am Anfang der einzelnen Perioden von den vorhergesagten Gleichgewichtszinssätzen ab, passen sich jedoch im Laufe der Periode an den Gleichgewichtswert an, wobei die Anpassung um so sicherer erfolgt, je größer die Anfangsabweichung war. Ob nun allerdings die Zinssätze bei länger andauernden Versuchen sich schließlich gänzlich den Gleichgewichtswerten genähert hätten, ist zweifelhaft, denn es ist eher zu erwarten, und das zeigt sich in Abbildung 17.2.13. sehr schön, daß die Zinssätze dazu tendieren, unter den Gleichgewichtswerten zu liegen, wenn diese größer Null sind, bzw. über den Gleichgewichtswerten zu liegen, wenn diese Null sind. Eine Erklärung hierfür ist darin zu suchen, daß sich eine

Versuchsperson bei den Verhandlungen mit anderen Versuchspersonen schwerlich bereit erklären wird, das angebotene Geld zu genau dem Zinssatz zu übernehmen, den sie auch bei Rückgabe von Geldpapieren an die Zentralbank zahlen müßte. Sie wird eher verlangen, einen Zinssatznachlaß gegenüber dem bei der Zentralbank zu zahlenden Zinssatz zu erhalten, wenn sie das vom Anbieter offerierte Geld nehmen soll. Ebenso ist zu erwarten, daß eine Versuchsperson nicht bereit ist, zum Zinssatz von Null Geld zu verleihen, da auch das Halten von Kasse denselben Ertrag abwirft und mit keiner zusätzlichen Mühe verbunden ist. Besonders die in Abbildung 17.2.13. beim Dienstag und Freitag, aber auch beim Montag, zu beobachtenden Abweichungen scheinen tatsächlich unsere Behauptung experimentell zu bestätigen, während am Mittwoch und Donnerstag dieser Effekt wegen der erfolgenden Anpassung an die gegenüber Dienstag stark veränderten Gleichgewichtszinssätze nicht deutlich hervortritt.

Wir könnten nun vermuten, daß die von uns berechneten Zinssätze durch einen irgendwie gearteten Mengenrabatt oder auch Mengenaufschlag tendenziell verzerrt sind. Zur Aufdeckung eines solchen Effektes dürfen wir nun nicht einfach die beobachteten Vertragsmengen mit den zugehörigen Zinssätzen korrelieren, sondern wir müssen zuerst die in den einzelnen Perioden und Versuchen vorhandenen Zinssatzniveauunterschiede beseitigen. Dazu berechnen wir für jede Periode jedes Versuchs die Differenz zwischen dem mit den Vertragsmengen gewichteten Zinssatzmittel und den Zinssätzen der in der betreffenden Periode abgeschlossenen Verträge. Diese Differenzen wollen wir kurz als die Zinsabweichungen bezeichnen. Dann ordnen wir alle Verträge in der Reihenfolge der auf ihnen verzeichneten Geldmengen und berechnen für die einzelnen Mengen jeweils die ungewichteten Mittelwerte aller beobachteten Preisabweichungen. Diese Durchschnittspreisabweichungen haben wir in Abbildung 17.2.14. graphisch dargestellt, und der besseren Übersichtlichkeit wegen haben wir in dieser Abbildung zusätzlich noch die gleitenden 5-Mengen-Durchschnitte eingezeichnet[5]. Es zeigt sich schon an diesen gleitenden 5-Mengen-Durchschnitten, daß tendenziell kein Mengenrabatt oder Mengenaufschlag nachzuweisen sein wird. Auch der Rangkorrelationskoeffizient der Preisabweichungen mit den Vertragsmengen ist mit $r_S = + 0{,}04$ und einer zweiseitigen Signifikanzschranke von weit über 20 % so verschwindend klein, daß wir mit Recht die Auswirkungen von möglichen Mengenrabatten oder Mengenaufschlägen vernachlässigen können.

[5] Auf den zu beobachtenden zyklischen Verlauf der gleitenden 5-Mengen-Durchschnitte als Summe von Zufallseinflüssen hat schon *E. Slutzky:* The Summation of Random Causes as the Source of Cyclic Processes, Econometrica 5 (1937), S. 105—146 hingewiesen.

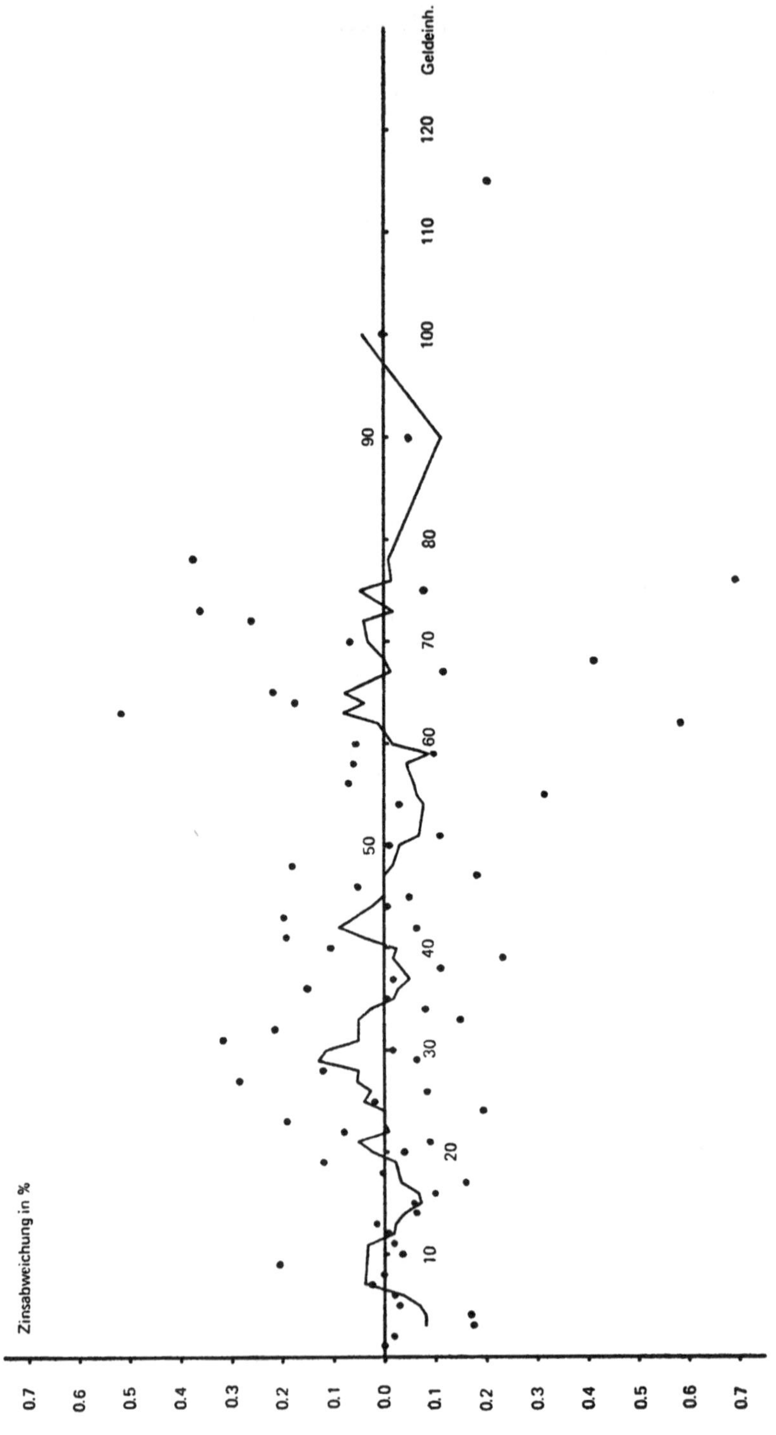

Abbildung 17.2.14.

Zum Abschluß dieses Punktes wollen wir noch auf ein Phänomen hinweisen, das wir kurz als Preisträgheit bezeichnen wollen. In Abbildung 17.2.13. ist zu erkennen, daß sich die Zinssätze innerhalb einer Periode und auch von Periode zu Periode nur langsam verändern. Dies ist wohl zum Teil auf die Tatsache zurückzuführen, daß die Versuchspersonen aus noch ungeklärten Gründen bei der Veränderung der Zinssätze im Vergleich zu Veränderungen der Vertragsmengen eine starke Beharrungstendenz zeigen. Um dies Phänomen deutlich hervortreten zu lassen, dürfen wir nicht einfach die Varianzen der Zinssätze und Vertragsmengen in den einzelnen Perioden berechnen, da dann aufgrund der starken Verschiedenheit der Mittelwerte von Zinssätzen und Vertragsmengen ein Vergleich der Ergebnisse schlecht möglich ist. Wir berechnen daher die Variationskoeffizienten[6] für Zinssätze und Vertragsmengen für jede Periode und bilden die Durchschnitte der Werte einander entsprechender Perioden für alle Versuche. In Tabelle 17.2.4. haben wir die erhaltenen Werte wiedergegeben.

Tabelle 17.2.4.

Durchschnittliche Variationskoeffizienten der Zinssätze und Vertragsmengen innerhalb der Perioden in %

Per.	Zinssatz	Menge	Per.	Zinssatz	Menge
1	20,2	47,0	11	13,0	61,4
2	15,1	52,6	12	8,2	78,3
3	10,4	71,4	13	10,0	77,8
4	9,5	69,9	14	9,3	72,7
5	8,5	69,4	15	6,8	75,0
6	10,5	62,5	16	13,2	59,5
7	7,1	58,6	17	12,9	84,1
8	9,0	68,5	18	13,1	67,2
9	9,5	73,2	19	6,6	67,8
10	6,8	61,1	20	5,1	78,4

Zur Berechnung der Variationskoeffizienten haben wir selbstverständlich die ungewichteten Zinssatzdurchschnitte der einzelnen Perioden verwandt, die sich aber tendenziell nicht von den bis jetzt immer verwandten gewichteten Zinssatzmitteln unterscheiden. In allen 20 Perioden sind die durchschnittlichen Variationskoeffizienten der Mengen größer als die der Zinssätze, wobei in der Mehrzahl der Fälle er-

---

[6] Vgl. *O. Anderson:* Probleme der statistischen Methodenlehre in den Sozialwissenschaften, Zweite Auflage, Würzburg 1954, S. 44.

hebliche Unterschiede auftreten. Es scheint also so zu sein, daß Zinssatzänderungen im Vergleich zu Mengenänderungen nur schwer durchzusetzen sind.

17.3. Ein Schelling-Effekt bei Vertragsmengen und Zinssätzen

In den Abbildungen 17.3.1. und 17.3.2. haben wir die Verteilung der beobachteten Vertragsmengen und Zinssätze der einzelnen Verträge dargestellt, wobei wir allerdings die 47 Verträge, die zu Mengen über 50 GE abgeschlossen wurden, in Abbildung 17.3.1. aus Platzmangel fortlassen mußten. Es fällt bei den Mengen auf, daß die durch 5 teilbaren Mengen 5, 10, 15, 20 usw. von den Versuchspersonen anscheinend bevorzugt abgeschlossen wurden. So sind z. B. 299 Verträge über 20 GE, jedoch nur 17 Verträge über 19 GE und 16 Verträge über 22 GE abgeschlossen worden. U. E. hat wohl *T. C. Schelling*[7] als erster auf die Bedeutung der Auffälligkeit oder „Prominenz" einer Lösungsmöglichkeit für ein aufgrund anderer Gesichtspunkte nicht oder nur sehr schwierig zu lösendes Entscheidungsproblem hingewiesen. In einer Lage, in der es für die Versuchspersonen unmöglich ist, zu entscheiden, ob 18, 19, 20 oder 21 GE die optimale Einkaufsmenge darstellen, ist natürlich zu erwarten, daß die besonders auffällige und daher psychologisch naheliegende Menge von 20 GE gewählt wird.

Bei den Zinssätzen können wir einen ähnlichen *Schelling*-Effekt beobachten. Es sind hier offensichtlich von den Versuchspersonen diejenigen Zinssätze bevorzugt worden, die wie 3 %, 4 % und 5 % ganzzahlig sind oder wie 3,5 %, 4,5 % und 5,5 % genau in der Mitte zwischen zwei ganzzahligen Zinssätzen liegen. Besonders deutlich wird dieser Effekt, wenn wir die Verteilung der Zinssätze nur bezüglich der Dezimalstellen vornehmen, wie wir es in Abbildung 17.3.3. getan haben. Wir sehen deutlich, daß die Mehrzahl der 1925 Verträge über Zinssätze mit den Dezimalstellen 0 und 5 abgeschlossen worden ist. Insgesamt entfallen auf diese Verträge knapp 57 % aller abgeschlossenen Verträge.

Vielleicht läßt sich der beobachtete *Schelling*-Effekt auch zur Erklärung der mit abnehmender Entfernung vom Gleichgewichtswert abnehmenden Anpassungsintensität der Zinssätze an den Gleichgewichtswert heranziehen, da vielfach die eigentlich notwendige Änderung des Zinssatzes von einem Wert mit der Dezimalstelle 0 auf einen Wert mit der Dezimalstelle 5 als zu groß empfunden wird und eine Änderung des Zinssatzes auf einen Wert mit einer Dezimalstelle zwischen 0 und 5 wegen der fehlenden „Prominenz" dieses Wertes nicht vorgenommen wird.

---

[7] *T. C. Schelling:* The Strategy of Conflict, Cambridge/Massachusetts 1960.

Ein SCHELLING-Effekt bei Vertragsmengen

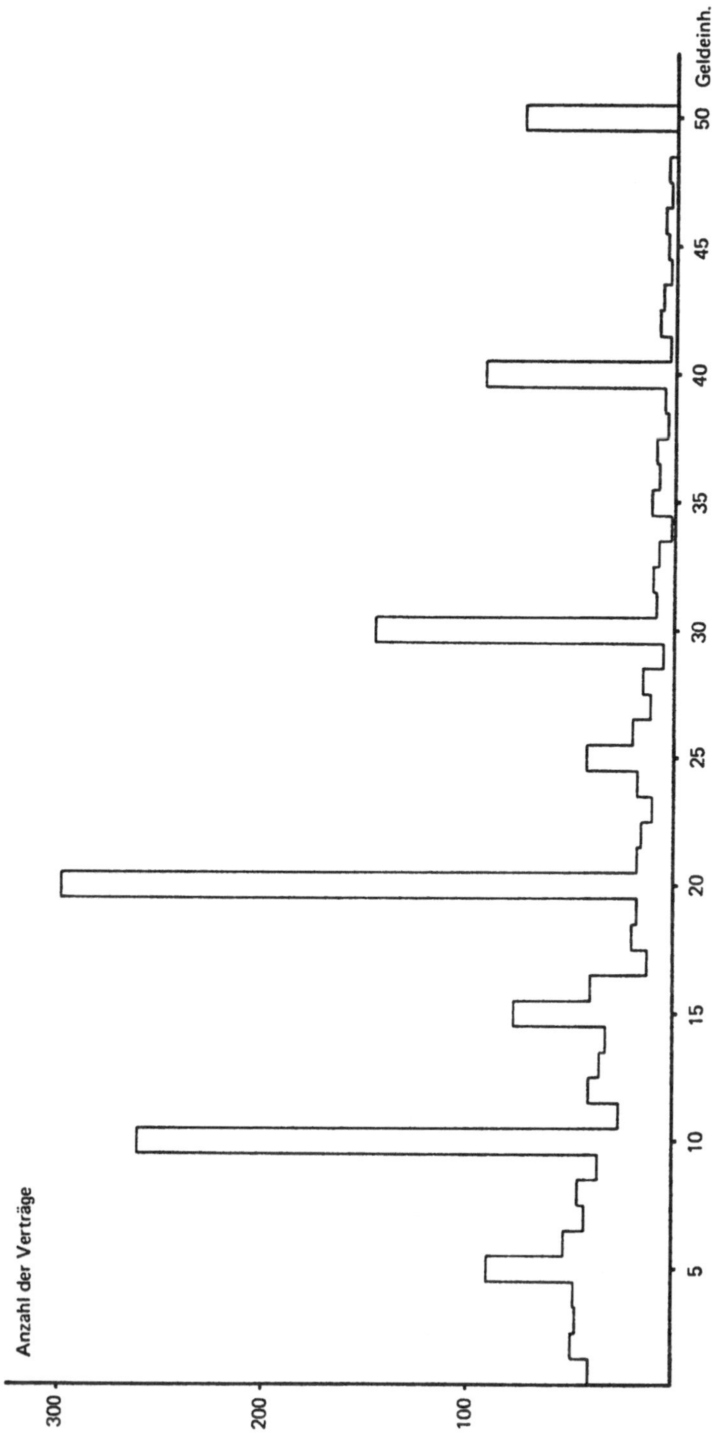

Abbildung 17.3.1.

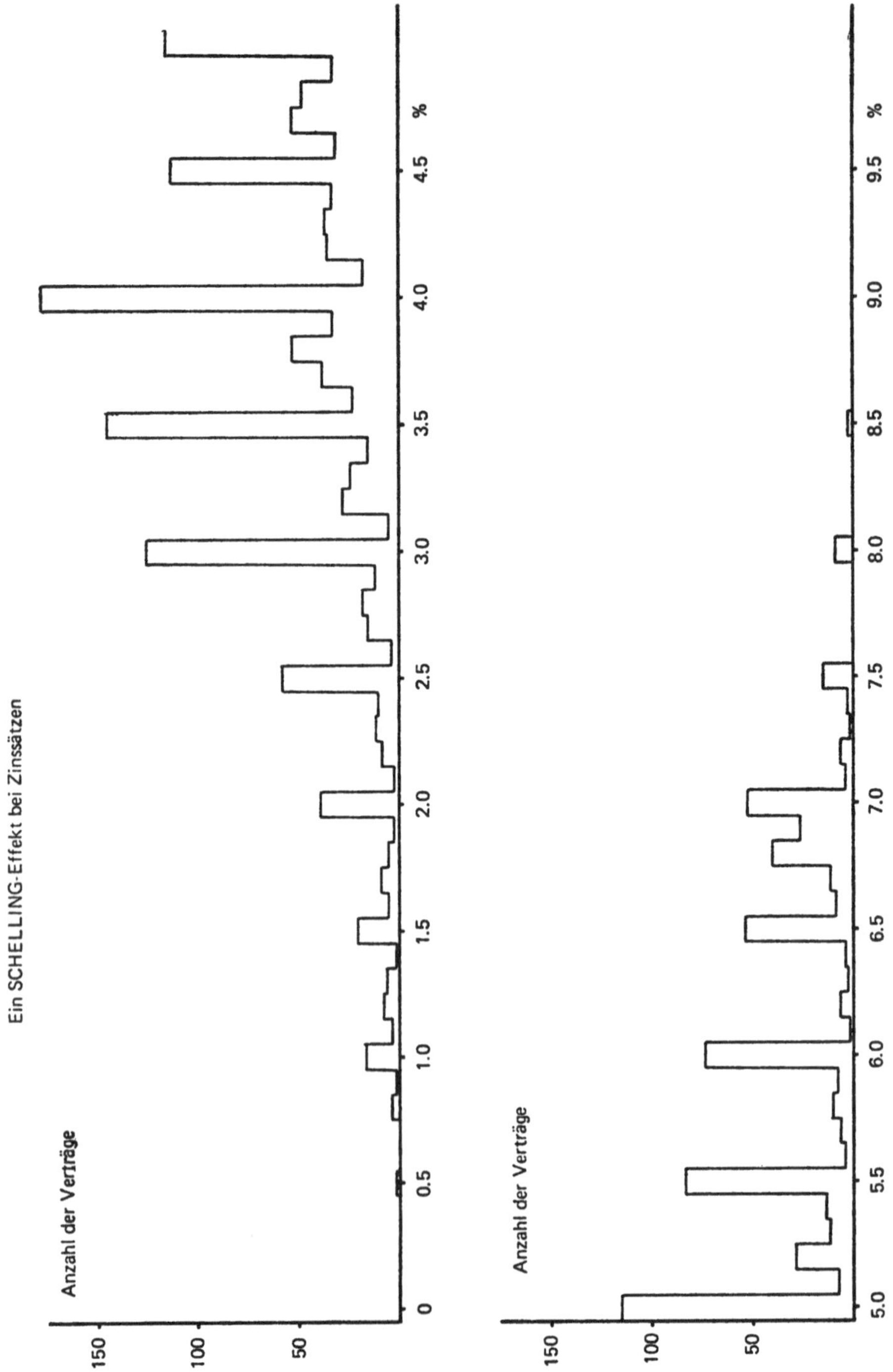

Abbildung 17.3.2.

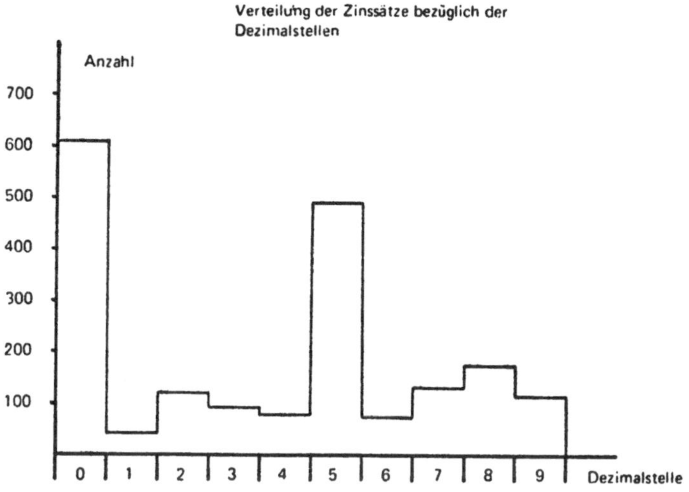

Abbildung 17.3.3.

17.4. Bestimmungsfaktoren der Erlöse

In Tabelle 17.4.1. haben wir die von den 116 Versuchspersonen in allen 10 Versuchen erzielten Erlöse und die Gesamterlöse der einzelnen Versuche wiedergegeben. Der besseren Vergleichbarkeit wegen haben wir in Tabelle 17.4.2. die Differenzen zwischen den beobachteten Erlösen und den Gleichgewichtserlösen, die wir aus Tabelle 9.4.2. entnehmen können, dargestellt. Die jeweils letzte Zeile der Tabellen 17.4.1. und 17.4.2. enthält die arithmetischen Mittel der beobachteten Werte für die einzelnen Spieler.

Da nun die Gleichgewichtserlöse die Erlöse sind, die nicht von allen Versuchspersonen gleichzeitig überschritten werden können, so sind sie zur Beurteilung des allgemeinen Abschneidens einer Versuchsperson wenig geeignet. Wir haben daher andere Erlöse berechnet, die zur Beurteilung der von den einzelnen Versuchspersonen durch die Teilnahme am Handel in Geldkrediten erzielten Erfolge besser geeignet sind. Nehmen wir an, eine Versuchsperson entscheide sich, überhaupt nicht am Handel in Geldkrediten teilzunehmen, sondern lediglich die ihr zugeteilten Kassenbestände bei der Zentralbank anzulegen. Eine solche Strategie ist sehr naheliegend und plausibel, obwohl der Fall eintreten kann, daß, wegen starken Geldabflusses, von der Versuchsperson auch einmal Geldpapiere, die sie nur eine Periode durchgehalten hatte, vorfällig an die Zentralbank zurückgegeben werden

Tabelle 17.4.1.: **Erlöse aller Versuchspersonen *i* und Gesamterlöse aller Versuche *j***

j \ *i*	1	2	3	4	8A	5	6	7	8	9	10	11	12	Geserlös 12 Sp.	Geserlös 11 Sp.
I	2 445,1	2 479,5	2 494,7	2 692,0	1 864,1	2 076,5	1 977,7	1 865,9	—	—	989,5	1 396,2	1 205,3	—	21 486,4
II	2 296,2	2 541,2	2 412,3	2 238,1	2 190,5	1 635,1	1 678,9	1 644,3	—	—	1 275,7	1 186,2	1 483,9	—	20 582,5
III	2 580,1	2 505,3	2 557,9	2 549,5	—	1 989,3	1 842,9	1 794,1	1 771,2	1 268,9	1 262,9	1 392,2	1 250,0	22 764,2	—
IV	2 486,7	2 384,8	2 418,6	2 235,9	—	1 854,1	1 693,8	1 879,8	1 788,9	1 171,6	1 292,8	1 243,7	1 192,6	21 643,3	—
V	2 407,1	2 334,8	2 545,2	2 539,6	2 498,6	1 901,6	1 756,8	1 871,9	—	—	1 190,1	1 370,1	1 191,4	—	21 606,9
VI	2 265,5	2 496,4	2 415,2	2 060,8	—	2 034,9	1 845,4	1 854,7	1 678,0	1 252,5	1 143,1	1 231,9	1 204,2	21 482,5	—
VII	2 679,5	2 416,3	2 750,3	2 381,2	2 284,8	1 879,3	1 841,4	1 886,0	—	—	1 367,0	974,9	1 324,3	—	21 785,0
VIII	2 396,0	2 485,3	2 677,9	2 373,0	—	1 985,2	2 138,0	1 963,1	1 780,8	1 368,9	1 316,2	1 215,0	1 276,7	22 976,1	—
IX	2 222,2	2 580,4	2 625,6	2 542,9	—	2 031,5	1 888,8	1 884,7	1 924,7	1 272,8	1 308,3	1 324,6	1 348,5	22 955,0	—
X	2 488,4	2 654,0	2 540,3	2 571,6	—	1 773,3	1 912,1	2 068,1	1 896,6	1 263,5	1 243,1	1 287,3	1 275,9	22 974,2	—
Mittel	2 426,7	2 487,8	2 543,8	2 418,5	2 209,4	1 916,1	1 857,6	1 871,2	1 806,7	1 266,4	1 238,9	1 262,2	1 275,3	22 465,9	21 365,2

Tabelle 17.4.2.: **Abweichungen der beobachteten Erlöse von den Gleichgewichtserlösen**

j \ i	1	2	3	4	8A	5	6	7	8	9	10	11	12	Geserlös 12 Sp.	Geserlös 11 Sp.
I	–143,7	–109,4	– 94,2	*103,1*	–372,0	*134,8*	*36,0*	*– 75,8*	—	—	–304,9	*101,8*	– 89,1	—	*– 813,6*
II	–292,7	*– 47,7*	–176,6	–350,8	– 45,6	–306,6	–262,8	–297,4	—	—	*– 18,8*	–108,2	*189,5*	—	–1 717,5
III	*– 8,8*	*– 83,6*	*– 31,0*	*– 39,4*	—	*47,6*	*– 98,8*	–147,6	–170,5	*– 25,6*	– 31,6	*97,8*	– 44,4	*– 535,8*	—
IV	*–102,2*	–204,0	–170,3	–353,0	—	*– 87,5*	–247,9	*– 61,9*	–152,8	–122,9	*– 1,7*	– 50,7	–101,8	–1 656,7	—
V	–181,8	–254,1	– 43,7	*– 49,3*	*262,3*	*– 40,1*	–184,9	*– 69,8*	—	—	–104,3	*75,6*	–103,1	—	*– 693,1*
VI	–323,4	– 92,5	–173,7	–528,1	—	*93,3*	*– 96,3*	– 87,0	*–263,7*	*– 41,9*	–151,3	– 62,5	– 90,3	–1 817,5	—
VII	*90,6*	–172,6	*161,4*	–207,7	*48,7*	*– 62,4*	*–100,3*	*– 55,7*		—	*72,6*	–319,5	*29,9*	—	*– 515,0*
VIII	–192,9	–103,6	*89,0*	–215,9	—	*43,5*	*196,4*	*21,5*	–160,9	*74,5*	*21,8*	– 79,6	– 17,7	*– 323,9*	—
IX	–366,7	*– 8,5*	*36,8*	*– 46,0*	—	*89,8*	*– 52,9*	*– 57,0*	*– 17,0*	*– 21,6*	*13,9*	*30,1*	*54,1*	*– 345,0*	—
X	*–100,5*	*– 65,1*	– 48,6	*– 17,3*	—	–168,4	*– 29,6*	*126,4*	*– 45,0*	*– 30,9*	– 51,3	*– 7,1*	– 18,6	*– 325,8*	—
Mittel	–162,2	–101,1	– 45,1	–170,4	*– 26,7*	*– 25,6*	*– 84,1*	*– 70,4*	–135,0	*– 28,1*	– 55,6	*– 32,2*	– 19,2	*– 834,1*	– 934,8

müssen. Der dann entretende Verlust von 3 % p.a. der vorfällig zurückgegebenen Papiere ist im Vergleich zu dem möglichen Zinsentgang bei Kassenhaltung und dem Strafzinssatz von 10 % p.a. klein. Die durch Befolgung dieser Strategie von den einzelnen Spielern erzielbaren Erlöse, die wir die Sicherheitserlöse nennen wollen, da sie von den Spielern gegen den Willen aller anderen Mitspieler durchgesetzt werden können, haben wir in Tabelle 17.4.3. wiedergegeben.

Tabelle 17.4.3.

Sicherheitserlöse der Spieler *i* in Zinspunkten

i	Erlös	*i*	Erlös	*i*	Erlös	*i*	Erlös
1	2 450,6	5	1 842,2	9	1 239,2	8A	2 194,4
2	2 503,9	6	1 797,2	10	1 267,5	6B	2 194,4
3	2 547,2	7	1 855,6	11	1 247,2	5C	2 194,4
4	2 458,3	8	1 855,6	12	1 277,8		

Als Summe der Sicherheitserlöse erhalten wir für 12 Spieler 22 342.3 Zinspunkte und für 11 Spieler 21 441.9 Zinspunkte. Erreicht nun eine Versuchsperson mehr als die in Tabelle 17.4.3. angegebenen Zinspunkte, so hat sie durch die Teilnahme am Handel in Geldkrediten tatsächlich einen Erfolg erzielt, wobei wir allerdings berücksichtigen müssen, daß das Auffinden der von uns oben genannten Strategie von seiten der Versuchspersonen zweifellos kaum möglich ist, da sie allein nach dem Einführungsvortrag noch nicht die hierzu notwendige Einsicht in das Geldmarktspiel haben.

Aus Tabelle 17.4.2. können wir nun entnehmen, daß 26 Versuchspersonen, also etwa 22 % der Versuchspersonen, einen größeren als ihren Gleichgewichtserlös erzielt haben. Ziehen wir nun aber als Vergleichsmaßstab die Sicherheitserlöse heran, die die Sicherheitserlöse überschreitenden Werte haben wir in Tabelle 17.4.2. *s. Tabelle 17.4.2.*, so verbessert sich unser Eindruck von den Spielerfolgen der Versuchspersonen wesentlich. Insgesamt haben 61 Versuchspersonen, also mehr als 52 % aller Teilnehmer, für die ganzen Versuche durch die Teilnahme am Handel in Geldkrediten ihre Erlöse über ihre Sicherheitserlöse hinaus vergrößern können. Auch bei den Gesamterlösen der 10 Versuche liegen 7 Gesamterlöse über der Summe der Sicherheitserlöse, jedoch ergibt sich im Mittel aller 10 Versuche nur ein Gesamterlösdurchschnitt, der 4,7 Zinspunkte über dem Durchschnitt der Sicherheitserlössummen liegt. Für die letzten zwei Spielwochen ergibt sich hierfür ein wesentlich beserer Durchschnittswert von 126,1 Zinspunkten und auch nur ein Versuch hat einen Gesamterlös, der unter der Summe der Sicherheitserlöse liegt.

Welches sind nun die Bestimmungsgründe für einen hohen Gesamterlös eines Versuchs? Die drei Hauptfaktoren, die wir hierfür anführen wollen, sind die Überschußreserve, der Gesamtumsatz und der Variationskoeffizient der Zinssätze. Der Rangkorrelationskoeffizient zwischen den Überschußreserven der einzelnen Versuche und den Abweichungen der Gesamterlöse von den Gleichgewichtsgesamterlösen ist mit $r_S = -0{,}78$ numerisch sehr groß und mit einer einseitigen Irrtumswahrscheinlichkeit von weniger als 1 % hoch signifikant. Durch die beachtliche numerische Größe des Rangkorrelationskoeffizienten wird also schon ein sehr großer Teil der die unterschiedlichen Gesamterlöse der Versuche verursachenden Bestimmungsgründe erklärt. Selbstverständlich besteht eine enge Korrelation zwischen der Überschußreserve und den zuviel eingekauften Mengen eines Versuchs. Der Rangkorrelationskoeffizient beträgt hierfür $r_S = +0{,}81$ und ist mit einer einseitigen Irrtumswahrscheinlichkeit von weniger als 1 % verbunden. Jedoch glauben wir, daß der Kausalzusammenhang zwischen Gesamterlösen und Überschußreserven enger ist, wobei die Überschußreserven um so größer sein werden, je umfangreicher die Versuchspersonen zuviel Geld einkaufen, als zwischen Gesamterlösen und zuviel eingekauften Mengen, was auch durch den Rangkorrelationskoeffizienten für den letzten Zusammenhang von $r_S = -0{,}72$, der mit einer einseitigen Irrtumswahrscheinlichkeit von 5 % verbunden ist, gestützt wird.

Die beiden anderen Bestimmungsfaktoren der Gesamterlöse sind von wesentlich geringerem Einfluß. Der Rangkorrelationskoeffizient zwischen Gesamterlösen und Gesamtumsatz der einzelnen Versuche ist mit $r_S = +0{,}55$ numerisch nicht sehr groß und wegen der mit ihm verbundenen einseitigen Irrtumswahrscheinlichkeit von gerade noch 5 % nicht sehr signifikant. Es ist jedoch ganz plausibel, daß bei einem hohen Gesamtumsatz das Geld in den einzelnen Perioden besser an die Stellen im Geldmarkt verteilt worden ist, wo es benötigt wurde, als bei niedrigen Gesamtumsätzen. Die Anzahl der Verträge ist mit dem Gesamtumsatz mit $r_S = +0{,}56$ nicht besonders stark korreliert, doch widerspricht dieser Rangkorrelationskoeffizient nicht der Vermutung, daß nicht so sehr eine rege Vertragstätigkeit, sondern eine zwischen den Versuchspersonen leicht beweglich hin und her handelbare Geldmenge für den Gesamterlös bedeutsam ist. Ebenfalls bedeutsam für den Gesamterfolg eines Versuchs scheint eine geringe Preisträgheit zu sein. Berechnen wir für alle Verträge eines Versuchs den Variationskoeffizienten, der jetzt also nicht nur ein Maß für die Beweglichkeit der Zinssätze innerhalb der Perioden, sondern auch für die Beweglichkeit der Zinssätze von Periode zu Periode ist, so erhalten wir als Rangkorrelationskoeffizienten zwischen diesen Variationskoeffizienten und den Gesamterlösabweichungen vom Gleichgewichtsgesamterlös $r_S = +0{,}50$, der mit einer einseitigen Irrtumswahrscheinlichkeit von 10 % verbunden ist. Es erscheint also immerhin möglich, daß bei weniger trägen Zinssätzen durch die höhere Funktionsfähigkeit des Marktes das vorhandene Geld besser den verzinslichen Anlagen zugeführt wird.

Zum Abschluß wollen wir noch einige Untersuchungsergebnisse der Bestimmungsgründe für die Gesamterlöse einzelner Versuchspersonen darlegen. In diesem Zusammenhang interessiert in erster Linie, ob die Versuchspersonen einer Größenklasse hinsichtlich ihrer Spielerfolge wesentliche Unterschiede aufweisen. Mit Hilfe des H-Tests von *Kruskal-Wallis,* den wir auf das in Tabelle 17.4.2. wiedergegebene Datenmaterial anwenden, können wir jedoch mit beträchtlicher Sicherheit behaupten, daß die innerhalb einer Größenklasse beobachteten Erlösunterschiede zufällig zustande gekommen sind. Die Prüfgröße H hat nämlich in allen drei Fällen, auf die Sonderspieler können wir den Test selbstverständlich nicht anwenden, unter der Gleichverteilungshypothese eine Wahrscheinlichkeit von weit über 10 %.

Andererseits erweckt das Datenmaterial der Tabelle 17.4.2. die Vermutung, daß sich die Spielerfolge von Versuchspersonen verschiedener Größenklassen gemessen an der Abweichung vom Gleichgewichtserlös voneinander unterscheiden. Dabei scheint es so zu sein, daß die Spielerfolge tendenziell in der Reihenfolge große Spieler, Sonderspieler, mittlere Spieler und kleine Spieler zunehmen, was darauf zurückzuführen sein könnte, daß die größeren Spieler Schwierigkeiten bei der Beschaffung von Geld haben, da große Mengen wohl nur mit mehr Aufwand zu beschaffen sind als kleine Mengen. Zur statistischen Überprüfung unserer Vermutung verwenden wir die Rangvarianzanalyse von *Jonckheere,* wobei wir als zu überprüfende Hypothese

$$z_{\mathrm{gr}} < z_{\mathrm{So}} < z_{\mathrm{mi}} < z_{\mathrm{kl}}$$

aufstellen, wobei z_{gr}, z_{So}, z_{mi} und z_{kl} die mittleren Abweichungen der Erlöse der einzelnen Spielerklassen vom Gleichgewichtserlös sind. Den H-Test von *Kruskal-Wallis* können wir zur Überprüfung einer nicht gerichteten Unterschiedlichkeit der Mittelwerte der Erlösabweichungen nicht anwenden, da die Größenklasse der Sonderspieler nur mit vier beobachteten Fällen besetzt ist. Die Prüfgröße H des H-Tests ist nämlich χ^2-verteilt, und nach einer in der Literatur häufig angegebenen

Regel[8] dürfen die χ^2-Tafeln nur angewandt werden, wenn die Anzahl der Fälle in jeder Stichprobe mindestens 5 beträgt. Die Prüfgröße u des Tests von *Jonckheere* ist dagegen normalverteilt, so daß hierbei eine solche Einschränkung entfällt. Wir erhalten für unser Datenmaterial ein $u = 2{,}75$, welches für unsere Hypothese eine Irrtumswahrscheinlichkeit von 0,3 % liefert, so daß wir diese als statistisch gesichert ansehen können.

Zur Stützung unserer schon oben genannten Hypothese, daß die größeren Spieler sich tendenziell schlechter in ausreichendem Maße Geld beschaffen können und daher ihre Papierbestände nicht so gut wie die kleineren Spieler durchhalten können, haben wir zwei Kennzahlen berechnet. In Tabelle 17.4.4. haben wir die mittleren Anlagedauern der von den einzelnen Versuchspersonen während des gesamten Versuchs gehaltenen Geldpapiere wiedergegeben. Die mittlere Anlagedauer ist die durchschnittliche Periodenzahl, für die Geld von einer Versuchsperson bei der Zentralbank angelegt wurde. Im Gleichgewicht ergibt sich für den Durchschnitt der mittleren Anlagedauern aller Spieler für einen Versuch mit 12 Spielern 4,45 Perioden und für einen Versuch mit 11 Spielern 4,43 Perioden. Aus Tabelle 17.4.4. entnehmen wir, daß als Durchschnitt aller beobachteten mittleren Anlagedauern aller Versuchspersonen ein Wert von 4,46 Perioden beobachtet wurde, der sogar geringfügig über dem im Gleichgewicht zu erwartenden Wert von 4,44 Perioden liegt, was aber leicht dadurch zu erklären ist, daß in den Versuchen wegen der Überschußreserve die vorhandenen Geldpapiere im Mittel länger durchgehalten werden konnten als dies im Gleichgewicht möglich ist. Weiterhin zeigt uns Tabelle 17.4.4., daß sich die mittleren Anlagedauern der einzelnen Versuchspersonen nicht tendenziell nach den Größenklassen unterscheiden, was auch durch die Durchschnittswert $d_{gr} = 4{,}48$, $d_{So} = 4{,}68$, $d_{mi} = 4{,}44$ und $d_{kl} = 4{,}46$ der vier Größenklassen gut zum Ausdruck kommt.

Die zweiten von uns für jede Versuchsperson berechneten Kennzahlen, nämlich die mittleren Papierbestände pro Periode während des gesamten Versuchs, haben wir in Tabelle 17.4.5. wiedergegeben. Es ist zwar evident, daß die mittleren Papierbestände der Spieler tendenziell in der Reihenfolge der Größenklassen große Spieler, Sonderspieler, mittlere Spieler und kleine Spieler abnehmen, was ja auch wegen der mittleren Kassenbestände, die wir leicht durch Division der effektiven Geldmengen durch die Periodenzahl erhalten, zu erwarten ist. Allerdings zeigt sich, wenn wir den prozentualen Anteil des mittleren Papierbestandes an dem mittleren Kassenbestand einer jeden Versuchsperson berechnen, daß dann die größeren Spieler tendenziell einen

[8] Vgl. z. B. *S. Siegel:* a.a.O., S. 110.

Tabelle 17.4.4.: **Mittlere Anlagedauer in Perioden**

j \ i	1	2	3	4	8A	5	6	7	8	9	10	11	12	Mittel 12 Sp.	Mittel 11 Sp.
I	4,49	3,88	4,63	4,67	4,71	4,53	4,37	4,10	—	—	3,57	5,00	4,52	—	4,41
II	4,44	4,82	3,83	4,52	4,75	4,75	4,31	4,51	—	—	4,78	3,87	4,31	—	4,44
III	4,93	4,50	4,61	4,22	—	4,60	4,05	3,97	4,25	4,45	4,46	3,70	4,47	4,35	—
IV	4,73	4,71	4,83	4,08	—	4,11	4,03	4,72	4,93	4,31	4,80	4,38	4,94	4,55	—
V	3,63	4,73	4,06	4,63	4,82	4,74	4,01	4,12	—	—	3,94	4,78	4,46	—	4,36
VI	4,87	4,91	4,71	3,20	—	4,39	4,86	4,94	4,74	4,76	4,25	4,81	4,15	4,55	—
VII	4,90	4,07	4,65	4,16	4,42	4,80	3,95	4,48	—	—	4,55	4,61	4,85	—	4,49
VIII	4,60	4,61	4,30	5,00	—	4,72	3,94	4,70	4,43	3,39	3,83	4,89	4,67	4,42	—
IX	5,00	4,93	4,08	4,17	—	4,45	4,34	4,59	4,46	5,00	4,52	4,16	4,74	4,54	—
X	4,86	4,80	4,25	3,95	—	4,07	4,53	4,53	4,55	4,55	5,00	4,30	4,82	4,52	—
Mittel	4,65	4,60	4,40	4,26	4,68	4,52	4,24	4,47	4,56	4,41	4,37	4,45	4,59	4,49	4,43

Tabelle 17.4.5.: **Mittlerer Papierbestand in Geldeinheiten**

j \ i	1	2	3	4	8A	5	6	7	8	9	10	11	12	Mittel 12 Sp.	Mittel 11 Sp.
I	82,9	47,3	138,6	97,6	105,4	57,8	80,8	73,8	—	—	53,1	15,8	42,3	—	795,2
II	75,4	86,8	115,0	85,7	67,5	38,0	56,7	63,8	—	—	38,5	39,5	70,4	—	737,1
III	85,1	75,8	96,2	119,0	—	70,4	62,8	101,2	61,0	47,2	42,6	69,4	33,5	866,0	—
IV	79,3	56,5	91,8	78,2	—	51,2	91,8	76,8	76,4	54,9	59,0	45,4	37,0	798,0	—
V	126,6	66,8	91,4	74,0	95,0	54,6	64,2	60,6	—	—	84,9	60,3	45,3	—	823,4
VI	75,5	63,8	73,3	48,9	—	122,4	83,8	62,8	64,0	46,2	69,1	42,4	59,6	811,5	—
VII	70,1	183,8	68,2	35,4	84,0	91,5	66,8	34,1	—	—	44,4	76,0	62,9	—	816,9
VIII	77,7	85,4	101,9	74,0	—	71,8	102,6	73,6	50,8	33,9	56,6	63,6	64,7	861,7	—
IX	11,3	83,8	111,8	132,6	—	107,0	68,8	81,1	66,7	20,0	60,1	74,0	56,4	858,5	—
X	53,0	85,9	143,5	21,8	—	86,9	152,6	36,3	68,9	65,1	22,5	71,6	50,1	862,1	—
Mittel	73,7	83,6	103,2	76,7	88,0	75,2	83,1	66,4	64,6	44,6	53,1	55,8	52,2	843,0	793,2

kleineren Prozentsatz ihrer Kassenbestände in Geldpapieren anlegen als die kleineren Spieler. Um einen Eindruck von der Größe dieses Effekts zu erhalten, geben wir die durchschnittlichen prozentualen Anteile der Geldanlagen am mittleren Kassenbestand für die einzelnen Größenklassen wieder. Wir erhalten $a_{gr} = 84{,}3\,\%$, $a_{So} = 98{,}9\,\%$, $a_{mt} = 97{,}6\,\%$ und $a_{kl} = 104{,}4\,\%$. Die kleinen Spieler halten im Durchschnitt also sogar mehr als ihren mittleren Kassenbestand in Geldpapieren angelegt. Selbstverständlich verleihen die Versuchspersonen mit niedrigerem prozentualen Anteil der Geldpapiere am mittleren Kassenbestand einen Teil ihrer Überschußkasse beim Handel in Geldkrediten, jedoch erzielen sie hierbei weniger Zinsen, da der Durchschnittszinssatz aller Versuche von 4,23 % unter der im Gleichgewicht erzielbaren und wegen der gegenüber dem Gleichgewichtswert leicht erhöhten mittleren Anlagedauer der Geldpapiere auch erzielten mittleren Verzinsung der Geldpapiere von 4,65 % liegt. Es scheint demnach also so zu sein, daß die Spieler mit stärker schwankenden Kassenbeständen zur Erzielung einer während des Versuchs üblichen mittleren Anlagedauer ihre mittleren Papierbestände unterproportional zu ihren mittleren Kassenbeständen halten müssen, da ihnen sonst ein Abdecken ihrer Kassendefizite in ausreichendem Maße nicht gelingt. Diese letzte Vermutung wird noch durch die beobachteten mittleren Überschußreserven pro Periode von 7,8 GE, 6,5 GE, 5,1 GE und 3,3 GE bestätigt, wobei wir die Werte in der Reihenfolge große Spieler, Sonderspieler, mittlere Spieler und kleine Spieler angeordnet haben.

Anhang

Zinstabellen

Zinspunkte für 1 Periode

		Zinssatz in %								
	0,1	0,2	0,3	0,4	0,5	0,6	0,7	0,8	0,9	
Beträge in GE 1										1
2									1	2
3						1	1	1	1	3
4					1	1	1	1	1	4
5				1	1	1	1	1	1	5
6			1	1	1	1	1	1	2	6
7			1	1	1	1	1	2	2	7
8			1	1	1	1	2	2	2	8
9		1	1	1	1	2	2	2	2	9
10		1	1	1	1	2	2	2	3	10
11		1	1	1	2	2	2	2	3	11
12		1	1	1	2	2	2	3	3	12
13		1	1	1	2	2	3	3	3	13
14		1	1	2	2	2	3	3	4	14
15		1	1	2	2	3	3	3	4	15
16		1	1	2	2	3	3	4	4	16
17		1	1	2	2	3	3	4	4	17
18	1	1	2	2	3	3	4	4	5	18
19	1	1	2	2	3	3	4	4	5	19
20	1	1	2	2	3	3	4	4	5	20
21	1	1	2	2	3	4	4	5	5	21
22	1	1	2	2	3	4	4	5	6	22
23	1	1	2	3	3	4	4	5	6	23
24	1	1	2	3	3	4	5	5	6	24
25	1	1	2	3	3	4	5	6	6	25
26	1	1	2	3	4	4	5	6	7	26
27	1	2	2	3	4	5	5	6	7	27
28	1	2	2	3	4	5	5	6	7	28
29	1	2	2	3	4	5	6	6	7	29
30	1	2	3	3	4	5	6	7	8	30
31	1	2	3	3	4	5	6	7	8	31
32	1	2	3	4	4	5	6	7	8	32
33	1	2	3	4	5	6	6	7	8	33
34	1	2	3	4	5	6	7	8	9	34
35	1	2	3	4	5	6	7	8	9	35
36	1	2	3	4	5	6	7	8	9	36
37	1	2	3	4	5	6	7	8	9	37
38	1	2	3	4	5	6	7	8	10	38
39	1	2	3	4	5	7	8	9	10	39
40	1	2	3	4	6	7	8	9	10	40
41	1	2	3	5	6	7	8	9	10	41
42	1	2	4	5	6	7	8	9	11	42
43	1	2	4	5	6	7	8	10	11	43
44	1	2	4	5	6	7	9	10	11	44
45	1	3	4	5	6	8	9	10	11	45
46	1	3	4	5	6	8	9	10	12	46
47	1	3	4	5	7	8	9	10	12	47
48	1	3	4	5	7	8	9	11	12	48
49	1	3	4	5	7	8	10	11	12	49
50	1	3	4	6	7	8	10	11	13	50

Zinspunkte für 1 Periode

		Zinssatz in %										
		1	2	3	4	5	6	7	8	9	10	
Beträge in GE	1		1	1	1	1	2	2	2	3	3	1
	2	1	1	2	2	3	3	4	4	5	6	2
	3	1	2	3	3	4	5	6	7	8	8	3
	4	1	2	3	4	6	7	8	9	10	11	4
	5	1	3	4	6	7	8	10	11	13	14	5
	6	2	3	5	7	8	10	12	13	15	17	6
	7	2	4	6	8	10	12	14	16	18	19	7
	8	2	4	7	9	11	13	16	18	20	22	8
	9	3	5	8	10	13	15	17	20	23	25	9
	10	3	6	8	11	14	17	19	22	25	28	10
	11	3	6	9	12	15	18	21	24	28	31	11
	12	3	7	10	13	17	20	23	27	30	33	12
	13	4	7	11	14	18	22	25	29	33	36	13
	14	4	8	12	16	19	23	27	31	35	39	14
	15	4	8	13	17	21	25	29	33	38	42	15
	16	4	9	13	18	22	27	31	36	40	44	16
	17	5	9	14	19	24	28	33	38	43	47	17
	18	5	10	15	20	25	30	35	40	45	50	18
	19	5	11	16	21	26	32	37	42	48	53	19
	20	6	11	17	22	28	33	39	44	50	56	20
	21	6	12	18	23	29	35	41	47	53	58	21
	22	6	12	18	24	31	37	43	49	55	61	22
	23	6	13	19	26	32	38	45	51	58	64	23
	24	7	13	20	27	33	40	47	53	60	67	24
	25	7	14	21	28	35	42	49	56	63	69	25
	26	7	14	22	29	36	43	51	58	65	72	26
	27	8	15	23	30	38	45	52	60	68	75	27
	28	8	16	23	31	39	47	54	62	70	78	28
	29	8	16	24	32	40	48	56	64	73	81	29
	30	8	17	25	33	42	50	58	67	75	83	30
	31	9	17	26	34	43	52	60	69	78	86	31
	32	9	18	27	36	44	53	62	71	80	89	32
	33	9	18	28	37	46	55	64	73	83	92	33
	34	9	19	28	38	47	57	66	76	85	94	34
	35	10	19	29	39	49	58	68	78	88	97	35
	36	10	20	30	40	50	60	70	80	90	100	36
	37	10	21	31	41	51	62	72	82	93	103	37
	38	11	21	32	42	53	63	74	84	95	106	38
	39	11	22	33	43	54	65	76	87	98	108	39
	40	11	22	33	44	56	67	78	89	100	111	40
	41	11	23	34	46	57	68	80	91	103	114	41
	42	12	23	35	47	58	70	82	93	105	117	42
	43	12	24	36	48	60	72	84	96	108	119	43
	44	12	24	37	49	61	73	86	98	110	122	44
	45	13	25	38	50	63	75	87	100	113	125	45
	46	13	26	38	51	64	77	89	102	115	128	46
	47	13	26	39	52	65	78	91	104	118	131	47
	48	13	27	40	53	67	80	93	107	120	133	48
	49	14	27	41	54	68	82	95	109	123	136	49
	50	14	28	42	56	69	83	97	111	125	139	50

Zinspunkte für Geldpapiere

		Fällig	Restlaufzeit in Perioden 1	2	3	4	
Beträge in GE	1	7	5	3	1	– 1	1
	2	14	10	6	2	– 2	2
	3	21	15	9	3	– 3	3
	4	28	20	12	4	– 3	4
	5	35	25	10	6	– 4	5
	6	42	30	18	7	– 5	6
	7	49	35	21	8	– 6	7
	8	56	40	24	9	– 7	8
	9	63	45	28	10	– 8	9
	10	69	50	31	11	– 8	10
	11	76	55	34	12	– 9	11
	12	83	60	37	13	–10	12
	13	90	65	40	14	–11	13
	14	97	70	43	16	–12	14
	15	104	75	46	17	–13	15
	16	111	80	49	18	–13	16
	17	118	85	52	19	–14	17
	18	125	90	55	20	–15	18
	19	132	95	58	21	–16	19
	20	139	100	61	22	–17	20
	21	146	105	64	23	–18	21
	22	153	110	67	24	–18	22
	23	160	115	70	26	–19	23
	24	167	120	73	27	–20	24
	25	174	125	76	28	–21	25
	26	181	130	79	29	–22	26
	27	188	135	83	30	–23	27
	28	194	140	86	31	–23	28
	29	201	145	89	32	–24	29
	30	208	150	92	33	–25	30
	31	215	155	95	34	–26	31
	32	222	160	98	36	–27	32
	33	229	165	101	37	–28	33
	34	236	170	104	38	–28	34
	35	243	175	107	39	–29	35
	36	250	180	110	40	–30	36
	37	257	185	113	41	–31	37
	38	264	190	116	42	–32	38
	39	271	195	119	43	–33	39
	40	278	200	122	44	–33	40
	41	285	205	125	46	–34	41
	42	292	210	128	47	–35	42
	43	299	215	131	48	–36	43
	44	306	220	134	49	–37	44
	45	313	225	138	50	–38	45
	46	319	230	141	51	–38	46
	47	326	235	144	52	–39	47
	48	333	240	147	53	–40	48
	49	340	245	150	54	–41	49
	50	347	250	153	56	–42	50

Literaturverzeichnis

Anderson, O.: Probleme der statistischen Methodenlehre in den Sozialwissenschaften. Zweite Auflage, Würzburg 1954.

Aumann, R. J.: Markets with a Continuum af Traders. Econometrica 32 (1964), S. 39—50.

— Existence of Competitive Equilibria in Markets with a Continuum of Traders. Econometrica 34 (1966), S. 1—17.

Beck, H.: Gesetz über die Deutsche Bundesbank. Mainz-Düsseldorf 1959.

Beyer, W. H., ed.: Handbook of Tables for Probability and Statistics. Cleveland/Ohio 1966.

Bleicher, K.: Entscheidungsprozesse in Unternehmungsspielen. Baden-Baden 1965.

Braun, W.: Das Liquiditätsproblem der Kreditbanken. Stuttgart 1934.

Brehmer, E.: Struktur und Funktionsweise des Geldmarktes der Bundesrepublik Deutschland seit 1948. 2., neu bearbeitete und erweiterte Auflage, Tübingen 1964.

Burger, E.: Einführung in die Theorie der Spiele. Berlin 1959.

Chamberlin, E. H.: An Experimental Imperfect Market. Journal of Political Economy 56 (1948), S. 95—108.

Cournot, A.: Recherches sur les Principes Mathématiques de la Théorie des Richesses. Paris 1838. Deutsche Übersetzung von *W. G. Waffenschmidt:* Untersuchungen über die mathematischen Grundlagen der Theorie des Reichtums. Jena 1924.

Dantzig, G. B.: Linear Programming and Extensions. Princeton/N. J. 1963. Deutsche Übersetzung von *A. Jaeger:* Lineares Programmieren und Erweiterungen. Berlin-Heidelberg-New York 1966.

Debreu, G.: Theory of Value. An Axiomatic Analysis of Economic Equilibrium. New York-London 1959.

Debreu, G./H. Scarf: A Limit Theorem on the Core of an Economy. International Economic Review 4 (1963), S. 235—246.

Deutsche Bundesbank: Auszüge aus Presseartikeln. Frankfurt/M. 31. August 1967, Nr. 65.

— Geschäftsbericht für das Jahr 1966.

— Monatsberichte November 1959.

— Monatsberichte April 1967.

Dorfman, R./P. A. Samuelson/R. M. Solow: Linear Programming and Economic Analysis. New York-Toronto-London 1958.

Fouraker, L. E./S. Siegel: Bargaining Behavior. New York-San Francisco-Toronto-London 1963.

Fouraker, L. E./S. Siegel/D. L. Harnett: An Experimental Disposition of Alternative Bilateral Monopoly Models under Conditions of Price Leadership. Operations Research 10 (1962), S. 41—50.

Friedman, J. W.: Individual Behavior in Oligopolistic Markets: An Experimental Study. Yale Economic Essays 3 (1963), S. 359—417.

Gale, D.: The Theory of Linear Economic Models. New York-Toronto-London 1960.

Gestrich, H.: Kredit und Sparen. 3., durchgesehene Auflage, Düsseldorf-München 1959.

Gutenberg, E.: Grundlagen der Betriebswirtschaftslehre, Erster Band, Die Produktion. 12. Auflage, Berlin-Heidelberg-New York 1966.

— Grundlagen der Betriebswirtschaftslehre, Zweiter Band, Der Absatz. 6. Auflage, Berlin-Göttingen-Heidelberg 1963.

Hadley, G.: Linear Algebra. Reading/Massachusetts-Palo Alto-London 1961.

Häselbarth, V.: Literaturhinweise zur experimentellen Wirtschaftsforschung. In: *H. Sauermann*, Hrsg.: Beiträge zur experimentellen Wirtschaftsforschung. Tübingen 1967, S. 267—273.

Hahn, O.: Geld- und Devisenhandel. Stuttgart 1964.

Hein, M.: Die internationalen Geldmarktgeschäfte westdeutscher Banken. Berlin 1966.

Henderson, J. M./R. E. Quandt: Microeconomic Theory. A Mathematical Approach. New York-Toronto-London 1958. Deutsche Übersetzung von *W. Meissner:* Mikroökonomische Theorie. Berlin-Frankfurt 1967.

Höfermann, F.: Geldmarkt und Geldmarktgeschäfte. Frankfurt/M. 1959.

Hoggatt, A. C.: An Experimental Business Game. Behavioral Science 4 (1959), S. 192—203.

— Measuring the Cooperativeness of Behavior in Quantity Variation Duopoly Games. Behavioral Science 12 (1967), S. 109—121.

Hohlfeld, H. H.: Die Systematik des Kreditmarkts. Zeitschrift für handelswissenschaftliche Forschung NF 7 (1955), S. 22—36.

Johnson, H. L./A. M. Cohen: Experiments in Behavioral Economics: Siegel and Fouraker Revisited. Behavioral Science 12 (1967), S. 353—372.

Joseph, M. L./R. H. Willis: An Experimental Analog to Two-Party Bargaining. Behavioral Science 8 (1963), S. 117—127.

Kalveram, W./H. Günther: Bankbetriebslehre. Dritte, völlig neu bearbeitete Auflage, Wiesbaden 1961.

Kamisky, W.: Die Teilzahlungsbanken. Frankfurt/M. 1962.

Kibbee, J. M./C. J. Craft/B. Nanus: Management Games. New York 1961.

Könneker, W.: Die deutsche Bundesbank. Frankfurt/M. 1967.

Koopmans, T. C., ed.: Activity Analysis of Production and Allocation. New York-Toronto-London 1951.

— Three Essays on the State of Economic Science. New York-Toronto-London 1957.

Kosiol, E.: Kostenrechnung. Wiesbaden 1964.

Kuenne, R. E.: The Theory of General Economic Equilibrium. Princeton/N. J. 1963.

Lehmann, F.: Der Mechanismus des deutschen Geldmarktes. In: Festschrift für Eugen Schmalenbach, Leipzig 1933.

Lienert, G. A.: Verteilungsfreie Methoden in der Biostatistik. Meisenheim am Glan 1962.

Lipfert, H.: Der deutsche Privatdiskontmarkt. Frankfurt/M. 1959.

— Der Geldmarkt. Vierte, erneut durchgesehene Auflage, Frankfurt/M. 1965.

— Geld- und Kapitalmarkt. In: Handwörterbuch der Sozialwissenschaften. Vierter Band, Stuttgart-Tübingen-Göttingen 1965, S. 258—270.

— Internationaler Geld- und Devisenhandel zugleich 2. Auflage von „Devisenhandel". Frankfurt/M. 1967.

Maschler, M.: Playing an n-Person Game. An Experiment. Econometric Research Program, Research Memorandum No. 73, Princeton University, Princeton N/J. 1965.

Mosteller, F./P. Nogee: An Experimental Measurement of Utility. Journal of Political Economy 59 (1951), S. 371—404.

Nadler, M./S. Heller/S. S. Shipman: The Money Market and Its Institutions. New York 1955.

Neumann, J. v./O. Morgenstern: Theory of Games and Economic Behavior. Princeton 1944. Deutsche Übersetzung nach der 3. Auflage von 1953 von *M. Leppig* unter Mitwirkung von *F. Docquier:* Spieltheorie und wirtschaftliches Verhalten. Würzburg 1961.

Obst, G./O. Hintner: Geld-, Bank- und Börsenwesen. 35., vollständig neu bearbeitete und erweiterte Auflage, Stuttgart 1963.

Ott, A. E.: Marktform und Verhaltensweise. Stuttgart 1959.

Patinkin, D.: Money, Interest, and Prices. An Integration of Monetary and Value Theory. Second Edition, New York 1965.

Rapoport, A./C. Orwant: Experimental Games: A Review. Behavioral Science 7 (1962), S. 1—37.

Richardson, G. B.: Information and Investment. A Study in the Working of the Competitive Economy. Oxford 1960.

Richter, R.: Preistheorie. Wiesbaden 1963.

Samuelson, P. A.: Foundations of Economic Analysis. Third Printing, Cambridge/Massachusetts 1953.

Sauermann, H.: Einführung in die Volkswirtschaftslehre, Band I. Wiesbaden 1960.

— Einführung in die Volkswirtschaftslehre, Band II. Wiesbaden 1964.

— Hrsg.: Beiträge zur experimentellen Wirtschaftsforschung. Tübingen 1967.

— Hrsg.: Beiträge zur experimentellen Wirtschaftsforschung, Zweiter Band. Tübingen 1970.

— Experimentelle Wirtschaftsforschung. Jahrbücher für Nationalökonomie und Statistik 180 (1967), S. 299—312.

Sauermann, H./R. Selten: Zur Entwicklung der experimentellen Wirtschaftsforschung. In: *H. Sauermann,* Hrsg.: Beiträge zur experimentellen Wirtschaftsforschung. Tübingen 1967, S. 1—8.

Schelling, T. C.: The Strategy of Conflict. Cambridge/Massachusetts 1960.

Schmetterer, L.: Einführung in die mathematische Statistik. Wien 1956.

Schneeweiß, H.: Eintscheidungskriterien bei Risiko. Berlin-Heidelberg-New York 1967.

Schneider, E.: Einführung in die Wirtschaftstheorie, III. Teil, Geld, Kredit, Volkseinkommen und Beschäftigung. 9., erweiterte und verbesserte Auflage, Tübingen 1965.

Schubert, M.: Die Post im Zahlungs- und Sparverkehr. Frankfurt/M. 1965.

Schwartz, J. T.: Lectures on the Mathematical Method in Analytical Economics. New York 1961.

Selten, R.: Ein Marktexperiment. In: H. Sauermann, Hrsg.: Beiträge zur experimentellen Wirtschaftsforschung, Zweiter Band. Tübingen 1970, S. 33 bis 98.

— Investitionsverhalten im Oligopolexperiment. In: *H. Sauermann,* Hrsg.: Beiträge zur experimentellen Wirtschaftsforschung. Tübingen 1967, S. 60 bis 102.

Shapley, L. S.: Markets as Cooperative Games. The RAND Corporation P. 629, Santa Monica/Cal. 1955.

— The Solutions of a Symmetric Market Game. The RAND Corporation P. 1392, Santa Monica/Cal. 1958.

— Values of Large Market Games: Status of the Problem. The RAND Corporation RM 3957 PR, Santa Monica/Cal. 1964.

Shubik, M.: Edgeworth Market Games. In: *A. Tucker/R. D. Luce,* eds.: Contributions to the Theory of Games IV. Annals of Mathematical Studies No. 40, Princeton/N. J. 1959.

— ed.: Game Theory and Related Approaches to Social Behavior. Selections. New York-London-Sydney 1964. Deutsche Übersetzung von *E. Selten* unter Mitarbeit von *R. Selten:* Spieltheorie und Sozialwissenschaft. Frankfurt/M. 1965.

Siegel, S.: Nonparametric Statistics for the Behavioral Sciences. New York-Toronto-London 1956.

Siegel, S./L. E. Fouraker: Bargaining and Group Decision Making. New York-Toronto-London 1960.

Siegel, S./D. L. Harnett: Bargaining Behavior: A Comparison Between Mature Industrial Personnel and College Students. Operations Research 12 (1964), S. 334—343.

Slutzky, E.: The Summation of Random Causes as the Source of Cyclic Proceses. Econometrica 5 (1937), S. 105—146.

Smith, V. L.: An Experimental Study of Competitive Market Behavior. Journal of Political Economy 70 (1962), S. 111—137.

— Effect of Market Organizations on Competitive Equilibrium. Quarterly Journal of Economics 78 (1964), S. 181—201.

Sparrow, F. T.: Some Experiments with a Queueing Theory Model of Market Equilibrium. International Economic Review 6 (1965), S. 47—64.

Spindler, J. v.: Geldmarkt, Kapitalmarkt, Internationale Kreditmärkte. Stuttgart 1960.

Stackelberg, H. v.: Grundlagen der theoretischen Volkswirtschaftslehre. Zweite, photomechanisch gedruckte Auflage, Tübingen-Zürich 1951.

Stern, D. H.: Some Notes on Oligopoly Theory and Experiments. In: *M. Shubik,* ed.: Essays in Mathematical Economics, In Honor of Oskar Morgenstern. Princeton/N. J. 1967, S. 255—281.

Stone, J. J.: An Experiment in Bargaining Games. Econometrica 26 (1958), S. 286—296.

Suppes, P./J. M. Carlsmith: Experimental Analysis of a Duopoly Situation from the Standpoint of Mathematical Learning Theory. International Economic Review 3 (1962), S. 60—78.

Thurstone, L. L.: The Indifference Function. Journal of Social Psychology 2 (1931), S. 139—167.

Vind, K.: Edgeworth-Allocation in an Exchange Economy with Many Traders. International Economic Review 5 (1964), S. 165—177.

Walras, L.: Elements of Pure Economics or the Theory of Social Wealth. Translated by *W. Jaffe*, London 1954.

Wittgen, R.: Die Geldpolitik der Geschäftsbanken. Frankfurt/M. 1965.

Woodworth, G. D.: The Money Market and Monetary Management. New York-Evanston-London-Tokyo 1965.

Wyk, W. v.: Die Gelddisposition der Banken. Frankfurt/M. 1966.

FSC
www.fsc.org
MIX
Papier | Fördert gute Waldnutzung
FSC® C083411

Kolibri 360 GmbH
Ferdinand-Jühlke-Straße 7
99095 Erfurt, Deutschland
produktsicherheit@kolibri360.de

Druck:
CPI Druckdienstleistungen GmbH
im Auftrag der
Kolibri 360 GmbH
Ferdinand-Jühlke-Str. 7
99095 Erfurt